大是文化

消失的古國

考古學家如何發掘歷史上存在、但地理上消失的36個國家

西北大學歷史學博士
胡楊◎著

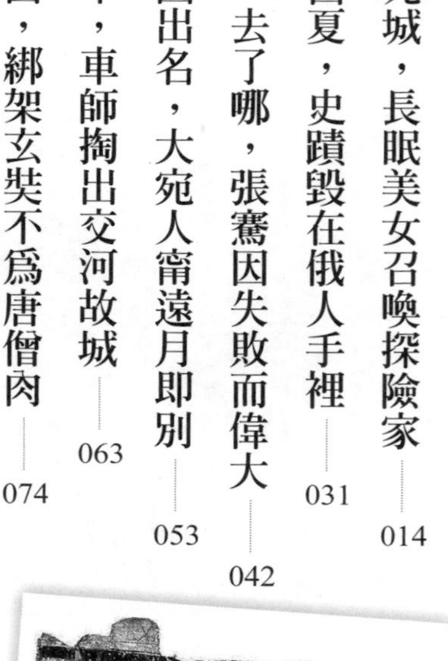

▲ 樓蘭出土文物

目　錄

▲ 張騫出使西域圖

▲ 大理崇聖寺三塔

第3章 馬背上的帝國，問鼎中原也消失在中原……225

▲ 象雄王國遺址

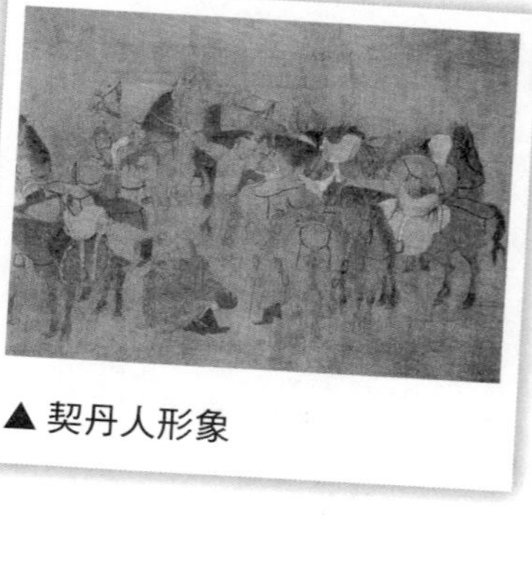

▲ 契丹人形象

目　錄

第4章

▲ 古徐國兵馬俑

▲ 南越王墓出土的絲縷玉衣

推薦序
所過者化，所存者神

中國文化大學史學系副教授／周健

題詞：「日光之下並無新事。……已過的世代無人記念，將來的世代，後來的人也不記念。」——《舊約全書．傳道書》：1-9、1-11。

華夏數千年的歷史，一向以漢族中心主義（ethnocentrism）為座標點，「東夷、西戎、南蠻、北狄」，自中學起即背得滾瓜爛熟，卻鮮有深入思考其意涵。非漢化者，不是「虫」，就是「犬」，故出現「五胡亂華」詞彙。唯文化的遞演，「中央」與「邊陲」互相滲透和影響，豈有高下之分？牧童亦有其哲學，故今已改稱「民族大融合」時期，以陳述魏晉南北朝地動山搖的變局。

悠久性及神祕性，為遠古文明遺址最富吸引力之處。若具穿越時空的歷史透視力，身處飽經風霜的古國故城，是否能想像當時車水馬龍、摩肩接踵的熱鬧景像。從絢爛走向死寂，時間縱軸的無情邁進，不知淘盡多少英雄人物？史學家與考古學家針對消失的文明，進行嚴謹的考古工作，以重建疇昔已消失在時空之中的群體活動場域。

生前亮麗光鮮，所有的豐功偉績、驚天動地的作為，不過化約為史書上寥寥數行文字而已。「歷史是從實例中悟出的一種哲學」（哈利卡納蘇斯的狄奧尼修斯〔Dionysius of Halicarnassus〕），**面對龐大的歷史洪流，不僅深感個人的渺小，亦可淨化心靈，豈能不「謙卑、謙卑，再謙卑」**。

本書揀選中國歷代四境三十六國，劃分為西域、西南、漠北、夷越四大區塊，標題饒富趣味，吸引讀者購書，其中亦有kuso版標題：「宗教狂熱分子玄奘是個偷渡犯，孤零零一人西行取經」，不知佛教界人士能否忍受？小朝廷林立，皆自我感覺良好，從鼎鼎大名的匈奴、鮮卑、契丹、西夏、大理、夜郎，到名不見經傳的庸國。作者的生花妙筆，如行雲流水，又若潑墨山水畫，大塊在胸，一旦展讀，如吸食鴉片，欲罷不能。書中圖片精美、細膩，如觀賞專業攝影師的作品展，不僅賞心悅目，更能沁人心脾。

「我看到昨天，我知道明天。」（古埃及諺語），戰爭未打到家門口，以為世界仍和平。假如歷史中斷，則留名青史毫無意義，所有昔人的生命足跡，也將從地球上抹去。

東周春秋時代、古希臘時代、日耳曼民族的神聖羅馬帝國，均有三百餘國，多為城市國家，或稱城邦（city-state）。各國均有其歷史，以其影響力的多寡，決定在人類歷史舞臺上，是否占有一席之地。今日的新加坡、以色列和瑞士的立國之道，可讓臺灣這種蕞爾小國學習。歷史學家錢穆先生主張，研讀歷史要挖掘史實背後形而上的意義。

全球古文明的研究，從專家學者到普羅大眾，均有強烈的興趣。**中國歷代邊疆各民族的盛衰興亡，或可與亞特蘭提斯（Atlantis）、英國的巨石陣（Stonehenge）、智利的復活**

節島（Easter Island）等量齊觀，戮力成為世界熱門的主題。

本書可作為最佳旅遊指南，並成為扮演上帝角色的名嘴們討論的題材，他們全知、全能，不論古為今用或借古諷今，均能活學活用。細嚼之後，發現**本書堪稱浩如煙海的「史普」作品的佼佼者**。

前言
在正史消失的國家，文明和中原同樣璀璨

「大江東去，浪淘盡、千古風流人物。」這是宋代大文豪蘇東坡在面對大江赤壁時，由衷發出的感嘆。至聖先師孔子當年也曾面對滾滾東去的江水喟然長嘆：「逝者如斯夫，不舍晝夜。」當歷史的車輪滾滾遠去，許多過往的文明都被塵封在歷史的檔案之中了。

在中華大地上，五千年的文明史中，不僅存在著中原大國的文化歷史，也存在著那些邊陲小邦的歷史文明、風俗文化。然而，歷史是極為「勢利眼」的。從先秦到大漢、盛唐、隆宋，以至於大一統的天朝元、明、清等朝代的歷史，都極為詳實豐富；從國家興亡、朝代更替、典章制度、文化政策、風土人情到民俗習慣等等，無所不備，除此之外，稗官野史、筆記小說之類更是恒河沙數、不勝枚舉。可是，那些邊陲的小邦、小國呢？他們就像是一株野草，孤零零的生長在天地之間，沒有人欣賞他們的美好，更沒有人給予他們足夠的關注。雖然中原大國為了宣揚自己的「文治」之時，會在那些典籍中偶爾提一下這些小邦國的名字，但這也只是為了說明中原王朝統治之廣罷了。更有甚者，這些**正史中對他們的描述，大多是輕描淡寫或是語焉不詳，這也就更加重了這些小邦國多舛的命途，乃至於千年後的世人對這些古文明無從知曉。**

本書拭去那些冷門典籍上厚厚的塵土，力求還原出一個個在中華文明史上真正存在過、和中原文明同樣璀璨的文明，讓這些文明走入現代人的心中，成為中華文明不可或缺的一部分。因此，本書並非搜羅一些神祕離奇的逸聞，滿足有著極強的窺私慾和獵異心的浮躁心靈。

在本書中，編者試圖將中國歷史上的一些小邦國介紹給讀者，開拓讀者的視野、豐富讀者的見聞、提高讀者的歷史修養。書中介紹了**沉睡了千年的樓蘭美女、因「汗血寶馬」而聞名天下的大宛、狂妄自大的夜郎國、天籟之音龜茲、因金庸武俠小說而廣為人知的大理段氏王國、西夏……**引領讀者循著蛛絲馬跡，探求這些曾經盛極一時的古國文明，探訪考古遺址、遍考史書古籍，加以互相印證，真實再現消失的古國。透過這本完整的古國檔案書，讓錯綜複雜的歷史變得清晰、讓斑駁迷離的真相逐漸明朗、讓亦真亦幻的謎案水落石出。

當然，嚴謹的歷史觀，並不等於枯燥乏味的講述歷史。歷史中的那些往事，都曾經無比真實、異常精彩的發生過，絕不是書上晦澀、生硬的定義或是概述。所以，在閱讀本書的同時，讀者不但能從中汲取歷史知識與啟示、提高歷史修養，同樣也可以在繪聲繪色的歷史介紹中獲得愉快、充實的體驗。試想，在萬籟俱寂的深夜中，讀者手捧著一盞香茗（茶），看著這些曾經存在於中華大地上的文明古國，這將是塵世中多麼難能可貴的清福呀！

「紙窗竹屋，燈火青熒；時於此間，得少佳趣。」蘇東坡曾如此形容讀書的樂趣。願您在閱讀這本書時，也同樣得到片刻的心靈憩息和慰藉。

第1章

絲路之旅必經此地，西域諸國的大漠英雄傳

西方探險家一次次到東方「淘寶」，使這些古城更形死寂：絲路重鎮樓蘭、西夏的黑水城、《鬼吹燈》裡的精絕古城……它們爲何消失？又如何被重新發現？

01 樓蘭謎般淪為死城，長眠美女召喚探險家

歷史總是輕易的拋棄它曾經的寵兒。樓蘭，這個昔日綠草遍地、人流如織的繁榮古城，**在四世紀以後，卻突然神祕消失了**，只留下城郭巍然、人煙斷絕的不毛之地，以及待後人破解的千古之謎。**直到一千多年後，樓蘭才終於回到人們的視線裡**，而這一次，它以突然闖入的方式再次登場，讓世人為之驚詫不已。

樓蘭是被一支打著考古旗號、行強盜之實的瑞典考察隊伍不經意發現的。二十世紀初，某年的陽春三月（陰曆的三月），瑞典探險家斯文．赫定（Sven Hedin）闖入羅布泊（編按：位於中國新疆塔里木盆地東邊、若羌縣以北的一個已乾涸的鹹水湖，曾經是中國第二大內陸湖），發現了消失千餘年的樓蘭古城。一百年來，考古學家和歷史學家不斷試圖破解樓蘭之謎，至今仍不知道是什麼樣的人，建起這座曾經無比繁華的城市，後來又因何變成廢墟。

種種猜測、無窮盡的假設，顯示了科學家探求未知時鍥而不捨的態度，同時也勾起了人們探祕的獵奇心理。關於樓蘭的謎團非常多，這些都是一個世紀以來懸而未決的疑點。樓蘭古城，可謂一個存在於歷史與傳說中的神祕國度。

絲綢之路的必經之地——夾在漢朝與匈奴之間的樓蘭

在塔里木盆地東部，羅布泊窪地的西北邊緣，有一處風沙肆虐的沙漠地帶，著名的樓蘭城遺址，就靜靜躺在這個幾乎完全被沙丘淹沒的死寂世界中。千年的烽燧（烽火臺）、古怪的雅丹地貌（編按：或稱為風蝕脊，典型的風蝕性地貌，由一系列平行的壟脊和溝槽構成，有些外觀如同古城堡，俗稱魔鬼城）、漫天的絕域風沙，還有時隱時現的羅布泊，交織構成一個神祕莫測、充滿異域風情的西部傳奇。

樓蘭屬西域三十六國之一，是中國古代西部的小國。在《史記》的記載中，樓蘭也被稱為鄯善，書中說：「鄯善國，本名樓蘭，王治扜泥城（編按：扜泥城為樓蘭國國都），去陽關千六百里，去長安六千一百里。」它西南通且末、精絕、扜彌、于闐，北通車師，西北通焉耆，東邊是白龍堆，通敦煌，**是絲綢之路上的重要城鎮**。

根據史料記載，樓蘭是在西元前三世紀建立的國家，人口和土地稀少，樓蘭在西漢時有居民一萬四千多人，士兵僅有約三千人，軍事實力不是十分強大，只能依附於實力較強的月氏，是月氏的屬國之一。西元前一七七年至西元前一七六年，匈奴打敗了月氏，隨後樓蘭又歸附於匈奴。

漢代偉大的探險家張騫出使西域時，將西域諸國的資訊帶回中原以後，人們才逐漸知曉樓蘭的存在。張騫將他在西域的所見所聞，向漢武帝報告，講到樓蘭有著良種的大宛馬時，漢武帝異常欣喜，迫不及待的多次派使節前往大宛、康居一帶求購。樓蘭處於運送馬匹的必經之路，在漢武帝的威迫下，他們擔負起向這些漢使提供食宿、糧草的繁重任務。樓蘭王國是個小國，而且當時西域處於匈奴人的勢力範圍之中，因此，**樓蘭既不敢得罪漢人，又不敢得罪匈奴人**；他們往往把一個兒子送到長安做人質，一個送到匈奴，冒著兒子被殺掉的危險，**在漢朝和匈奴兩大勢力之間，想盡辦法維持著其政權的存在**。說來，這也是種小國政治的悲哀。

▲ 樓蘭廢墟

開通西域之後，漢朝的使者、官僚、商人就源源不斷的從中原內地，湧向西域這塊神祕的土地。尤其當漢朝派遣使者來西域時，樓蘭境內的白龍堆沙漠，就成了這些人的必經之處；為了討好漢朝這個天邦上國，樓蘭王國也擔負起向漢使提供嚮導和飲用水的任務。可是，好景不長，因為一些漢朝官員自認為是大國的官員，十分看不起這些樓蘭人，而且還漸漸出現欺辱樓蘭人、虐待樓蘭嚮導的情事。樓蘭人得知此事後，覺得受到極大的侮辱，於是不再向漢使提供嚮導和飲用水。就這樣，漢朝和樓蘭之間的關係越來越惡化，終於，在漢昭帝元鳳四年（西元前七十七年），樓蘭王安歸在匈奴的唆使下，曾幾次擊殺漢使、掠奪財物，令西漢皇帝非常惱火。於是，漢朝大將軍霍光就派屬下傅介子去殺樓蘭王。到了樓蘭後，傅介子拿出許多金銀錦帛，假意要送給安歸。樓蘭王安歸大喜，應邀與傅介子一起飲酒。傅介子灌醉安歸，將他扶到屏風後，命兩名刺客殺了安歸。傅介子對各王公大臣說：「安歸負漢，是大漢天子派我來殺他的，應該立他的弟弟尉屠耆為王，誰如不從，漢朝的大軍馬上就到！」

▲ 樓蘭古城遺址

各王公大臣見安歸已死，而且漢朝大兵壓境，反抗只是徒丟性命，迫於壓力，只好服從漢朝的意思。

安歸死後，漢昭帝即詔立曾在漢朝做人質的尉屠耆為新王，並且改樓蘭國名為鄯善，授予國印，另外還賜宮女為妻及大批車馬和物資。隨後，**樓蘭古城成為古代絲綢之路的必經之地**，樓蘭古城內，使者相望於道，車水馬龍、人來人往，販夫走卒穿梭其間，儼然一派世外桃源的生活。

與此同時，繁榮的商業為樓蘭帶來巨大的利潤，使樓蘭人得以過上富足的生活。中原的商品和文化也通過絲綢之路傳入樓蘭，給樓蘭帶來了發達的物質文明和精神文明。樓蘭此時已經成為西域的樂土，是無數人所嚮往的地方。

然而，上天似乎就是不允許人類或任何國家、部族如此無憂無慮的生息繁衍。由於西漢王朝在中原群雄混戰中自顧不暇，便沒有實力和精力顧及遠在萬里之外的樓蘭了。因此，**樓蘭漸漸與中原失去聯繫，逐漸走向衰落**。西元四〇〇年，東晉高僧法顯西行取經，途經此地時，據說此地已是一片「上無飛鳥，下無走獸，遍及望目，唯以死人枯骨為標識耳」的荒原了。樓蘭就這樣無聲無息的消失在歷史舞臺上。

戰爭？瘟疫？洪水？是什麼使樓蘭城憑空消失？

樓蘭之所以神祕、之所以至今還被人們津津樂道，或許就在於**它的出現和滅亡，都如此**

迅速、不為人知。樓蘭的出現，大約在西元前三世紀，所以我們可以從《史記》、《漢書》等史料中看到樓蘭的倩影；而在西元四世紀時，它就神祕消亡了，因此《周書》成了最後一部對樓蘭王國作了專門介紹的正史。到了西元四世紀，人們似乎就只能看到樓蘭「城郭巍然、人煙斷絕」的廢墟了。一個曾經聲名赫赫的樓蘭王國，在繁榮興旺了幾百年之後，就這麼銷聲匿跡了，**一個曾經融會了東西方文化精華的樓蘭文明也就此失落**，使得許多學者、專家對此欷歔不已。

回首樓蘭的繁華，簡直是場無比絢麗的春夢。羅布泊的西南岸，環繞排列著大小不一的古城：土垠遺址、營盤古城、樓蘭古城、海頭古城、米蘭遺址、尼雅遺址等，達數十個之多。還有，由東北向西南穿越羅布泊的長城烽燧和屯田戍堡（邊防駐軍的營壘、城堡）。這些以往繁華似錦的古城，如同一顆顆明珠，被一條金絲給穿了起來，形成一件天地之間無與倫比、美麗絕倫的首飾。而且，樓蘭位於絲綢之路的重要地理位置，傳遞著中西方文明，更為這份繁華錦上添花。據考證，樓蘭運轉絲織品的數額非常大，有極為可觀的人口和較為發達的農業經濟。

然而，上蒼似乎嫉妒美好的樓蘭，它的繁華不知為何成了剎那間的芳華，如美麗絢爛的煙花般一瞬即逝，轉眼間，成了一片荒涼的沙漠。

對於樓蘭城的消失，**最盛行的說法是絲綢之路的變遷造成的**。兩晉之後，絲綢之路改走北道，中原在樓蘭的駐兵和屯田事業（編按：漢代以後的歷代政府利用士兵在駐紮的地區，一面駐守，一面墾殖荒地）也隨之向北轉移，所以，在這種情況下，樓蘭古城便慢慢被廢棄，最終銷聲匿跡。

另外也有人認為**是戰爭摧毀了樓蘭城**。作為交通重地，歷史上匈奴、吐蕃、月氏等國都曾統治樓蘭。在樓蘭城周邊的多處墓地可以看出，在同一區域、同一時期的墓地，葬有不同的人種，有可能是樓蘭被占領後，占領者實行屠城，然後撤離，樓蘭因此慢慢被風沙淹沒。

也有人認為，**是瘟疫這個可怕的惡魔奪走了美麗的樓蘭**，殺死了善良的樓蘭人。傳說在沙漠中有一種可怕的急性傳染病，叫「熱窩子病」，顧名思義，只要

▲ 樓蘭出土文物

有一個人罹患這種可怕的疾病，就會傳染給其他人；如果有人患病，就是一整個村莊的病人；如果病死，就是一整個村莊的屍體。在巨大的災難面前，樓蘭人選擇逃亡，人們盲目的逆塔里木河而上，哪裡有樹、有水，就往哪裡去；哪裡能活命，就往哪裡去。

有考古學者從考古方面肯定了「瘟疫說」。有人認為，從考古發掘來看，**樓蘭古城是突然間被廢棄的，古城裡沒有戰爭的痕跡，也不像是人類漸漸遷移之後留下的遺跡**。在樓蘭古城的廢墟中，曾大量發掘出珍貴的文獻，以及各種財物。樓蘭人如此倉促的離開家園，還拋下這麼多的財物，也許，只有可怕的瘟疫，才能造成如此十室九空的景象，讓人不顧一切的逃離此處。

除以上觀點之外，還有兩種針鋒相對

▲ 樓蘭廢墟（羅布泊墓地）

的猜測，**一為樓蘭毀於乾旱，一為樓蘭毀於洪水**。持前種觀點的人認為，樓蘭為絲綢之路的必經之地，漢、匈奴及其他游牧國家，經常在樓蘭的國土上挑起戰爭，使水利設施和植被受到嚴重破壞，而且西元三世紀後，流入羅布泊的塔里木河下游河床，被風沙淤塞。據《水經注》（編按：古代中國地理名著）記載，東漢以後，樓蘭嚴重缺水。敦煌的索勒將軍率兵一千人來到樓蘭，又召集鄯善、焉耆、龜茲三國兵士三千人，不分晝夜橫斷注濱河（古西域河名）引水進入樓蘭，才緩解了樓蘭的缺水困境。但此後，儘管樓蘭人為疏浚河道，做出最大限度的努力和嘗試，但樓蘭古城最終還是斷水了。水資源的缺乏，使得人們的衛生狀況惡化、抵抗力減弱，於是瘟疫爆發，樓蘭古城居民為了生存，只得棄城出走，留下死城一座。在肆虐的沙漠風暴中，樓蘭最終被沙丘埋沒了。

與此相對的猜測，是樓蘭古城毀於洪水。有學者提出，羅布泊窪地及其周邊本來有大面積的森林，植被種類繁多，大量飛禽猛獸出沒於此，生態環境極為優越。可是，由於樓蘭處於絲綢之路的要衝，為兵家必爭之地，戰爭導致大片森林遭到砍伐；同時因地理位置優越，人口大增，而手工作坊、民用炊火也都要砍伐大量的林木。過度的採伐，使自然環境遭到嚴重破壞，致使水土流失淤積河道、湖泊，河床因而抬高、湖深淤淺。而恰巧在此時，塔里木河、孔雀河等河流水源充足。樓蘭城的毀滅可能是當時某段時期羅布泊水位上漲，向西漫至樓蘭城，同時樓蘭城及周邊地殼下沉，**孔雀河與塔里木河等下游河水注入到樓蘭城，使得樓蘭古城中的百姓人等俱成魚鱉**。

不管是何種原因，導致繁華一時的樓蘭古城成為沙漠中的廢墟，不可逆轉的現實是，輝煌的樓蘭古城永遠從歷史舞臺上消失了。漫漫黃沙遮蓋了昔日綠洲上的城市，人們只能從那殘存的遺跡中，追憶那流傳千古、不絕於世的神奇傳說，魂牽夢縈那沉睡千年的驚世容顏。

樓蘭遺跡的發現，外國探險隊爭相進駐考察

清末，自古號稱萬乘之國、大方之地的東方古國——中國，引來了無數對它的文化、財富十分癡迷的西方人。這些西方人挖空心思侵略、巧取豪奪這個古老的國家，其中有個號稱地理學家的西方人，無意中在西域的浩瀚沙海發現了許多寶貝，他貪婪的將這些寶貝運回自己的國家後，引起學者的重視。這些學者透過分析和考證得出結論，這位地理學家發現寶貝的地方，正是《史記》和《漢書》中所記載、在歷史上赫赫有名、後來又莫名消失的絲綢之路重鎮——樓蘭！這到底是怎麼樣的過程呢？

一八九五年二月，瑞典探險家斯文．赫定率一支龐大的駝隊，來到中國的羅布泊地區進行考察，打破了羅布沙漠的沉寂。在考察過程中，隊伍剛剛深入羅布泊

▲瑞典探險家斯文．赫定

不到十公里就遭風沙襲擊，數十、上百人幾乎全都喪命，幸虧一隻水鳥將他引至一個小水潭邊，他才倖免於難。從此赫定堅稱：「這裡不是生命所能涉足的地方，是可怕的『死亡之海』。」但是赫定並沒有畏懼這片死亡之海，不久，他再次率領探險隊進入孔雀河下游的羅布泊荒原，這次他決意打通從中亞到西藏的道路。

赫定的第二次羅布泊荒原之行，充滿了戲劇性：一八九九年九月，赫定在瑞典國王奧斯卡（Oscar II）和百萬富翁伊曼紐・諾貝爾（Emanuel Nobel，諾貝爾獎創立人阿爾弗雷德・諾貝爾〔Alfred Nobel〕的姪子）的資助下，展開對塔克拉瑪干沙漠的第二次探險。赫定一行人駕著小舟，沿葉爾羌河進入塔里木河，抵達若羌綠洲。一九〇〇年二月，他又組織一班人馬，向羅布泊荒原進發，三月二十九日深入到羅布泊西北岸。完成考察湖泊遊移項目後，起程離開羅布泊的前一天，中國維吾爾族的探險隊員奧爾迪克，發現他把用來挖水的鐵鏟丟在前一夜的宿營地；茫茫沙漠，水是攸關性命的東西，而鏟子又是他唯一的挖水工具，赫定不得不命奧爾迪克回去尋找。奧爾迪克強忍著飢渴，立即出發，最後幸運的找到了這把鐵鏟。就在返回途中，突然狂風大作，飛沙打在臉上，使他無法睜眼，他因此迷失了方向。**當風暴停息後，奧爾迪克面前出現一些高大的泥塔和房址，起初他以為這是「海市蜃樓」，但走近一看，發現這是一座被風沙埋沒的古城廢墟**。映入他眼簾的，不僅有殘垣斷壁、巨大的房梁，還有遍地的碎陶片和浮露於地表的佛珠、銅錢等。

第二天，奧爾迪克找到了隊伍。當赫定從奧爾迪克手中接過那幾片木雕殘片時，有多年探險經驗的他立即意識到，這很可能是一處能使自己聞名於世的重大發現，赫定當場因興奮過度而驚叫起來。這位探險家用顫抖的手，揮筆記錄下當時的心情：「這些精巧的蝸捲紋和草葉紋雕使我眼花繚亂，這果然是一片神奇的土地！」歷史將銘記這個偉大的日子：西元一九〇〇年的三月二十九日，這是一座充滿傳奇與智慧的人類文明寶庫，再度回歸歷史舞臺的日子。

儘管赫定當時尚不能完全斷定，這座荒廢多年的古城究竟是什麼地方，又為什麼會埋沒在滾滾沙塵之中，落得如此蕭瑟的結局，但是職業的敏感，使他註定會在青史上留名。

偉大的發現總是伴隨一些小插曲。由於他們身上剩餘的水已十分有限，而匆忙前去發掘是不可能的事，為了生存，他們將考察樓蘭的計畫留到第二年春天。一九〇一年三月，赫定就迫不及待的重返沙漠，去找那座神祕的古城。但是事情並不那麼順利，他們面對的是一望無際、浩瀚如海的茫茫沙漠，**上次因為機緣巧合而得見的古城遺跡，再次神祕失蹤**。在苦苦尋找卻毫無線索的情況下，赫定及其隊友都打算放棄了。然而，命運總是喜歡開玩笑，就在這時奇蹟出現了。在赫定一行人疲憊不堪的穿越一片低矮的雅丹地貌區域時，發現了許多古代烽火臺，這條烽燧線一直延伸到羅布泊西岸一座被風沙埋沒的古城，這就是他們夢寐以求的那片廢墟！

由於這次帶有明確的目的，他們立即在泥塔底下搭起帳篷，在古城內十三個地點大肆盜挖起來。就這樣挖掘了一個多星期，他們獲取了大批漢魏古錢、一枚羅馬錢幣、一枚于闐錢幣、各類精美的絲織品、頗具中亞希臘化藝術風格的雕花建築構件。其中一件帶有木雕小佛像的佛殿建築飾件十分精美，迄今仍是中國境內發現最早的佛像藝術品。其中最重要的文物，當屬那些魏晉時期的木簡殘紙；魏晉書法真跡流傳至今者寥寥無幾，被歷代收藏家視為珍寶，而赫定在遺跡裡一次發掘所獲就達一百五十餘件。

根據赫定帶回的簡牘上的「Kroraina」一詞，**德國語言學家研究後證實：這片廢墟就是在歷史上赫赫有名、後來銷聲匿跡的樓蘭！**消息一出，立即轟動世界。此後，樓蘭成了塔克拉瑪干沙漠最著名的考古聖地之一，樓蘭古物也成為歐美國家和日本探險隊激烈爭奪的對象。一九〇六年和一九一四年，英國考古學家馬爾克・斯坦因（Marc Aurel Stein）兩次到樓蘭考察挖掘，發現附近十幾座城址、寺院、住宅遺址等。一九〇九年三月，日本大谷考察隊的探險家橘瑞超進入樓蘭，並發現距樓蘭遺址四十多公里處的海頭古城，獲得新的重要文物——前涼時期西域長史李柏的信稿。之後，美國的亨廷頓和瑞典的布格曼探險隊，先後到過樓蘭，均有所發現。

就這樣，樓蘭，**這個被沙漠埋沒千年的文化古城，被外國的盜賊率先揭開了它神祕的面紗**。隨著出土文物不斷增多，古樓蘭的輪廓也漸次清晰的展現於世人眼前。

舉世震驚！樓蘭女屍再現人間

樓蘭古城處於新疆地區的沙漠地帶，異常乾燥的氣候，使得那些消逝於沙漠中的生命免於腐爛，得以完好的保存下來。隨著考古發掘的逐步深入，樓蘭古城也向我們展示了它所創造的一件件驚人奇蹟。

一九七九年十二月，有考古學家在一個寸草不生的土埠頂上，發現古人活動的遺跡。後來經過考古發掘，在此處竟發現一座埋葬在地下的古代樓蘭人墓葬。考古隊員在驚喜之餘，加大挖掘力度。在墓穴清理得差不多後，一具完整的古代樓蘭女性的屍體，出現在隊員們面前。**古代樓蘭女屍的發現，如同重磅炸彈，震驚考古界、震驚中國，更震驚了全世界！**

透過出土資料的描述，可以知道這具女性乾屍，置放在由兩塊掏空的樹幹所製成的棺木中。她頭戴尖頂氈帽，身裹毛線氈毯，腳穿補過的皮靴。從外露的面容可以看出死者死時還年輕、臉龐姣好、高高的鼻子、大大的雙眼、長長的眼睫毛，濃密的金髮捲曲在肩後。氈帽的尖頂兩旁，插著色彩斑斕的翎羽，帽邊飾有紅色彩絨，頸部圍著毛茸茸的皮裘，既美觀又保暖。好事的日本人在得到消息後，馬上根據照片為她做了一件複製頭像，一時間，「樓蘭美女」的稱謂響遍世界。

實際上，這具乾屍在去世時的年齡在三十五歲左右，離「樓蘭美女」的稱謂還有一定差距，**樓蘭美女的稱謂之所以廣泛流傳，是因為還有一個更為神奇、美麗的乾屍曾被發現。**

一九三四年，瑞典考古學家弗克．貝格曼（Folke Bergman）與赫定一起，再次來到羅布泊，希望能有新的發現。奧爾迪克聞訊，又主動趕來重歸旗下。當時已七十二歲的奧爾迪克告訴赫定，他十五年前，在羅布泊發現一個「**有一千口棺材的地方**」。聽到這番話，赫定感到吃驚和懷疑。雖然如此，他還是決定去探探奧爾迪克口中的古墓群，並把這個任務交給貝格曼去實施。

奧爾迪克和貝格曼花了兩個月的時間，去尋找這片神祕的墓地。在一次次失敗後，奧爾迪克也拿不準了，他開始講故事為自己開脫，他說那個「有一千口棺材的地方」已經消失在新形成的湖泊中了，那個地方有魔鬼出沒，他不敢帶別人到那裡去。貝格曼開始懷疑是否真有這樣一個地方。在灰心喪氣之際，考察隊意外拐向一條庫姆河的支流，這是一條沒有名字的河，貝格曼隨口把它叫作「小河」。他們誰也不會想到，隨口叫出的「小河」，日後會成為羅布泊探險考古史上的關鍵字。考古隊沿著小河，一邊測量、繪圖，一邊前進。這時已是六月，沙漠的天氣變得特別熱，所有人都汗流浹背。就在這時，大家發現奧爾迪克有些異樣，他迷迷糊糊的張望著、聆聽著，然後，他一個人久久的凝視著一個渾圓的小山崗，一言不發。突然，

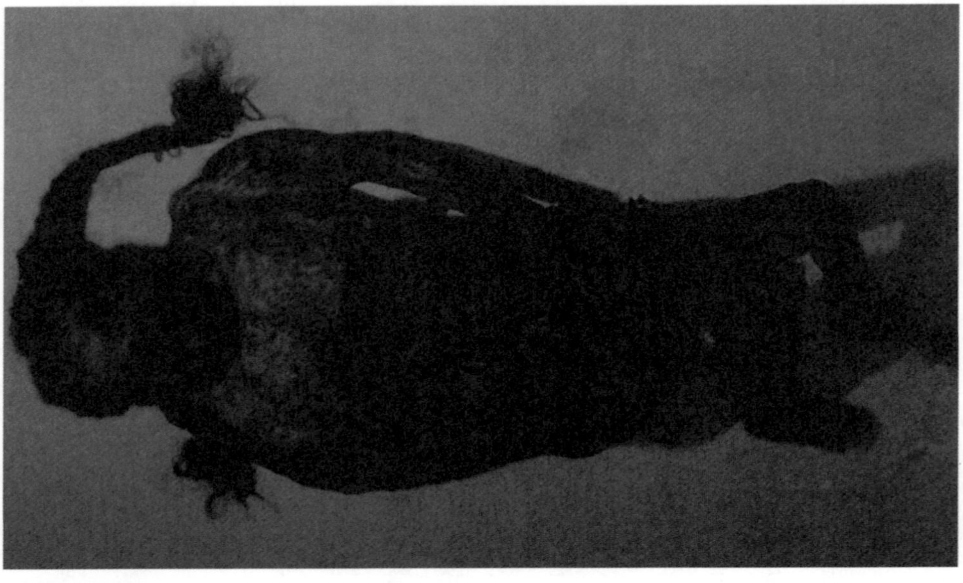

▲ 樓蘭女屍

奧爾迪克指著那個小山崗，大聲說：「那，就是它！」大家全愣住了，一時沒有反應過來是怎麼回事，都面對小山崗而立。

那是個埋在細沙中的山崗，貝格曼和他的助手們在此發現大量的棺木，留給世人無限遐思的「樓蘭美女」也靜靜躺在那裡。貝格曼記載說：「其中一些木乃伊有著黑色的長髮，和令人難以置信、保存完好的臉……一具女性木乃伊面部神聖的表情，讓人永遠無法忘懷！她衣著高貴，中分的黑色長髮上，冠以一頂具有紅色帽帶的黃色尖頂氈帽，雙目微合，好似剛剛入睡一般。漂亮的鷹勾鼻、微張的嘴唇與微露的牙齒，為後人留下一個永恆的微笑。這位『神祕微笑的公主』已經傲視沙暴多少個春秋，聆聽過多少次這『死亡殿堂』中迴盪的風嘯聲！而又是在什麼時候，她面對明月、燃燒的太陽，永遠的闔上了雙眼？正是為了尋找這類問題的答案，我才來到此地探險。」貝格曼並沒有找到答案，他再也沒有回到這片讓他魂牽夢縈的土地。在貝格曼之後，由於種種原因，再沒有其他考古工作者或探險者，能找到這片神祕的土地。「小河墓地」在羅布荒漠的無邊沙海中，沉寂了六十六年。

除了樓蘭美女之外，在樓蘭這塊神祕的土地上，還發生了一件令人匪夷所思的事情。二〇〇〇年三月的一個下午，新疆一支考察隊來到著名的營盤遺址古墓群與小佛塔中間地帶考察。考察隊在一條乾涸的小河道裡，意外發現一具獨木舟棺材。他們將這具奇特的棺木從河道裡拉出來後，發現殘棺僅剩八十五公分長、五十公分寬，棺材厚約兩公分，估計此棺原長約三至四公尺，其餘部分已斷朽在地下。當時他們怎麼也想不到，**這具極為普通的殘棺，竟是出自漢晉時代的稀世國寶——樓蘭彩棺，而這條乾涸的小河道，就是傳說中「有一千口棺**

材的地方」！

彩棺通體以黃、橘紅、褐、綠等色彩彩繪，繪有銅錢、花卉紋樣，並以斜線分格，整個彩棺的圖案，雖歷經近兩千年的歲月，卻如新的一般。彩棺兩端繪有東方文明中代表日、月的朱雀、玄武。彩棺以具有古羅馬藝術風格的絨毛毯覆蓋，毯上的獅子形象誇張、色彩豔麗。極具考古價值的是，這具彩棺集合了東西方兩大文明元素。由於考察隊在進入樓蘭遺址前就制定了紀律，不准帶走任何文物，因此，考察隊決定回到宿營地，請示領導後再做決定，於是就把彩棺留在原地。

在請示上級部門、徵得同意後，考察隊派出一輛車返回原地尋找彩棺，可尋找人員在營盤遺址周圍轉了很多圈，都找不著那具彩棺。由於樓蘭古城遺址是中國珍貴的歷史文化遺產，為避免遭人為破壞，新疆維吾爾自治區政府，曾於一九九六年專門發布禁止到樓蘭古城探險旅遊的禁令，任何人員未經文物主管部門批准，不得擅自進入。因此，文物隊決定先考察完周圍的幾個文物點，返回時再接著尋找。

然而，出人意料的事終於發生了，當考察隊考察完預定地點、返回那條乾涸的河道邊時，幾個人走近尋找彩棺，不由大吃一驚，樓蘭稀世彩棺竟然神祕失蹤了。不久，考察隊再度返回原地尋找彩棺，而且在遺址周圍數公里內，展開拉網式大搜尋，但仍一無所獲。考察隊向上級彙報後，主管部門斷定這具彩棺已被人盜走，後經數月查尋，稀世國寶樓蘭彩棺仍下落不明。

02 六戰蒙古滅絕西夏，史蹟毀在俄人手裡

當我們踏上那片土地時，一切靜默，留下的只有眼前被風雨蝕過的高大黃土堆，以及布滿孔洞的斷壁殘垣，殘留著党項民族的粗獷和曾有的帝王之相。黃昏的陽光灑在遺址間，投射出或長或短的斑駁陰影，**那曾經的王朝基業、曾有的輝煌，一切都在金戈鐵馬、血雨腥風中隨風而逝了。**

當年這片土地上究竟有著怎樣的傳奇事蹟？這片土地當年孕育著一個怎樣的國度？這樣的國度又為何會滅失在歷史的長河中？

▲ 西夏軍事重鎮黑水城遺址

西夏強過宋朝，六戰蒙古而滅絕

西夏，是党項族於西元一〇三八年至一二二七年間，在中國西部建立，**與宋、遼（金）鼎立一百八十九年的王朝**。王朝的締造者党項羌，原居於黃河河曲一帶，是諸羌族中的一支，北朝末年逐漸強盛起來。

党項族，最早居住在今天的西藏、青海、四川等省區的交界地區。在隋末唐初時，羌族中的党項族開始興盛起來，他們以姓氏為部落的名稱，過著原始游牧的生活。在党項族的許多部落中，尤以拓跋氏最為強大。

唐太宗時（貞觀八年，西元六三四年）党項族酋長拓跋赤辭率所部歸唐，之後其他各部酋長也先後率所部歸唐，唐朝將其分為三十二州，並授拓跋赤辭都督，同時賜皇姓「李」姓。黃巢之亂爆發後，唐僖宗逃往四川，党項族首領拓跋思恭糾集党項族，及其他少數民族數萬軍兵，參加鎮壓黃巢的戰爭。唐僖宗以拓跋思恭鎮壓有功，於西元八八三年將其晉爵為夏國公，再次賜皇姓「李」。此後，拓跋思恭逐漸形成強大的地方割據勢力，五代十國時期，他們乘亂擴張勢力範圍，不斷壯大自己的力量。

宋朝初年，拓跋思恭的後裔李繼遷附遼抗宋，遼封李繼遷為西平王。由於受漢族封建政治、文化的影響，經過李繼遷及其子李德明的統治，到了李德明之子李元昊繼位時，党項族已經大致完成由氏族酋長向封建地主的轉變，迫切要求建立自己的統一政權，以保障其自身的利益。

夏大慶（大慶，為李元昊的年號）三年十月十一日（西元一〇三八年），李元昊於都城興慶府南築臺受冊，即皇帝位，國號大夏。因其地處西北，又在黃河以西，所以史學家稱之為「西夏」，西夏的政治制度基本上模仿北宋，中央行政機構有：中書省、樞密院、三司、御史臺、開封府、翊衛司、官計司、受納司、農田司、群牧司、飛龍院、磨勘司、文思院、蕃學、漢學等。地方行政編制分州、縣兩級，在特殊的政治中心和軍事國防要地有時也設郡、府。稱帝後，李元昊為了提高自己的威望地位，派遣使臣到宋朝上表，要求宋朝正式承認他的皇帝稱號。這種請求當然沒有得到宋朝統治者的批准，於是宋朝與西夏展開戰爭。此時，西夏正處於上升時期，軍心穩定，在戰場上戰士們個個英勇無畏，在戰鬥中占據明顯的優勢。西夏的部隊在一〇四一年、一〇四二年與宋朝的兩次交戰中都大獲全勝，在好水川和三川口大敗宋軍。面對強大的西夏軍隊，宋朝統治者無奈之下，只得承認李元昊為夏國皇帝。

一一一五年，金滅遼。宋室南遷後，西夏對南宋、金都採用和好政策，並廣泛引進漢族的生產經驗和技術，為王朝的政治、經濟、文化發展都奠定了相當堅實的基礎。當時，**儘管形式上西夏必須向宋、遼稱臣納貢，實際上，它已經完全成為西北的一大軍事強國**。西夏當時的疆域達到「東盡黃河、西界玉門、南接蕭關，北控大漠，地方萬餘里」，**形成了宋、遼、夏三國鼎立的局面**，此時的西夏王朝，也正處於它的巔峰時期。

然而，似乎任何事物都逃不出「否極泰來」的魔咒。**當西夏國的國力和統治疆域達到頂峰之時，也正是它走向下坡路的時候了**。

西夏王國的衰落，是從另一個民族——蒙古的崛起開始的。西夏與蒙古的第一次接觸，發生於成吉思汗統一蒙古前夕。由於成吉思汗統一大漠草原的目標日益臨近，他的地域也開始與西夏相鄰。在兩個利益集團的對峙中，戰爭是免不了的，因為西夏所處的地理位置，是當時極其重要的戰略地帶，是蒙、金必爭的中間地帶。因此，西夏的國土就成了眾多強國必爭之地。另外，蒙古若想攻金，必須首先掃除西夏這個後顧之憂。西夏可以作為蒙古軍很好的物資配備和兵員補充之地，基於這些原因，成吉思汗是沒有理由不讓西夏稱臣的。

西元一二〇五年，**成吉思汗統軍首次進攻西夏，從此拉開六戰西夏的帷幕**。當時的夏桓宗李純佑見蒙古軍強大而懼戰，蒙古軍縱兵掠瓜（今甘肅安西東南鎖陽城）、沙（今甘肅敦煌）等州。四月，因盛暑將至，蒙古軍撤退後，這次戰爭以蒙古軍的退敗、西夏兵士守城成功而結束。

可是，天之驕子成吉思汗豈會甘心敗給小小的西夏，他以西夏不納貢為藉口，於第二年親自統軍再度進攻西夏。這次成吉思汗的軍隊勢如破竹，頗有直搗黃龍之勢。然而，西夏兵士也不好惹，他們頑強抵抗，讓成吉思汗不敢驟進，屯兵五個月後，因糧餉匱乏，於次年二月退兵，西夏又勝了。

幾年後，成吉思汗率重兵第三次征討西夏。蒙古軍直抵西夏都城中興府（編按：原為興慶府，一二〇五年更名為中興府，俗稱東京）周邊要隘克夷門（今內蒙古烏海西南），包圍中興府。西夏襄宗李安全親自登城督戰，蒙古兵屢攻不下。九月連降大雨，黃河水暴漲，成吉思汗遣將築堤，引水灌城，西夏兵民傷亡甚眾。可是，有趣的是，當年十二月，中興府因水淹浸，水勢氾濫，蒙古軍亦難駐足。夏襄宗登城隔水與成吉思汗相見，面約和好，獻女察合公主給成吉思汗，蒙古退兵。就這樣，西夏又躲過了一場劫難。

一二一七年，蒙古西征花剌子模（編按：起源於突厥馬姆魯克的波斯遜尼派王朝，在中世紀統治大部分的大伊朗地區），再次向西夏徵兵，西夏不堪徵調，拒絕出兵。成吉思汗於是以西夏不應從征為由，率軍四度攻夏。十二月，蒙古軍渡過黃河進入夏境，直抵夏都中興府，夏神宗李遵頊倉皇出奔西京（即靈州，今寧夏靈武西南，一說西涼，今甘肅武威），留太子守中興府。西夏馬上遣使請降，由於成吉思汗忙於對花剌子模的征討，於是下令退兵。但成吉思汗留話說：「待西征勝利歸來，卻再理會之。」

成吉思汗於一二二六年春，以西夏拒絕出兵助戰和不納人質為由，兵分兩路、東西並進，再次進攻西夏。成吉思汗在清水縣（今甘肅清水縣）西江得重病，然而天要亡西夏，蒙古人封鎖消息，而西夏國守城統帥在連年抵禦後終為恐懼壓倒，**恰恰在成吉**

▲西夏王陵

思汗死後一天，獻城投降，蒙古人於是發瘋似的發洩失去一代天驕的鬱悶情緒，屠城、殺戮、掘墓、焚書，「免者百無一二。白骨蔽野，數千里幾成赤地」（編按：出自《西夏書事》），蒙古人滅絕西夏人的原始記載）。西夏王陵也未能倖免，曾經紅牆綠瓦、角樓飛簷、闕臺高聳、碑亭肅穆，更有那瑰麗的陵臺、獻殿，但所有的華麗堂皇，都隨著入侵者燃起的大火化為烏有，燒得毀的燒了，燒不毀的石碑都被砸斷深埋。**歷史上烜赫一時的西夏王國，就此退出歷史舞臺。**

黑水城的神祕傳說

黑水城遺址位於內蒙古自治區，額濟納旗達賴庫布鎮東南約三十五公里、納林河東岸的荒漠中，是現今已知唯一一座用党項語言命名的城市。過去這裡曾經有相當大的水域，著名的古居延海，就有七百二十六平方公里。黑水城就位於三面臨水的綠洲之中。

党項人叫黑水為「額濟納」，黑水城就是額濟納城，而蒙語稱為「喀拉浩特」。現存的城牆為元代擴築而成，平面為長方形，東西長四百三十四公尺，南北寬三百八十四公尺，周圍約一千六百公尺，最高達十公尺，東西兩面開設城門，並築有甕城（編按：為加強城堡或關隘的防守，在城門外修建的半圓形或方形護門小城，形如甕）。城牆西北角上保存有高約十三公尺的覆缽式塔（編按：又稱喇嘛塔，是藏傳佛教的塔，主要流傳於西藏、內蒙古與南亞等地區）一座，城內的官署、府第、倉敖（收藏谷物的建筑物）、佛寺、民居和街道遺跡仍依稀可辨。城外西南角有伊斯蘭教拱北（編按：穆斯林對其聖徒、先賢等的墓葬之稱呼）一座，巍然聳立地表。

西元一二二六年二月，**黑水城經歷了一場毀滅性的血戰，如今黑水城外滿地都是碎骨，半埋在沙土中，也許就是當年屠城時留下的**。從遠處眺望黑水城周邊高大的城牆，雖然歷經歲月的風蝕，卻依稀可見當年城池的輝煌。

黑水城，又被稱為「**死亡之城**」，據說，這死亡之城背後還有個驚心動魄的故事。

幾百年前，在西夏國的軍事重鎮黑水城，曾駐紮著一位「哈拉將軍」，他的名字叫哈日巴特爾（蒙古語，意為黑英雄），同時也被人們稱為「黑將軍」。這位哈拉將軍武藝出眾、兵法嫻熟，在當時是個響噹噹的人物。由於哈日巴特爾驍勇善戰，深得皇帝歡心，皇帝於是將自己的小女兒許配給黑將軍做夫人。

可是，**哈拉將軍並不滿意於做一個屈居人下的駙馬爺，他還有著更大的政治野心**。但他的實力較弱、影響力還不足，所以哈拉將軍選擇暫時韜光養晦、按兵不動。經過數年的苦心經營和不懈努力，終於，哈拉將軍羽翼漸豐，權勢強盛，此時他也可以一展作為了。於是，哈拉將軍開始公開招兵買馬、積草屯糧，企圖一統天下、稱孤道寡。

然而，沒有不透風的牆，哈拉將軍的陰謀被公主得知，她便將黑將軍陰謀篡權的消息向父皇報告。皇帝在盛怒之下，派數萬大軍進攻黑水城，懸賞捉拿哈日巴特爾。但黑水城久攻不下，為不使黑將軍逃脫，只好把黑水城圍困起來。為了攻克黑水城，西夏皇帝請來巫師卜卦，巫師說：「黑水城地高河低，圍城官軍在城外打井無水，而城內軍民卻不見飢渴之象，肯定有暗道通水，如果將這條水道堵截，則必勝無疑。」

於是，西夏士兵用頭盔盛著沙土，在黑河上游築起一道巨大的土壩，截斷城中水源。沒過多長時間，城中儲水耗盡，士兵飢渴難耐，只好在城的西北角打井求水，不料卻滴水未見。黑將軍眼見城池危在旦夕，失敗已成定局，決定與對手進行最後的決戰。戰前為防萬一，他把庫內所存的八十餘車黃金，連同其他難以計數的珍寶，全部倒入這口枯井中，又親手殺死自己的妻兒。一切處理妥當後，黑將軍便在城西北側破牆打洞，率領士兵傾城出戰，身先士卒直衝敵營，經過殊死拚殺，終因眾寡懸殊全軍覆沒，最後黑將軍自刎而死。

現今在黑水城遺址西北角的城牆上，可以看到一個可容騎駝者進出的洞口，相傳就是當年黑將軍突圍的洞口；在黑水城內偏西北的那個大坑，相傳就是當年那口不曾出水，卻用來埋藏全城財寶的深井；而被當地人稱為「寶格德波日格」的高大沙嶺，相傳就是當年大軍截水所築的大壩。

西夏皇帝的軍隊攻陷黑水城後，將城池破壞殆盡，黑水城從此成為荒涼的廢墟，被世人稱為死亡之城。

此後，鄰近城池的漢人和當地的蒙古人，曾多次前往黑水城試圖尋找這些珍寶，但不是無功而返，就是神祕失蹤；據說，這是因為**黑將軍臨死前留下了致命的咒語**。當地人懼怕黑水城的鬼魂和咒語的魔力，都盡可能避免經過此地。死亡之城，因而顯得更加神祕恐怖。

俄人「淘寶」，死亡之城更死寂

當一切是非成敗都隨著歷史的長河遠去，當所有的榮辱興亡都隨著時間的流水浸沒時，西夏，這個在沙漠中沉睡了六個世紀的人類遺跡，也早已淡出人們的視野，就好像它只是驚鴻一瞥，不管當初它有著如何恢弘壯麗的過去，也不管當初它有著怎樣絢麗多姿的往事。

可是，神祕的東方，在**貪婪的西方人**眼中有著太大的魔力了，一些人或是為了他們口中「高尚無比」的科學研究，或是為了中國大地上那些數不清的金銀珠寶，**一次次踏上他們的「東方尋寶之旅」**。一九〇七年，俄國地理學家、海軍中校彼得·科茲洛夫（Pyotr Kuzmich Kozlov）又組織了一次「死城之旅」，這是他第六次踏上中國的土地。本來，他將這次的探險目標定為蒙古、青海以及四川西部和北部地區。但是次年，當他穿越蒙古南部戈壁（沙漠）時，忽然想起十四世紀著名旅行家馬可·波羅，曾在遊記中提過的充滿傳奇色彩的黑水城，他立即決定前往這座傳說中的死亡之城。

▲ 俄國地理學家科茲洛夫

為使自己順利進入黑水城進行「考察」，他事先找到黑水城當地的管理者達希，並送給達希一些名貴的禮品。在達希的幫助下，科茲洛夫和他的四名考察隊員輕裝向前，順利進入黑水城，**一場洗劫就這樣無聲無息卻又轟轟烈烈的展開了……**。

科茲洛夫在一九〇八年三月十九日進入黑水城，以考古為由開始瘋狂的發掘。他們在城內的街區和寺廟遺址上，挖出十多箱的絹質佛畫、錢幣等文物。這些文物被運到聖彼得堡，文物中那些無人認識的文字和造型獨特的佛像，令俄羅斯地理協會當即做出決定：科茲洛夫探險隊放棄原來入川的計畫，立即返回黑水城，不惜一切代價，對此展開大規模挖掘。

人心不足蛇吞象，也許，人性本貪婪吧，就連以科學考古自居的人也不例外。五月，科茲洛夫從當地僱用一批民工，展開在黑水城的第二次挖掘。這是一次大規模的野蠻挖掘，「死亡之城復活了，一群人開始在這裡活動，工具磕碰出響聲，空氣中塵土飛揚」。這次挖掘時間長達四週，當他們在距城西約四百公尺處的乾河床右岸**打開一座大佛塔時，赫然發現一座輝煌的「歷史博物館」**。這是一個覆缽塔式建築，裡面藏著許多佛教塑像和成百上千的書籍、繪畫、經卷等，這些重見天日的藝術珍品，依然在廢墟上閃耀著那個時代的奪目光彩。他不僅挖走兩千多種抄本書籍，還挖走了三百張佛畫和大量青銅鍍金的木製小佛像。

科茲洛夫在聖彼得堡展出他從中國黑水城帶回的文物、文獻，轟動一時。俄國著名漢學家伊鳳閣，在成堆的文獻中發現一冊《番漢合時掌中珠》（西夏文：[illegible]），原來這是西夏文、漢文的雙解詞典。**科茲洛夫兩次以駝背運來的，竟是中國中古時期西夏王朝一百九十年的歷史！**

科茲洛夫是否曾為自己的野蠻行徑感到恥辱和悔恨，我們無從而知，但是心靈和輿論給他帶來的巨大壓力，也使得他在自己的考察記中這樣寫道：「隨著考察隊與死亡之城漸行漸遠，不由自主的難過之情，越來越強烈的充斥我的內心。我感到在這毫無生命的廢墟中，彷彿還存留著日後將不斷與我的名字聯繫在一起的東西，還有一些我捨不得與之別離的東西。我無數次回望這座被塵土遮蓋的城堡，在和自己『蒼老的朋友』告別時，我懷著可怕的感覺意識到，喀拉浩特城（黑水城）現在只剩下一座孤零零的塔了，這座塔的內裡已經無可挽回的死亡了——**被人類的好奇心和求知精神給掏空了。**」

但是，在科茲洛夫的回憶中，更多的是看似極為享受懷念，實則恬不知恥的話語：「在喀拉浩特度過的那幾天，考察隊收穫的東西林林總總、五花八門，有書籍、信件、金屬錢幣、女性飾物、傢俱、日常生活用品、佛像以及其他物品，用數量來計算，我們這幾天收穫的東西，把十個郵箱裝得又滿又沉，後來，我們把這些東西寄給俄國皇家地理學會和俄國科學院。」、「我永遠不會忘記，當我終於在一號廢墟裡發現一個佛像時，那種全身充滿驚喜的感覺。」

失色的黑水城，成了今天那些仍在關注西夏文化的人們永遠的痛。如今，大漠就要掩埋它向人們呈現的歷史事實：淹沒在沙海裡的城池，是西夏王國當年最漂亮、特別發達的城市，而這裡的每個沙丘都是牧人們當年的家。

03 月氏不知哪來、去了哪，張騫因失敗而偉大

一九八三年，新疆巴里坤蘭州灣，一位樸實的莊稼漢在耕作時，無意間的一鐽，竟然挖出一件長滿綠鏽的銅缶（古代盛水或酒的器皿），新疆社會科學院得知後，迅速派人進行實地考察，最終認定這是一處人類文化遺址。一九八四年正式開始發掘此地，並出土了數量可觀的青銅器和大

▲張騫出使西域圖

量陶器。二〇〇一年，考古專家再次來到巴里坤，進行細緻深入的調查。經過調查，專家們推測這可能是月氏（音「月支」）人的遺址。

這個遺址的發現，也將人們的目光聚焦到月氏——這個曾在**秦漢時期出現在中原王朝史書上的西域古國**上面。這是個怎樣的西域古國？**為什麼在後來的中原王朝史書記載中，它便再無被提及**？強盛一時的貴霜王朝是月氏人所創嗎？這些問題都值得我們不斷去探究。

月氏國的淵源

月氏是中國古代西北地方最古老的民族之一，它是個神祕的部族，考古學家和歷史學家根據資料考證，認為其**在商代時居住在中國西北**。它在《史記》、《漢書》中沒有專門列傳。先秦文獻提到過一些與

▲月氏人

月氏名稱相近、居於西方的部落，例如《逸周書・王會解》中提到過「禺支」，《穆天子傳》卷中提到過「禺知」。《管子・國蓄篇》稱「玉起於禺氏」；《管子・輕重甲篇》則有「禺氏不朝，請以白璧為幣乎……然後八千里之禺氏可得而朝也……然後八千里之崑崙之虛可得而朝也」的記載。其實，這裡的「禺支」、「禺知」、「禺氏」等，都是對月氏的不同音譯而已，在本質上沒有差別。

月氏民族早期以游牧為生，經常與匈奴發生衝突，其後西遷至中亞，開始發展，慢慢具有國家的雛形。《史記》的《烏孫傳》、《大宛傳》、《張騫傳》等傳中，保存了月氏早期歷史的一些資料。月氏為游牧部落，「隨畜移徙，與匈奴同俗」。《史記・大宛傳》說月氏原居於敦煌、祁連之間，《後漢書・西羌傳》也說屬於大月氏別種——小月氏部落的湟中月氏胡，舊時居於張掖、酒泉之地。

西漢初年，中原有關月氏的消息，來自於匈奴降人和使臣。武帝以後，有關這個民族的準確消息，主要來自張騫出使西域歸來後的報告。張騫所提到的月氏故地敦煌、祁連，均非漢語。敦煌應當與《山海經》中的「敦薨（ㄏㄨㄥ）」同名異譯，有學者分析說這可能是「吐火羅」（Tokhar）的音譯，指今祁連山一帶。

雖然透過張騫出使西域，國內已經對月氏有了一定的了解，但是這了解也只是存此一論，並不是全面、徹底的了解。**月氏究竟是什麼民族，史無明文。中國古籍如《魏略》稱其為羌，《舊唐書》稱其為戎**。關於月氏的種族問題，在史學界有著極為複雜的認識：有人認為月氏人是韃靼族，有人認為是藏族，有人認為是日耳曼族的哥德人，有人認為是突厥族，也有人認為大月氏與匈奴同種。

不光如此，人們對於月氏人的由來，也有著諸多猜測。有人認為月氏人是土生土長的本地民族，有人認為月氏人是北方民族，有人認為月氏人是秦漢時從雁門西遷到河西的，有人認為月氏人是從塔里木盆地西南角帕米爾一帶遷來的，還有人認為月氏人是從鄂爾多斯遷徙過來的。據史書記載，月氏人的活動範圍，從天山中部，一直延伸到賀蘭山甚至黃土高原，但主要是在河西地區活動。有人據此提出，月氏的故鄉應當在天山北麓東段的巴里坤草原。但月氏人又不僅僅是游牧民族，**他們過著一種築城定居與游牧相結合的生活**。

由於**月氏人沒有自己的文字**，而且它本身的紀錄也不齊全，現在仍無定論。世界各國學者曾經從不同角度研究月氏部落的來歷。月氏人西遷建立貴霜王朝以後，被稱為吐火羅人。二十世紀末在新疆南部的焉耆和庫車，發現一種以印度婆羅米字（編按：印度孔雀王朝的婆羅米文派生而來的一種書寫系統）拼寫的不知名的語言。經過學者們的研究，發現這種語言不屬於印歐語中的印度－伊朗語，而屬於印歐語西支，說這種語言的人稱之為吐火羅語。有些語言學家根據這一點，推測這種語言就是月氏人及其近親部落的語言。

在西元前二世紀末的巴比倫史料記載中，提到過一個稱為「Guti」的民族，其主格形式為「Gutium」，他們從波斯西部的山區襲擊巴比倫。在漢摩拉比銘文中，也提到巴比倫四鄰的民族，其中有兩個，一個稱為「Gutium」，另一個稱為「Tukris」。有學者認為，這兩個民族在漫長的歷史歲月中逐漸向東遷移，在中國西北地方定居下來，其中 Guti 人在河西，發展成月氏部落，而 Tukris 人則占據今新疆南部的庫車和焉耆，他們後來被稱為吐火羅人。

漢初以前，大月氏在河西地區的居地「祁連」這個名稱，就是後來的突厥語和蒙古語中 tengri（天）的音譯，由此可推測**月氏可能與這兩個民族**，**尤其與說突厥語的民族有關**。

秦朝建立後，月氏更為強大，所謂「東胡強，月氏盛」。當時月氏已經成為「控弦十餘萬」的強大游牧民族，在今天的民樂永固一帶修建了都城，此時期的月氏人在河西的統治處於全盛時期。與蒙古高原東部的東胡，從東西兩側脅迫游牧於蒙古高原中部的匈奴。當時，匈奴的統治者頭曼，曾送長子冒頓為人質於月氏，並發動對月氏的戰爭，想假手月氏把冒頓殺害，從而立自己的小兒子為王位繼承人。然而冒頓盜取月氏的千里馬，逃回了匈奴。

回到匈奴的冒頓心懷怨恨，經過周

▲ 反映月氏人生活的岩畫

密準備，於西元前二〇七年射殺了父親以及繼母、同父異母的兄弟，自立為單于。西元前二〇三年，就在劉邦剛建立漢朝時，冒頓單于打敗東胡，獲得勝利。解除東胡的威脅後，冒頓立即對月氏發起攻擊。他沒有忘記，自己曾屈辱的被送到月氏做人質，還差點被月氏人殺死。

月氏本來很強盛，因此輕視匈奴。匈奴於西元前二〇二年舉兵攻月氏，月氏慘敗，不得不放棄河西走廊，向西遷徙。西元前一七七或一七六年，冒頓單于再次擊敗月氏。據冒頓單于於西元前一七四年致漢文帝劉恆書中說：「故罰右賢王，使至西方求月氏擊之。以天之福，吏卒良，馬力強，以夷滅月氏，盡斬殺降下定之。樓蘭、烏孫、呼揭及其旁二十六國皆已為匈奴，諸引弓之民並為一家，北州以定。」月氏這次敗後，更西遷到準噶爾盆地。這部分**西遷的月氏，中國史籍中稱作大月氏**，另有一小部分未能西遷，即南越祁連山，「保南山羌，號小月氏」。這部分月氏人日後長期留住該地，與青海羌人逐漸融合。河西走廊一帶隨後即被匈奴的渾邪王和休屠王占領。

後來，大月氏再度遭匈奴與烏孫國聯合攻擊。由於作戰不利，月氏國王被當時冒頓單于的兒子老上單于殺死，而且老上單于還把月氏國王的頭蓋骨做成飲酒的器皿，以示自己民族的強大。「樹倒猢猻散」，國王慘死於敵人之手，月氏人只有側目而視，不敢奮起報仇，只好西遷到粟特（編按：今屬烏茲別克，部分在塔吉克和吉爾吉斯），在此休養生息、恢復元氣，以求報仇雪恨。

張騫出使西域沒與大月氏結成盟，但開闢了絲路

西漢初期，自高祖至文帝、景帝，匈奴一直是嚴重的威脅，在此期間，西漢對匈奴採取和親政策。漢武帝即位後，西漢的國力大大增強，雄才大略的漢武帝一直想反擊匈奴，徹底消除匈奴人對中原的威脅，可是苦於沒有聯盟之國。碰巧這時，漢朝的軍隊捉到一個匈奴安插在漢朝的奸細，這個奸細沒有反抗就投降了，他還說：「當年有個月氏國，跟匈奴發生戰爭。匈奴王率部擊敗月氏，殺死月氏王，把月氏王的頭蓋骨做成喝酒用的杯子。戰敗的月氏人逃到西域，對匈奴王侮辱月氏先王的事深感屈辱，一直想報復。但月氏勢單力薄，自己不敢討伐匈奴，又苦於沒有盟友，因此復仇的心願難以實現。」

漢武帝聽了這個匈奴奸細說的話後大喜，他認為大漢帝國在匈奴的東邊，月氏在匈奴的西邊，而且**兩國都和匈奴有著深仇大恨，如果聯合月氏國，對匈奴形成東西夾擊之勢，那麼就算匈奴的武力再強大，也抵擋不住來自兩個大國的打擊**。

然而，問題來了，當時漢朝人只知道月氏國在西域，具體在哪裡，誰也不知道。此外，又該找哪個合適的人選，去溝通月氏，商議共同對付匈奴的大事？更何況，在漢朝與西域之間，阻隔著強大的匈奴。也許走不到西域，就被匈奴人殺了。因此，這個任務不但辛苦異常，而且非常危險，說不定，一旦出了大漢的天下，就永遠也回不來、埋骨於異國他鄉了。正因如此，漢武帝遲遲找不到出使月氏的人選。

這時，宮廷侍衛出身的張騫挺身而出。張騫一向有著遠大的理想和抱負，他不甘心只做

個小小的宮廷侍衛，他想要做出一番驚天動地的大事來。他覺得這是個建功立業的好機會，不但對中原有重要意義，而且也是可以彪炳青史的事，於是就毛遂自薦，請求出使月氏。漢武帝見張騫相貌堂堂、器宇軒昂，覺得這個人不錯；透過聊天發現，張騫侃侃而談、語言流暢、條理清晰，是個做使臣的好料子。於是就委以重任，封張騫為使臣，出使西域等國。為了安全起見，國家命歸順的匈奴人給張騫做嚮導，還為張騫挑選了一百名勇士隨行。

西元前一三九年，武帝建元二年，張騫率領百餘人的隊伍從隴西出發，覓途前往大月氏。然而，天不遂人願，張騫一行人剛出國境，來到匈奴的地界，就被匈奴俘獲。匈奴單于得知張騫要出使月氏後惱怒的說：「月氏王國在我們西邊，你們漢朝怎麼敢越過我們匈奴，去跟他們來往？要是我派使臣去南越王國（廣州廣東），你們漢朝政府會允許嗎？」於是將他押送到漠北，逼他娶妻生子，希望消磨他的意志。在被扣押了十多年後，西元前一二九年，張騫得以脫逃西行，但這時的大月氏已經遷往阿姆河流域，為了不辱使命，張騫穿越阿爾泰山，沿額爾齊斯河西行，經巴爾喀什湖北岸南下，來到費爾干納盆地，找到當時統治費爾干納盆地的大宛國。張騫向大宛王說明來意後，大宛王派出嚮導送張騫到達大月氏。

張騫找到大月氏時，大月氏已經征服了阿姆河流域的大夏國（編按：西方學者認為是希臘巴克特里亞王國，一個希臘化的國家），設王庭於河北，統治著跨阿姆河兩岸的原大夏國領土。由於阿姆河流域土地肥沃，**大月氏人只圖安居樂業，不再想著向匈奴復仇之事**，張騫在大月氏國逗留了一年多，始終無法說服大月氏人答應與漢朝結盟，共同打擊匈奴。事實上，大月氏人離開伊犁河、楚河流域後，已不可能與西漢夾擊匈奴。

張騫於西元前一二八年底踏上歸途。他取道喀喇崑崙山和阿爾金山北麓，自羅布泊西南的樓蘭，北上西北的車師，打算穿越羌人居地回長安，不料又被匈奴拘捕。這一次，張騫被扣留了一年多，後來他趁匈奴單于去世時的混亂局面，才得以逃歸。

張騫這次西行，親臨的國家有大宛、大月氏、大夏和康居等國家。他給漢武帝的奏摺中，詳細講述西域的情況，完成中原和西域的首次溝通。這次對於西域的溝通，加強了西北邊境少數民族與漢族的友好團結關係，為建立統一的多民族國家，打下良好的基礎，同時也促使張騫第二次出使西域。張騫第二次出使西域，發展中國與中亞、西亞各國的友好關係和往來，促進了東西方經濟、文化的首次交流，開創「絲綢之路」這個對於全世界都有裨益的貿易之路、文化交流之路。

不過，令人感到遺憾的是，**張騫出使西域的活動，最終沒能聯合月氏來夾擊匈奴**。但是話說回來，**單單「絲綢之路」的貢獻，要比消滅掉一百個匈奴部落要偉大多了**。

貴霜帝國與月氏的關係

月氏一度十分強大，有「控弦之士」一、二十萬，但其後屢次敗於匈奴和烏孫，被迫不斷西遷，最後在今天中亞的阿姆河岸站穩腳跟。在前一三〇年左右，月氏和塞種人（編按：簡稱塞人，屬高加索人種，印度－地中海類型，古代著名的游牧戰士，在大草原中漫遊，其領土約在今天的哈薩克斯坦地區）共同、也可能是相繼向南進入阿富汗北部，滅掉當時統治這裡的希臘化國家大夏。大月氏征服大夏、建立王國後，月氏王親轄巴克特里亞平原的沃野，而將東部貧瘠的山區分封五部翕侯（編按：地位次於王的諸侯）治理。據《漢書》記載，這五個翕侯分別為：休密、雙靡、貴霜、肹（ㄒㄧˋ）頓、都密。西元四十五年左右，貴霜部落翕侯卡德菲茲一世消滅了其他翕侯，統一月氏，建立貴霜帝國（Kushana）。那麼，五翕侯是月氏人嗎？有專家認為（維基百科採此說），**五翕侯無疑是月氏王分封的月氏人，正是五翕侯之一的貴霜部落建立了**北抵鹹海、南至恆河平原、西達赫拉特（中亞古城）、東極蔥嶺（帕米爾高原）的**貴霜帝國，定都於今天巴基斯坦的白夏瓦，與漢朝、安息帝國和羅馬並稱當時的四大帝國**。

然而，有學者在深究漢文資料，並結合近期的考古成果進行研究後，提出其他看法。

這些專家認為，**五翕侯不是月氏人，而是大夏人**，是月氏王所扶植的親奉月氏的大夏國「小長」的後裔或親族。據《魏書．西域傳》

▲ 貴霜帝國文物

記載，可以考定五翕侯領地都在東部山區，並非大夏國的全部領地，大月氏王未必會將親族置於這些貧瘠的地方，而很可能起用原大夏國的小長或其後裔，來管理這些並非要害的地區。據《後漢書．西域傳》記載：「初，月氏為匈奴所滅，遂遷於大夏，分其國為休密、雙靡、貴霜、肸頓、都密，凡五部翕侯。後百餘歲，貴霜翕侯丘就卻攻滅四翕侯，自立為王，國號貴霜王。侵安息，取高附地。又滅濮達、罽賓，悉有其國。丘就卻年八十餘死，子閻膏珍代為王。覆滅天竺，置將一人監領之。月氏自此之後，最為富盛，諸國稱之皆曰貴霜王。漢本其故號，言大月氏云。」

有學者根據以上史料推論出，大月氏王將大夏國臣民分為五部翕侯，並非大月氏族本身分為五部。月氏早在西遷之前，就有以月氏王為代表的中央政權，當時匈奴、烏孫等游牧民族也都有自己的王，這種統一的中央集權制，是與其他的民族和政權鬥爭的關鍵，若說月氏占領大夏後自取衰弱、發生分裂，那是極為不可能的事。無獨有偶，就有學者根據《魏略．西戎傳》記載提出：西漢哀帝元壽元年（西元前二年），博士弟子景盧受大月氏使者伊存口授《浮屠經》，這是在白紙黑字的正史上明確記載的，不可能有大的紕漏，所以月氏族分成五部之事，也就成了無稽之談。

綜上所述，**貴霜王朝與大月氏王朝，是兩個不同的民族所建立的兩個王朝，貴霜王朝是建立在大月氏王朝之後、由大夏人創立的王朝**。

04 汗血馬比大宛國出名，大宛人甯遠月即別

「大宛汗血古共知，青海龍種骨更奇。網絲舊畫昔嘗見，不意人間今見之。」這是宋代名臣司馬光稱讚大宛良駒「汗血寶馬」而作的《天馬歌》。由此可知，中國人對這種神奇寶馬有著特殊的感情。幾年前，土庫曼斯坦總統，將汗血寶馬作為中土和平友好的象徵，贈送給中國領導人。土庫曼斯坦駐華大使卡瑟莫夫在接受採訪時指出：「土庫曼人將馬視作親人對待，只送給最好的朋友。」他表示，送給中國的這匹馬將成為「土中兩國和兩國人民友誼的象徵」。然而，就是**這種象徵友誼與和平的千里馬，在歷史上卻曾引起漢朝與其產國大**

▲ 汗血寶馬

宛之間的戰爭。

大宛是個什麼樣的國家？它位於現在中亞的什麼地方？讓我們回到遙遠的古代，一起審視這段歷史。

大宛和大宛人消失到哪裡去了

大宛，西漢時期西域三十六國之一，都城為貴山城。它西北鄰康居，西南鄰大月氏、大夏，東北臨烏孫，東行經帕米爾的特洛克山口可達疏勒，在當時東西交通上占有相當重要的位置。

大宛國的原始居民以塞種人為主，屬於東伊朗人種。塞種人是西元前四至前二世紀中葉，生活在伊犁河流域和伊塞克湖沿岸地區的居民，是斯基泰人的一支。西元前八至前七世紀，斯基泰人西遷時，塞種人在鹹海沿岸滯留下來，後來逐漸東移，西元前二世紀，他們受到大月氏西遷的衝擊，其中一部從錫爾河南下，在費爾干納地區建立了大宛國。

另外，在西域還有一個小宛國，國都為圩零城，距離長安七千兩百一十里，全國僅有一百五十戶，人口只有一千零五十人，兵力則只有兩百人，屬於農耕民族。它的具體位置在今天的塔里木盆地東南處且末縣正南，位於喀拉米蘭河北岸一帶，比較偏僻。他們與大宛人一樣屬於塞種人，但與大宛國的統治者和人民並沒有直接關係。

漢武帝時，張騫通西域，於西元前一二九至前一二八年間抵達帕米爾以西，首先到達大宛。大宛國王聽說漢朝物產豐盈，本想與漢朝往來，卻因中間被匈奴阻隔而未能成功。他見到張騫後，非常高興，便問張騫：「你想到哪兒去？」張騫說：「我為漢朝出使月氏，卻被匈奴攔住去路。如今逃出匈奴，希望大王派人引導護送我們去月氏。若真能到達月氏，我們返回漢朝，漢朝將會贈送給大王數不盡的財物。」大宛國王見張騫允諾報答，心中更為高興，於是派人給張騫做嚮導和翻譯，到達康居。康居又把他轉送到大月氏。雖然大月氏沒有答應與漢朝夾攻匈奴，但張騫此行了解了西域各國的情況，為日後漢朝與西域的交往奠定基礎。

張騫回到漢朝後，向漢武帝描述大宛的情況說：「大宛在匈奴西南，在漢朝正西面，離漢朝大約一萬里。當地的風俗是定居一處，耕種田地，種稻子和麥子，出產葡萄酒。那裡有很多好馬，馬出汗帶血，他們的祖先是天馬的兒子。那裡有城郭房屋，歸大宛管轄的大小城鎮有七十多座，民眾大約有幾十萬。大宛的兵器是弓和矛，人們騎馬射箭。它的北邊是康居，西邊是大月氏，西南是大夏，東北是烏孫，東邊是打彌、于闐。于闐西邊的河水都西流，注入西海。于闐東邊的河水都向東流，注入鹽

▲ 青銅器：汗血寶馬

澤。鹽澤的水在地下暗中流淌，它的南邊就是黃河的源頭，黃河水由此流出。那兒盛產玉石，黃河水流入中國。樓蘭和車師的城鎮都有城郭，靠近鹽澤。鹽澤離長安大約五千里。匈奴的右邊正處在鹽澤以東，直到隴西長城，南邊與羌人居住區相接，阻隔了通往漢朝的道路。」

漢武帝聽了張騫帶回來的種種資訊後十分高興，尤其是他得知有一種「汗血寶馬」後，就更為興奮了。在西漢時期，作為主要交通工具和作戰工具的馬匹品質的優劣，直接影響到戰爭的進程和結果，所以**當漢武帝聽張騫說大宛盛產良馬的消息時，決定引進這種良馬。沒想到，他的想法卻引起了一場戰爭**。從某種意義上來講，只要是戰爭就只有殺戮，沒有贏家。

東漢時，大宛一度臣服於莎車國。西晉太康六年，晉武帝封藍庾為大宛王，藍庾死後，其子即位，遣使向晉朝進貢。南北朝以後，大宛又被貴霜王朝的後裔昭武九姓（編按：即康、史、安、曹、石、米、何、火尋〔花剌子模〕和戊地等九姓，中國南北朝、隋、唐時期對西域錫爾河以南至阿姆河流域的粟特民族、國家及其來華後裔之統稱）統治。唐代，大宛被稱為甯遠國，或拔汗那。此時期，甯遠國頻繁向唐王朝進貢，與唐王朝形成密切的政治和軍事聯繫。

一二二一年，成吉思汗率領蒙古大軍，占領了今天的烏茲別克斯坦（簡稱烏茲別克）全境，其中也包括甯遠國。蒙古人征服中亞地區幾百年後，當地說突厥語的居民慢慢習慣了蒙古文化，在今天的烏茲別克斯坦地區，出現**一支叫作「月即別」的游牧族群**，成為後來烏茲別克人的前身，**其中就包括我們所說的大宛人**。到了十六世紀時，經過金帳汗國等蒙古人建立政權統治時期，月即別人大量南下定居，並漸漸脫離原來的游牧生活方式，在阿姆河和錫爾河流經的兩河地區，建立許多水利灌溉工程，使費爾干納盆地成為由一塊塊綠洲連成一片的農業王國。中亞學界普遍認為，進入河中地區後接受了定居的農業生活方式，成為烏茲別克民族形成的標誌。也就是說，中亞地區的綠洲經濟將月即別人變成了烏茲別克人。

現在的大宛地區，屬於烏茲別克斯坦共和國的領土。費爾干納盆地則位於烏茲別克斯坦、塔吉克斯坦和吉爾吉斯斯坦三個國家的交界處。這裡聚集了一百多個民族，是連接歐亞的走廊、東西方文化的撞擊點，也是伊斯蘭教、基督教、東正教等宗教文明的接合部。費爾干納盆地的面積不大，居民總數卻有一千萬之多，養活了整個中亞地區二〇％的人口。而當初的**大宛人，成了烏茲別克斯坦人的重要來源**。而大宛或是大宛人，也就消失在歷史演變的長河中了。

曾經引發戰爭、如今又帶來和平的汗血寶馬

據《漢書》記載，大宛國貳師城附近有座高山，山上生有野馬，奔躍如飛，無法捕捉。大宛國人春天晚上把五色母馬放在山下，野馬與母馬交配後，生下來的就是汗血寶馬。**汗血寶馬肩上出汗時殷紅如血，肋如插翅，日行千里**。漢初白登之戰時，漢高祖劉邦率三十萬大軍被匈奴騎兵所困，兇悍勇猛的匈奴騎兵給漢高祖留下極深的印象，而當時，汗血寶馬正是匈奴騎兵的重要坐騎。

漢武帝元鼎四年（西元前一一三年）秋，有個名叫「暴利長」的敦煌囚徒，在當地捕得

一匹汗血寶馬，獻給漢武帝。漢武帝得到此馬後，欣喜若狂，稱其為「天馬」，並作歌詠之，歌曰：「太一貢兮天馬下，沾赤汗兮沫流赭。騁容與兮跇萬里，今安匹兮龍為友。」

關於這神奇的汗血寶馬，還有個感人的傳說：很久以前，在茫茫西域大漠中，一個騎士和他的寶馬被困在不見人煙的沙漠中。由於水早就斷絕，騎士的嘴唇早已乾裂得像枯樹皮，他就快走不動了。而那匹騎士心愛的寶馬也是強弩之末，已經沒有往日馳騁疆場、睥睨群雄的霸氣了。騎士放眼望去，大海般寬廣的沙漠似乎沒有盡頭，而水源依然沒有找到。旅人回頭看了看那匹忠實的愛馬，內心痛苦掙扎著。突然，他拿出一把匕首，久久凝望著寶馬。寶馬似乎了然主人的心思，眼中全是哀痛，滴下了淚水。但牠沒有反抗，也沒有逃跑，更沒有驚恐，只是伸出牠乾燥的舌頭舔了舔主人的手背。牠願意為主人犧牲自己。下一刻，匕首重重落下，然後再迅速抽出，緊接著一道紅色的血液從血

▲漢武帝雕像

管裡迸出，寶馬呆住了，因為，那鮮血是從騎士的手臂中流出來的。騎士將手臂送到寶馬嘴邊說：「喝口吧，好夥伴。」寶馬舔了舔主人的手腕，然後仰頭一陣悲嘶，接著馱起騎士飛奔而去……終於，他們找到了綠洲，脫離了危險。後來，騎士發現，每當這匹寶馬在急速奔跑時，身上就會滲出一片血色的汗珠。從此，這匹馬的後代在狂奔之後，都會在肩胛部位流出血色汗水。

這就是汗血寶馬由來的傳說。當然，這只是民間的傳說，真實性有待商榷，但這個傳說卻反映出人們對人與馬之間情感的認同、尊重，也反映出人們對汗血寶馬的喜愛。

漢武帝對汗血寶馬的喜愛或許超過每個常人，他不是想要一匹或是幾匹汗血寶馬，而是想要成千上萬的汗血寶馬。他知道，僅憑一匹汗血寶馬無法改變國內馬的品質，**為奪取大量汗血馬，中國西漢政權與當時西域的大宛國發生過兩次血腥戰爭**。

最初，漢武帝派百餘人，帶著一具用純金製作的馬前去大宛國，希望以重禮換回大宛馬的種馬。使團來到大宛國首府貳師城（今土庫曼斯坦阿斯哈巴特城）後，大宛國王也許是愛馬心切，也許是從軍事方面考慮（在西域用兵以騎兵為主，而良馬是騎兵戰鬥力的重要組成部分）不肯以大宛馬換漢朝的金馬。漢使歸國途中金馬在大宛國境內被劫，漢使被殺害。漢武帝大怒，遂做出以武力奪取汗血寶馬的決定。

西元前一〇九年，漢武帝劉徹任命李廣利為貳師將軍，領六千羽林軍（編按：中國古代君王禁衛軍的一種），發各郡國囚徒惡少年共兩萬人，展開遠征大宛的戰爭。由於出發前正值秋收，關東發生罕見的大蝗災。集結到敦煌的大軍沒有充足的給養就踏上征程，至於軍糧，就沿途向西域各國籌集。有拒絕交糧的，一律視為大宛盟國，破其城、滅其族。李廣利率兵到達大宛邊界時，已是初冬時節。由於水土不服、糧食缺乏，一路跋涉大漠荒灘，餓死、病死、被沙漠吞沒的不計其數，兩萬大軍損失了大半，馬匹也傷亡殆盡。第一次圍困大宛並沒有取得預想的效果，在大宛軍隊的反擊下，漢軍往東方潰敗，大宛騎兵一路追殺，漢軍屍橫遍野，最後只剩李廣利等幾百人逃回敦煌。

漢武帝聞報後大怒，他派出使者把守在玉門關，傳令道：「軍隊有敢入關的，斬首。」李廣利聞令恐懼，不敢入玉門關，只得駐紮在敦煌。漢武帝令桑弘羊（編按：中國西漢武帝時期的政治人物，專長為財政）負責軍需，調集二十萬軍隊出征西域，同時，調用十萬匹軍馬，十萬頭牛和駱駝運輸物資，還有五十萬隻羊作為隨軍的肉食運往敦煌。這次出征吸取了上次的教訓，未走前次經樓蘭的老路，而是繞道鹽澤以北，抵達輪臺國。並**將拒不供給軍需的輪臺國屠城**，城內能夠被帶走的糧食，全為漢軍所得，其餘房屋財產付之一炬。**輪臺就是這麼從歷史上消失的**。

輪臺被漢軍夷平的消息，在西域國家中不脛而走，沿途各國無不恐懼。對漢軍需要的糧食和飲水，更是主動供給。在漢朝軍隊的威逼下，大宛的王公貴族們首先堅持不住，他們祕密派人聯絡李廣利，表示願意獻出天馬。李廣利則明確要求：天馬不僅要獻出來，大宛國王和郁成國王也必須被處死。第二天，這兩人就被叛變的大臣們綁到漢營。漢軍在大宛城下將兩位國王斬首，向大宛索取了糧食，立親近漢朝的昧蔡為大宛新國王，然後帶上挑選出來的幾千匹大宛馬，踏上返鄉的路途。但是，經過長途跋涉，到達玉門關時僅剩汗血馬一千多匹。

這次戰爭使得漢朝的威望達到新的高峰，西域諸國幾十年中不敢妄動。後來班超出使西域，僅帶幾個人、幾匹馬就能降伏一個國家，甚至漢朝的使節可以隨時廢立其國君、調發幾國軍隊攻打敵對國，沒有一個國家敢不遵從。

汗血馬從漢朝引進中國，一直到元朝，曾興盛上千年，但是到最後還是消失了。不過事隔幾千年後，在中國百姓視野中消失千年的汗血寶馬，卻**成為離古代大宛所在國烏茲別克斯坦不遠的另一個中亞國家——土庫曼斯坦與中國友誼的見證**，或許，這才是汗血寶馬真正的可貴之處。

詩仙李白就曾寫過一首《天馬歌》，從中我們可以深切感受到汗血寶馬的神韻和風采：

天馬來出月支窟，背為虎文龍翼骨。
嘶青雲，振綠髮，蘭筋權奇走滅沒。
騰崑崙，歷西極，四足無一蹶。
雞鳴刷燕晡秣越，神行電邁躡慌惚。
天馬呼，飛龍趨，目明長庚臆雙鳧。
尾如流星首渴烏，口噴紅光汗溝朱。
曾陪時龍躡天衢，羈金絡月照皇都。
逸氣稜稜淩九區，白璧如山誰敢沽。

▲李白像

回頭笑紫燕，但覺爾輩愚。天馬奔，戀君軒，駷躍驚矯浮雲翻。萬里足躑躅，遙瞻閶闔門。不逢寒風子，誰採逸景孫。白雲在青天，丘陵遠崔嵬。鹽車上峻坂，倒行逆施畏日晚。伯樂翦拂中道遺，少盡其力老棄之。願逢田子方，惻然為我悲。雖有玉山禾，不能療苦飢。嚴霜五月凋桂枝，伏櫪銜冤摧兩眉。請君贖獻穆天子，猶堪弄影舞瑤池。

05 漢匈夾縫八百年，車師掏出交河故城

最早記載車師的是成書於西元前一世紀的《史記》：「樓蘭、車師，邑有城郭，臨鹽澤。」而《漢書．西域傳》記：「車師前國，王治交河城，河水分流繞城下，故號交河。」這是歷史上第一次指明交河故城，是被稱為車師的民族的國都。

史料隻言片語的描述，並沒有給人們留下車師國的清晰輪廓，反而為它平添了更多的神祕；沒有人知曉車師國到底經歷過多少風風雨雨、有過多少王朝，只留下柏格達雪峰下、黃土斷崖上的交河故城遺址，在歷史的長風中，森然兀立。然而，**近年來不斷在新疆吐魯番交河故城附近發現的墓葬，為我們帶來一探歷史真相的希望。**

古老墓葬的發掘，揭開神祕車師人的面紗

車師初名姑師，始見於《史記．大宛列傳》，謂其為臨澤之國：「樓蘭、車師，邑有城郭，臨鹽澤，當孔道，攻掠漢使王恢等尤甚，而匈奴奇兵時時遮擊使西國者……於是天子以故遣從驃侯趙破奴（西漢將領）將屬國騎七百餘先至，虜樓蘭王，遂破車師。」

車師，既是在吐魯番地區生活的民族之名稱，又是在這一地區立國的國名。根據考古發

現，我們可以看出**車師是個擁有大量羊、馬、駝等牲畜的游牧民族**，其活動範圍從火焰山腹地，一直深入到天山山脈的狹長地區。

車師人主要是以畜牧業為主，他們有著喜愛肉食的飲食習性，這也體現出車師人的草原游牧文化的特色。考古工作者在新疆吐魯番交河故城車師人的墓中，常可發現裡頭放著一個羊頭、驢頭或馬頭，有些墓葬中還放著羊腿，並且放置一把小刀，有的還直接把小刀插在羊腿上。在溝北的車師貴族墓地中，發現迄今為止新疆規模最大的古墓葬，出土大量殉葬馬、駝，明確表明車師人獨具特色的草原文化傳統。

不但如此，車師人在游牧的同時，**也從事農業生產**；吐魯番盆地的特殊地理位置，造就了得天獨厚的自然條件，使這裡水草豐盈、雨水充沛，非常適宜農業發展。而車師人就是憑藉這樣的條件，在這片樂土辛勤耕耘、繁衍生息。據文獻記載，西漢元帝初元元年（西元前

▲吐魯番盆地

四十八年），為了有效管理廣大的西域地區，西漢政府在交河設置戊己校尉一職，而戊己校尉的主要職責，便是屯田積穀，如此便把中原農業耕作的先進技術帶到了車師。在考古工作中，還發現在火焰山以北哈拉和卓一座漢墓中的木棺下，放著許多古代葡萄藤，還在阿拉溝一座車師人墓裡，出土了放在陶罐中的胡麻籽殼。這也就和歷史的文獻記載相吻合了。

而從交河出土的大量陶器，則證明車師人的製陶業也十分發達。車師人的彩陶上，繪有幾何圖案，質樸而獨特，體現車師人草原民族的審美情趣。

▲ 車師古道

有著天然城牆、向下發展的交城

交河故城，距今約兩千年至兩千三百年，由車師人開始興建，是歷史記載中**吐魯番地區第一個政治、經濟、文化中心**，從西元前二世紀到西元四五〇年，為車師國都城，後為高昌國時期的交河郡治所，唐朝時曾是安西都護府所在地，達到鼎盛。

交河故城是一座沒有城牆的城，位於吐魯番市西郊十公里的雅爾乃孜溝村的兩河床之間；**由於有兩條繞城的河水在城南交匯，故名交河**。而交城，又被當地人稱「雅爾和圖」，意為「崖兒城」。交城不是一磚一瓦砌起來的，而是在一塊溝壑縱橫的黃土臺地上，一寸一寸掏出來的，建於三十多公尺高的柳葉形臺地上，**四周崖岸壁立，而崖壁就是天然的城牆**。

城中布局緊密、錯落有致，城中多數建築也是在原生土中掏土成牆、成室。高踞於市中

▲ 交河故城

心寬敞臺地上的，是官署區；東城區是曲徑幽深、屋舍密集的居民區；西城是建築簡陋的貧民區和商市、手工作坊；南城是深宅大院、高樓宏宇的官僚居所；城北是寺院區、墓葬區。城內有五十多座大大小小的寺院，可以想見當時佛教的盛行。已查出的古井有三百多口，井深多為四十公尺。

交河故城有種奇妙的建築方式，被稱為「減地留牆」，據說，這種建築方法在中國國內僅此一家，國際上也罕見其例，**是迄今世界上最大、最古老且保存最完整的生土建築。可以說，交城是座向下發展的城市，整座城市都是從高聳的生土臺地表面向下挖出來的**，最深達十幾公尺，比現在的三層樓房還要高一些。正因如此，自十九世紀以來，它的神祕傳奇，吸引大批國內外探險家和考古學家，紛至沓來探險尋寶和考古揭祕。

還有一個問題長期困擾著博學多才的考古學家們：在交城遺址的上部，是距今兩千五百年前古人掏出的洞穴式住房，而越往下，離現代越近，最底層是西元十四世紀交河故城廢棄時的遺跡。按照人類文化遺跡的一般規律，古代文明是呈正向層層累積疊壓，老城死了，新城就在老城的遺骸上生長，而在交河故城卻恰恰相反：**交河的老城盤踞在新城的上面**。

經過考古工作者的研究發現，原來，最先來到交河的居民，掏出半地穴式的洞。一個民族退出交河，另一個民族又潮湧而來，在原來的居址上再向下掏挖，又建成更大、更完備的屋舍。再後來，又有了安頓他們精神的家——寺院、佛塔，有了商市、手工作坊……。

車師是白種塞人後裔？

雖然我們還不能確定車師人的族屬，但有資料表明他們與塞種人有千絲萬縷的聯繫。據《漢書》記載，塞種人早在西元前五至前三世紀的戰國時期就在新疆活動。而塞種人進入吐魯番地區的時間，正是車師人在這裡活動的時期。

阿拉溝位處天山天格爾峰東側，在古絲路上稱為「天山道」，是天山山脈中段的不知名小山溝，卻也是歷史悠久的古道。從中國內地西行至吐魯番後，從託克遜縣城西行，經伊拉湖鄉到魚爾溝鎮，進入阿拉溝，翻越奎先達阪，經老巴倫臺、尤爾都斯山

▲阿拉溝

間盆地北部、艾肯達阪、防雪牆、鞏乃斯林場，進入伊犁地區，再經那拉提西行到達伊寧，再與絲綢之路北道和新北道相連進入中亞地區。

阿拉溝最早的居民，就是曾經馳騁中亞的塞種人，根據《漢書·西域傳》的記載，西元前三世紀以前（戰國時期），他們居住在阿拉溝以西到伊犁河谷的廣大地區。塞人勢力強大、支屬眾多，有高尖帽塞人、水邊塞人和牧地塞人等。塞人高鼻深目、身材魁梧。

二十世紀一九七〇年代修建南疆鐵路時，在阿拉溝河谷西岸，出土了一座震驚全國的黃金古墓，墓的主人是個美麗的女子，

▲ 塞種人的文化遺跡

她入葬時陪葬品有八塊虎紋金牌、四條虎紋金帶、一塊金獅牌，還有一些金珠、金花等，一共兩百多件。圓形金牌上刻著老虎形象，前腿舉至頷下，後腿高高翹起，顯得虎威逼人。有的金箔飾片上刻著獅子、熊等動物形象。從她所擁有的黃金來看，這位墓主人應是車師國中的顯赫貴族。

而據外國學者公布的資料顯示，塞人王族擁有各種黃金用具，腰帶上掛黃金飾牌，人死後要用大量黃金製品入葬。由此可以佐證，**車師人與歐洲的塞人有某種習俗和文化上的內在聯繫**。此外，經人類學家鑒定，古代車師人的頭顱骨偏長，面形較狹窄，鼻子明顯隆起，白種人的特徵占的比重很大。但有些車師人的頭骨卻顯示出蒙古人種的特徵。其實，這一現象也容易解釋，由於古代新疆是歐亞大陸的交通要塞，無論是亞洲的蒙古人種，還是西方的高加索人種，交流往來都會經過此地，必然會形成蒙古人種與高加索人種交叉聚合的人類學現象。

正是活躍在吐魯番盆地和天山深處的塞人，在這裡留下歷史的足跡——隨著考古工作者的新發現——為今天的世人提供更多古遠的資訊，為我們展示車師人的生活風貌。

漢、匈相爭下的犧牲品——狹縫求生的無奈車師人

交城建於戰爭的需要，終亦毀於戰爭。交河故城地處天山南麓，通達焉耆的「銀山道」、西去烏魯木齊的「白水澗道」、北抵吉米薩爾地區的「金嶺道」，是兵家必爭之地。中原王

朝與匈奴在此多次交鋒，西元前一〇八年，漢朝攻破車師，到西元前六〇年間，西漢就與匈奴「五爭車師」，戰爭以西漢的勝利告終。西元四五〇年，匈奴困車師國達八年之久，車師王棄城而逃，從此，交河被併入高昌國，車師的名字就此從歷史上消失。

身處漢朝與匈奴兩大強國之間，是車師人最大的不幸，也是車師國消失的原因。由於國力弱小，在夾縫中求生的車師，必須不斷調整自己的立場，在漢、匈之間不斷搖擺。僅在西漢，它就曾數度歸漢又背漢。

漢武帝元封三年（西元前一〇八年），由於樓蘭、車師刁難漢使，阻礙西漢與西域之交通，漢武帝於是派遣趙破奴進攻車師，並俘虜了樓蘭國王，從此樓蘭倒向漢朝。而被擊破的車師北走，越過庫魯克塔格山，遷至今吐魯番盆地，投靠匈奴，分布於柏格多山南北，此後車師原名姑師，就改稱為車師。

車師北徙後，占據天山溝通南北的要道，對匈奴控制西域十分重要。漢昭帝時，樓蘭徹底臣服漢朝後，車師對匈奴的重要性更加突出。對漢朝來說，它則是西漢聯絡烏孫、打擊匈奴的必經之路，因此，漢、匈在車師展開了一系列的爭奪。

漢武帝分別在天漢二年（西元前九十九年）和征和三年（西元前九〇年）兩次在進攻匈奴的同時進攻車師，並於征和四年占領車師。但是漢軍並未派軍駐守，漢軍退走後，車師之地又重新被匈奴占領。

漢宣帝時，漢軍大舉進攻匈奴，駐紮在車師的匈奴軍隊撤走，於是本始二年（西元前七十二年）「車師複通於漢」。此舉惹怒了匈奴，要車師王派太子軍宿到匈奴做人質，軍宿無奈逃至母家焉耆，在匈奴的控制下，車師王立烏貴為太子。烏貴為王後採取親匈奴的立場，漢朝再次失去對車師的控制。

地節二年（西元前六十八年），漢軍再次發起對車師的進攻，車師王烏貴降漢，不久烏貴逃往烏孫，於是西漢派兵駐守交河城，並在那裡屯田。但不久後，駐軍與屯田士卒被匈奴逼退，於是，西漢將車師國民遷至離都護住地很近的尉犁，並立前太子軍宿為王，而匈奴也立烏貴之弟兜莫為王，將車師的遺民東遷。

車師國的分裂，史書無明文記載，但有學者認為從漢匈分別立車師王，可以看出**當時車師王族已形成親漢和親匈奴二派，這也可以看作車師分裂的前兆**。車師國最終分裂為車師前國、車師後國。車師後國後來又分裂為車師都尉國和車師後城長國。

西元七十四年，東漢大臣竇固率兵進擊車師，大破匈奴，車師前國、後國重新依附東漢王朝。第二年，匈奴又以兩萬騎兵大舉進攻車師，無奈的車師人再次背漢，與匈奴組成聯軍

▲ 天山南麓

攻擊漢軍，致使漢軍幾乎全軍覆沒。第三年，東漢再派七千餘人進擊車師，在交河城大敗匈奴，車師又再次歸附漢朝。**三年內數度叛降，是車師人夾縫求生、悲哀與無奈的真實寫照。**

西元四五〇年，匈奴人沮渠安周趁車師王車伊洛協助北魏出兵焉耆之時，圍攻交河。經過八年的苦撐，車伊洛之子車歇終因彈盡援絕，不得不突圍投奔焉耆，車師國滅亡。此時距車師國始建於交河共歷時近八百年。

06 胡漢融合建高昌，綁架玄奘不為唐僧肉

這裡是當年絲綢之路的必經之地，記載著東西方文化的交融、文明的交匯；這裡是古老的佛國，有著極為深厚濃郁、純正無邪的佛教文化；這裡是火焰山下一處寸草不生的荒漠，卻埋葬著一個輝煌王國的祕密與尊嚴。然而，無論這裡曾經有著何其燦爛的文化、多麼美好的文明，都已是過往雲煙了。現在，這裡只剩下千里大漠、萬里黃沙。

這個荒漠中的古國是個什麼樣的國家？它和玄奘法師有著怎樣的淵源呢？又為什麼會被荒漠埋葬、消失不見？

古絲路上重要的經貿中心、宗教文化薈萃之地

高昌城始建於西元前一世紀，初稱「高昌壁」，在溝通東西方經濟文化以及政治的重要通道——絲綢之路上起著不可或缺的作用。漢唐以來，高昌是連接中原、中亞與歐洲的樞紐。**這裡的經貿活動十分活躍，世界各地的宗教先後經由高昌傳入內地，因此，高昌可說是世界古代宗教最活躍、最發達的地方，也是世界宗教文化薈萃的寶地之一。**

高昌，曾是車師的領地，史載漢武帝劉徹派大將軍李廣利率兵遠征大宛，以求汗血寶馬，

但軍隊疲憊不堪大敗而退，漢武帝大怒，下令不許漢軍東返，進玉門關者殺。於是，這支隊伍來到吐魯番，他們見這裡氣候宜人，又有天山雪水，李廣利當即決定將軍中病弱、疲憊的傷患們集中起來，在這裡屯田，從此，他們便在這裡定居下來。此後，高昌人口不斷增加，經濟日益發展繁榮，由於「地勢高敞，人庶昌盛」而得名「高昌壁」，漢人與漢文化隨之傳入。

高昌古城，是高昌回鶻王國的都城，維吾爾語稱亦都護城，即「王城」之意。**它是世界保存最完整的古城之一，位於吐魯番市東邊四十五公里處**、火焰山南麓的木頭溝河三角洲，是古絲綢之路的必經之地和重要門戶。雖然高昌古城歷經兩千多年的風吹日曬、雨打霜淋，但是它的輪廓依舊清晰明瞭，它的城牆依舊氣勢雄偉。

高昌古城的布局可以分為外城、內城、宮城三部分，呈不規則的正方形，由此可見這裡曾是個規模宏大的貿易中心。透過它十二公尺厚、將近十二公尺高、長達五千四百公尺的城牆，可以依稀追憶這裡往日熙熙攘攘的繁華場景。這些城牆都由結實的夯土築造而成，每層夯土厚十公分左右。為了增強城牆的牢固性，每層夯土層間摻雜了少量的土坯。據歷史記載，在高昌國的繁盛時期，這些城牆上曾有過十二重巨大的鋼鐵大門，比如玄德門、金福門、建陽門、武城門等等。高昌古城一共有九個城門，其中南面有三個城門，東、西、北面各有兩個城門；西面北邊的城門保存得最好。外城西南和東南角保存著兩處寺院遺址，其中西南角的寺院，占地約一萬平方公尺，由大門、庭院、講經堂、藏經堂、大殿、僧房等組成；東南角的寺院尚存一座多邊形塔和一個禮拜窟，是城內唯一一處壁畫保存得較好的地方。內城北部正中有座不規則的方形小城堡，當地人稱「可汗堡」。北部的宮城內仍存有許多高大的殿基，由此可以驗證當時有高達四層的宮殿建築物。

歷史回到西元六二九年，那時一個叫玄奘的佛教徒，為了尋找心中真正純粹的佛教教義，不惜冒著殺身之禍偷偷離開長安，出玉門、經高昌，沿絲綢之路抵達印度，遍遊現在的阿富汗、巴基斯坦、印度諸國，歷時十七年。**在高昌，玄奘誦經講佛，與高昌王拜為兄弟，留下一段千古佳話，令後人讚嘆不已。**

高昌有著豐富的民俗文化。高昌人十分愛好美食，擅長製作各類麵食和牛、羊肉，吃法花樣很多，有些吃法至今仍遺留在民間。另外，高昌人對服飾也十分講究，據隋、宋史書記載，高昌人講究服飾，男子穿胡服緌襠褲，「伏劍騎羊勢猛烈」；婦女著短襖華裙，配戴珠玉鏈飾，非常美豔。馳名中外的高昌古樂，更是以濃烈的異域風情和豐富的藝術語彙在漢唐流行，被列入唐十部大樂之中。高昌王國鼎盛時期，還流行著漢文化。在高昌，漢魏儒家文化居主導地位。在當地漢族人稱「三堡」的地方出土的《尚書》、《詩經》、《孝經》以及大量壁畫，都反映出高

▲高昌古城

昌的主流文化非漢文化莫屬。更為重要的是，漢字被高昌充分予以吸收，作為各種官私文書的書寫文字，令人注目的阿斯塔那古墓中，還出土了令世人驚嘆的《伏羲女媧圖》。伏羲與女媧均為人首蛇身，伏羲左手執矩、女媧右手執矩，二人相向而擁；下部為交纏狀，周圍飾以各種星相圖，與中原地區發現的《伏羲女媧圖》一致。但高昌畢竟屬於雜胡地帶，車師、回鶻、突厥以至於後來的吐蕃、蒙古等多民族雜居於此，因此當地人會數種語言，語種形態豐富而有趣。由此可知，**高昌的魅力在於其深厚的文化底蘊，使之成為代表西域歷史的典範**，也使得高昌這個名字永遠烙印在人類的記憶深處。

漢唐以來，**高昌是連接中原、中亞、歐洲的樞紐，它既是經貿活動的集散地，又是世界宗教文化的薈萃地**。當時波斯等地的商人，從他們國家帶來苜蓿、葡萄、香料、胡椒、寶石和駿馬，又從這裡帶走中原的絲綢、瓷器、茶葉和造紙、火藥、印刷術。與此同時，世界各地的宗教先後經高昌傳入內地。當時的居民先後信奉佛教、景教和摩尼教；高昌是世界古代宗教最活躍、最發達的地方。

宗教狂熱分子玄奘是個偷渡犯，孤零零一人西行取經

佛教約在西元前一世紀傳入高昌地區。當時高昌著名的高僧有道普、法盛、法朗、僧遵、法緒、智林、慧嵩等。他們或在本地修行佛道，或到內地傳法譯經，推動佛教的傳播和發展。

隋唐時期，佛教在高昌呈現日漸昌盛的趨勢。據《續高僧傳》（編按：又稱《唐高僧

傳》，為一部成書於唐朝、記錄梁初至中唐佛教的史料）記載，隋朝時，有個來自佛教發祥地天竺的僧人來到高昌宣傳佛法，並在這裡的許多寺廟中遊歷講經。那時的大部分僧侶都開始學習漢族的語言，隋煬帝曾派遣漢族僧人道乘到高昌國，特意為高昌國王講《金光明經》。到了唐朝中期，佛教已經在高昌國達到空前的盛行程度，這種狂熱的宗教信仰一直持續了幾百年。

佛教在高昌古國的發展，也使這一時期的經文、經書空前豐富起來。現在已發掘的佛經殘卷有《金光明最勝王經》、《菩薩大唐三藏法師傳》、《金剛經》、《七星經》等幾十種不同的經文。另外，和佛教有關的雕塑、繪畫藝術也得到長足的發展。因此，當時有許多僧人不遠萬里，前來高昌學習佛法。

唐太宗貞觀三年（西元六二九年），即漢武帝的軍隊築成高昌故城七百年後，二十七歲的玄奘為了探求佛法、求取真經，踏上西行的征程。然而，和大名鼎鼎的《西遊記》記載有出入的是，**這個名叫玄奘的唐僧，既沒有神通**

▲ 玄奘像

廣大的孫悟空等人隨行保護，也不是被唐朝天子封為「御弟」、**堂而皇之的「西天取經」**，而是「冒越憲章，私往天竺」。也就是說，**玄奘違反朝廷當時禁止百姓擅自西行的規定，私自前往天竺**。他一個人孤零零的混在一夥四出逃荒的飢民之中離開長安，踏上西天取經之路。由此可見，玄奘法師對於佛教信仰之篤誠了。

其實，早在貞觀元年（六二七年），玄奘就有西行取經之意，而且他還曾結侶陳表，請允西行求法，只是沒有獲得朝廷批准。也就是說，**後來名揚天下的大師，當時是一名偷渡犯**，沒有唐朝的通關文書、寺院的證明檔，也沒有任何權貴階層的支持與舉薦。唐僧曾被唐涼州朝廷地方官員下令捉拿、曾被玉門關外五個烽火臺的守邊兵士張弓放箭險些射傷，常常是晝伏夜出，惶惶不可終日。

不過皇天不負有心人，玄奘終於逃出邊關守將的魔爪，展開他悲壯的西行取經之路。在取經的路上，並沒有《西遊記》中神通廣大、三界之內無人敢惹的大徒弟孫悟空的保護，一切都得由玄奘這個手無縛雞之力的和尚親力親為。除了面對官府的層層盤查之外，玄奘還要面對關外的漫漫黃沙。一路上為他做嚮導的胡人，後來也打退堂鼓，臨走時，送給玄奘一匹識途的老馬，並告訴他，如果在沙漠中走了四天後，能夠看到一小片綠洲，就說明走對了方向。糊塗的玄奘走進戈壁深處，在喝水時不慎把皮囊中的水全部灑掉了，沒了水，玄奘只得憑藉自己的信念堅持前行，但最終還是昏倒在老馬身上。不知過了多久，一陣涼風把他吹醒，他發現自己終於走到了那片小綠洲，即富饒的高昌國。

高昌國國都寺廟林立，是個篤信佛教的國家，平均每百人就有一座寺廟。高昌國共有僧人數千，但高昌王仍覺得缺少真正的高僧。高昌商人們在涼州聽玄奘講經後推崇備至，高昌王聽聞這個消息後頗為振奮；三年前，他到長安朝貢時曾見到宏偉的寺院和博學的高僧。禮儀之邦的風土人情讓他傾服，回國後他下令臣民都梳唐人髮式。現在又來了一位大唐高僧，請他向國人弘佛講法，是件多好的事啊！俗話說，凡事可遇不可求，現在機遇來了，高昌王親自舉著火把迎接他，並不顧玄奘路途勞累，興高采烈的和他聊了一整夜，隨後的幾天也是如此。高昌王每日在三百名弟子面前跪地當凳子，讓法師踩著他的背，登上法座講經。

可是，他鄉雖美，卻沒有自己的故土溫暖，何況，玄奘還有著更偉大的目標和理想沒有完成。於是，他婉言謝絕高昌國王對他的盛情邀請，並情真意切的說明自己熱愛佛學，想要求取真經，而且最後要回到生於茲養於茲的中土去。國王聽了玄奘的話，也有些動容，本想

▲ 高昌古國講經堂遺址

放玄奘出城，可是**高昌的大臣們卻極力想將玄奘留在這個國家中**。他們想出一個計策：將公主嫁給玄奘，讓玄奘成為國王的女婿。或許，玄奘法師面對嫵媚多姿的公主也曾心猿意馬，就像在《西遊記》中，他與女兒國國王的那場戀情一樣；可是對於佛陀的虔心，最終還是戰勝了他的情慾，玄奘再次婉拒高昌王。

俗話說「皇帝的女兒不愁嫁」，可是高昌王卻被玄奘一口拒絕，這大大傷害了這個不可一世的君主的自尊心和虛榮心，他不由得怒火中燒，威脅玄奘說：「法師面前有兩條路，或者留下，或者回國，請法師三思。」玄奘毫不猶豫的回答：「君王留下的只能是貧僧的屍骨，絕對留不住貧僧的心！」為了能被放行，玄奘開始絕食，幾天過後，他已是極度虛弱、氣息奄奄，仍舊沒有放棄西行取經的信念。

當玄奘的生命已經快到了盡頭，氣若遊絲、命懸一線時，高昌國王終於心軟了，不忍心殘忍殺害如此篤誠的佛教徒，於是允許玄奘繼續西行。玄奘深感高昌王禮佛的虔誠和修業的誠意，答應他歸來再訪，並與高昌王結為兄弟。高昌王請玄奘升座講法一個月，同時為他預備西行一切的所需之物。臨行前，高昌王為玄奘寫了二十四封致西域各國的通關文書，還贈送馬匹和二十五名僕役，以壯行色。

「高昌吉利」錢幣的神祕密碼

在中國新疆境內的考古工作中，考古學家黃文弼於一九二八年，在新疆哈密吐魯番發現一枚「高昌吉利」古錢。無獨有偶，四十餘年後，西安何家村出土唐代古錢收藏者的窖藏中，也有一枚高昌吉利古錢。這種錢幣迄今只發現極少的幾枚，重十二克左右、隸書旋讀、古樸蒼勁，實物收藏於中國歷史博物館。高昌吉利古錢以其質樸的錢貌，讓人感受到西域古國濃郁的少數民族氣息。撲朔迷離的歷史與殘存遺留的舊址，使人們陷入懷古幽思的遐想。

高昌吉利錢幣是種特殊的錢幣，這種錢幣在當時並不是在市場上流通、用來貿易的貨幣，而是類似於今天的紀念幣，用於賞賜或饋贈。由於**高昌吉利錢幣發現數量稀少，且絕大多數沒有流通所致的磨損痕跡**，製作又極為精整，因此高昌吉利錢幣無論是從工藝美術、考古研究的角度來看，還是從市場經濟價值的角度來說，在今天都是不可多得的寶貝。

時間回溯到一九七三年前後，新疆自治區文物考古工作隊，在吐魯番阿斯塔那進行考古發掘，出土大量有價值的文物史料，其中除了古代官私文書、絲、麻、棉、刺繡、毛織品、絹畫、壁畫，各類彩色泥塑、陶製品、木器、漆器、鐵器、石器、錢幣，以及各種作物果品和麵食點心外，還出土了一枚高昌吉利錢幣，特別引起錢幣學家們的關注。該錢幣與黃文弼先生過去在吐魯番收集到的那枚相同。此錢幣在出土時，壓於死者屍體之下，未經盜擾觸動。與此同時，該墓還出土一塊唐代貞觀十六年（西元六四二年）的墓誌，因此，我們可以斷定該錢幣應鑄造於麴氏高昌王國時期。這次考古發現，為我們解決了高昌吉利錢幣長期以來的某些疑問，並提供寶貴的實物資料。

對於錢幣上的「吉利」二字，有人直觀的認為是「大吉」、「大利」，具有祈福、吉祥的意思。但是，這種推斷與高昌國當時的歷史文化狀況不符。據專家研究，高昌吉利錢幣中的「吉利」二字，應為突厥語「ihk」或「ihg」的漢語音譯，意思為「王」，中國古代文獻上一般譯為「頡利發」或「頡利」。因此「高昌吉利」應該是「高昌王」的意思。

麴文泰（高昌的君王之一）鑄造錢幣的目的，首先是加強王權的需要，是其在王國內彰顯王權的最好方式。其次，高昌國是唐朝統治下的附屬國，在許多事情上都要聽從唐朝的調遣。因此，在這一點上，高昌國王心裡肯定不服氣，但又不能表現出來。於是，**麴文泰便想到透過鑄造錢幣來顯示自己的獨立地位**。

高昌吉利錢幣，是農耕的漢文化與游牧的突厥等文化相互交匯、融合的結果。同時也向現代人反映出高昌當時的社會以漢胡交融為特色。透過一枚錢幣，我們就可以看出當時的民族、地域、文化、政治、語言、婚俗、喪俗、服飾等眾多方面的特色。

▲高昌吉利古錢

07 英國軍官買樹皮，龜茲文化更勝敦煌莫高窟

這是一片消失了千年的神祕土地，曾有許多淳樸、善良的人在這裡活動過。但因為種種原因，這個神祕的地方突然間就在歷史的長河中消失不見了。當時間的車輪行駛到十九世紀時，隨著一個叫漢密爾頓．鮑爾（Hamilton Bower）的英國軍官的到來，才逐漸向世人揭開這片土地的種種祕聞。鮑爾無意中從兩個維吾爾族農民手中，買下幾頁寫有特殊文字的樺樹皮，後來經過證實，這樺樹皮是用婆羅米文書寫的古代印度梵語，上頭的內容有關醫藥，書寫時間在西元四世紀。

很快，這份被稱為《鮑爾文書》的手稿，

▲龜茲古城

在全世界引起轟動。**幾頁殘缺的紙片，破解了千古祕密**。一種死去的語言被發現了，一個消失了一千多年的民族，在塔里木盆地的綠洲之上重見天日。這片土地到底是哪裡？人們在這塊綠洲上過著怎樣的生活？

幫助唐朝平定安史之亂

有人說，塔里木沙漠邊緣的多個綠洲，就像是被絲綢之路串聯在一起的珍珠項鍊，而龜茲綠洲正是這串珍珠項鍊上的一顆珍珠。它並不是最大的綠洲，但絕對是個有特色的重要綠洲。從龜茲綠洲向西南走，是阿克蘇、喀什，向東經過輪臺，則可到達焉耆、樓蘭。從龜茲綠洲的水源地龜茲河逆流而上，就可進入天山中部的巴音布魯克草原，繼續前進，則是開闊的伊犁河谷。龜茲國就位於如此四通八達的交通要道之上。

龜茲古代居民屬印歐種，說印歐語系的龜茲語（又名乙種吐火羅語），漢文和佉盧文（編按：一種古代文字，通用於絲綢之路各地，一直到七世紀才徹底被遺棄）也曾在境內流行，佛教僧團兼用梵文。回鶻人到來後，人種和語言均逐漸回鶻化，進而演變成今天的維吾爾族和維吾爾語。

龜茲古國有著十分悠久的歷史，《漢書．西域傳》就曾對其有著明確的記載。據說，當時的龜茲已有戶六千九百七十、人口八萬一千三百一十七、兵二萬一千七十六人，並設有各部千長等官職，已經建立較完備的官僚統治機構。

龜茲國地處古代絲綢之路中、沙漠綠洲之路北道的交通要衝，是蔥嶺以東古代西域的戰略要地。有人曾對漢朝的皇帝說過：「若得龜茲，則西域未服者百分之一耳。」可見，龜茲的戰略位置之重要性。

對於龜茲的重要戰略位置，其實中原王朝早就意識到了。為了對西域各國進行有效的統治，唐朝在西域建立十分完善的軍政管理機構，並實施穩定可行的民族管理政策。由於龜茲和中原王朝有著良好的關係，所以經常受到唐朝軍隊的庇護，遠近的大小國家、部落都對龜茲畏懼三分，使得以龜茲為中心的西域地區開始繁榮興旺起來。

當然，龜茲也曾對中原政權做出較大的貢獻。在唐朝國內爆發著名的安史之亂時，唐玄宗聞風喪膽、倉皇逃出長安，南下四川盆地。反將領安祿山、史思明率領東北邊疆叛軍長驅南下，攻陷東、西兩京。玄宗李隆基的兒子肅宗在靈武繼位後，調集西北邊軍勤王平叛，守衛西域的安西、北庭節度使屬下的邊兵也被大批調往內地，抗擊安史叛軍。正當雙方的激戰白熱化之時，龜茲國也加入了戰局，龜茲國的王子白孝德率領**龜茲的軍隊加入唐軍，共同對付不可一世的安史叛軍**。隨著這支龜茲生力軍的加入，叛軍節節敗退，唐軍最終一鼓作氣，平定了安史之亂。自此，中原王朝和龜茲國的關係變得更加親密。此後，龜茲也進入了全盛時代。

然而，好景不長，西域的外部威脅主要是大食和吐蕃，西域防禦能力的衰退，給了他們入侵的時機。在吐蕃的攻擊下，龜茲雖然艱苦卓絕的反抗，但力量較弱，最終還是被占領了。

隨著時間的流逝，曾經**生活在龜茲的人們放棄了各自的語言和生活習俗，在歷史的長河**

中，**他們相互融合，形成新的民族——維吾爾族**。到了十三世紀左右，新宗教伊斯蘭教進入龜茲地區，成為人們新的精神信仰支柱。從此，龜茲不再是個獨立、半獨立的政權，先後成為黑汗（編按：突厥化部族在今中亞及中國新疆地區建立的汗朝）、西遼（編按：又稱喀喇契丹，是契丹人耶律大石建立的國家）、蒙古、元朝、察合臺後王、準噶爾部等治下的地方行政單位。乾隆二十三年（西元一七五八年），龜茲重新被納入中原王朝版圖，**並被定名為庫車**。

龜茲出身的天才佛經翻譯家，把最道地的佛學傳入中原

龜茲是古印度、古希臘－羅馬、古波斯、漢唐**四大文明，在世界上唯一的交匯之處**。印度和歐洲的文化沿著絲綢之路，越過崑崙山脈和帕米爾高原後，在龜茲綠洲上四處擴散，和當地的各種文化相融合；漢文化也在龜茲被吸收、發揚。這使得龜茲人在這片神奇的土地上，創造出自己獨特的龜茲文化。

然而，**在龜茲文化中占有極重要地位的，當屬佛教文化**；可以說，正是由於佛教在龜茲的傳播和發展，才造就出文化多元、國家富強的龜茲。

由於印度佛教的影響不斷擴散，佛教已經不限於在印度本土發展，而是向著世界各方，尤其是在東方諸國滲透發展、生根發芽。龜茲國是個很早就開始信奉佛教的國家，我們現在已無法確知是誰將佛法帶到龜茲，也沒人知道這位傳教者來自何方、什麼時候來到龜茲，又

去向了哪裡。我們只知道，當佛教從古印度傳到龜茲時，龜茲國的臣民百姓樂善好施、虔心供奉，並開始大規模開鑿石窟，以示虔誠。成噸的顏料被運進石窟，畫師們在石窟中忘我的繪製佛教壁畫。自此，龜茲成為佛教聖地，吸引著遙遠國度的僧侶。而就是在這裡，誕生了一位著名的佛教徒，也是一位改變龜茲的人，他的名字叫鳩摩羅什。

鳩摩羅什有著顯赫的家世，他的父親鳩摩羅炎在印度曾世襲高位，後棄相出家，東渡葱嶺，遠投龜茲，被龜茲王迎為國師，並與國王的妹妹結婚，生下鳩摩羅什兄弟兩人。羅什自幼隨母一同出家，前往印度研讀佛經和梵文，後回到龜茲，在龜茲弘宣大乘經論，以其廣博的學識，使聽眾大受教益，從此聲名鵲起。羅什才智過人，精通梵文和漢語，同時研究天文學和太陽學，深受中原王朝器重。

西元四〇一年，鳩摩羅什被迎往長安，五十八歲的他受到國師之禮，並開始譯經。鳩摩羅什的翻譯成就，在當時是空前的，不僅在內容上首次有系統的介紹大乘緣起性空之學（編按：解釋世間的一切都是由因緣和合而成，任何可見的事物都隨著變化而生滅，因此世間萬物沒有所謂的「絕對本質」），而且在翻譯文體上改變古風，開始運用達意的譯法。他既博覽

▲ 鳩摩羅什像

印度古典、精通梵文，又有相當高的漢文修養，同時在文學上還有高超的才學和表達力；因此，他所譯的經論不僅為漢地佛徒所誦頌，還對佛教文學產生重要的影響。他為《維摩經》譯文作注，出口成章、文辭嚴謹；他所作的偈頌（編按：中國僧侶所寫蘊含佛法的詩），辭理婉約、韻味深長。

透過對四百卷佛教典籍的傳譯和闡發，鳩摩羅什把印度佛學按本來面目傳入中原，對六朝時中國佛學的興盛和隋唐佛教諸宗的形成，起了重要作用，為中國佛教發展帶來深遠的影響。在中國佛教史上，鳩摩羅什與玄奘、真諦、不空並列為四大佛經翻譯家。

鳩摩羅什雖然還沒有創造出獨特的理論體系，主要是傳播大乘空宗的思想，但當時大多數人在不懂梵文的情況下，往往把翻譯看作是思想理論的創立者。因而，龜茲出生的鳩摩羅什，便成為世人眼中的中國佛學理論奠基人。

龜茲人還將佛教與龜茲音樂舞蹈結合起來，創

▲ 龜茲石窟壁畫

造出輝煌的石窟藝術。雖然歷經劫掠，在龜茲國的故土上，現在仍存有五百餘座佛教石窟，尚存壁畫一萬多平方公尺。其中音樂舞蹈形象十分可觀，舞蹈姿態達數十種之多。此外，關於音樂舞蹈的故事也很多，其中飛天、伎樂天、天宮伎樂等形象（對當時生活中舞蹈形態、舞姿的模擬）格外突出。

另外，在中原僧人和龜茲人的交流中，也擦起了奪目的文化火花。中國歷史上的著名僧人玄奘從印度取經歸來後，途經龜茲，因為久聞龜茲的佛教文化深厚、佛學人才濟濟，就特地來龜茲國中拜訪。當時正好碰上龜茲國盛大的節日——行像節。那時玄奘已是赫赫有名的高僧，龜茲國王邀請玄奘登上城門上臨時搭的木棚，和王后、宮女一起觀賞節日慶祝典禮。「行像節」，顧名思義，就是對著佛陀的畫像參拜。

行像節那天，一座高達三丈（約十公尺）的巨大佛像立於四輪車上，由幾個僧人緩緩推著，從城外向城門駛來。包括國王、王后在內，所有人都赤腳捧著一炷香走下城門，跪在佛像前，大禮參拜。而且，王后及宮女還從城樓上撒下五彩繽紛的花瓣，場面之熱烈、氛圍之和諧簡直無以言表。站在原地呆呆看了許久的玄奘，好一陣才回過神來，隨著眾人合掌迎候，行禮拜謁。參拜佛像後還沒有結束，一番更為熱烈的慶祝儀式正要開始，只見城樓上各種樂器一齊響起來。男

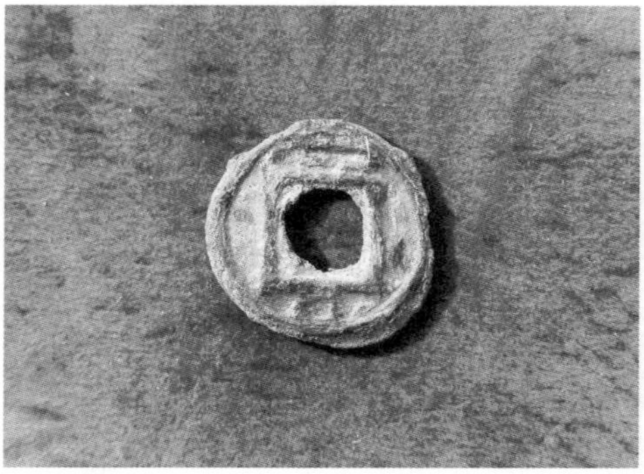

▲龜茲小錢

女老幼赤腳露膀、手拉手，用水盡情互相潑灑，邊澆邊跳著舞，並用繩索鉤套來往的行人，把水往他們身上澆去，這就是龜茲國的「乞寒舞」。連玄奘也受國王邀請，脫去袈裟、鞋襪，與大家一起且舞且潑，眾人一團歡快，彷彿到了佛家所說的極樂世界。之後，龜茲國的乞寒舞傳到中原，再由中原傳到緬甸、雲南一帶，和中原的傳統文化以及西南少數民族的文化相互融合、相互取捨，最終成為著名的「潑水節」。

龜茲古國的消失，要怪一粒老鼠屎騙馬匠

庫車縣城西約兩公里的皮朗村有座古城，全城呈不規則正方形，城牆高二至七公尺，為夯土築成，每隔四十公尺左右有城垛一個。這座古城的周長近八千公尺，除東、南、北三面城牆尚可辨認外，西牆已蕩然無存。

一九八五年，有考古學家在此城進行發掘工作，出土文物有石器、骨器、彩陶片、銅件、漢五銖錢、龜茲小錢、開元通寶（編按：唐代流行時間最長、最重要的流通貨幣）等。透過考古學家對歷史史料的查閱，以及這些出土文物的佐證，可以推斷這座古城就是龜茲古城。

龜茲國當年所在的綠洲，如今仍然一片生機，很多新疆人就在這裡定居。那麼，龜茲古城為什麼會消亡呢？當年居住在龜茲古城中的人們又去向何方？有人說，龜茲古城只有謎面，沒有謎底，或許真是如此。關於龜茲古城的消亡，當地民間的傳說甚多，雖然說法和情節各不相同，但時間大多都集中在回鶻稱汗時期。

據說，回鶻占領龜茲後的第一任可汗叫龐特勤，雖然他是第一個稱汗的君主，可是都城的老百姓不滿於外族對自己的統治，私底下進行密謀反抗。恰在此時，**神祕的巫術開始流行，於是就有巫師預測，不久的將來龜茲城會經歷一場慘烈的戰爭，而且這座城市會在戰火中灰飛煙滅**。此外，還有一種傳言：都城就是災域，不管誰稱王，刀劍相殘是免不了的，這裡必定會經歷一場劫難。

龜茲是富饒之國，塔里木河也離得不遠，只要有水，人們就能生存。於是，人們開始偷偷商量著如何逃離都城。起初是一、兩戶人家，悄悄往淺山的山溝裡去，這並沒有引起官府的注意。慢慢的，遷走的人就多了起來；遷出去的居民能組成一個小村落，相互照顧。

最終造成龜茲消亡的，竟然是一個名叫莎古克的騸馬匠（編按：騸馬，又稱閹馬，古代常會將戰馬給去勢，因為去勢過的馬個性較為穩定、安靜，也不會因為發情而干擾作戰）。莎古克相信巫師的話，認為戰爭的發生是不可避免的。於是，他也在一個月光皎潔的夜裡，帶上全家，悄悄的溜走。騸馬匠離城不久，可汗從烏孫弄到一匹馬，樣子非常威武雄壯。可是這匹馬異常剛烈、性情兇猛，許多人都勸王子不要輕視這匹馬。但王子從小說一不二，執意要騎，結果從馬背上摔下來，摔斷了胳膊，落了個終身殘疾。可汗大怒，責問有關人員何以不將這匹馬騸了，宮裡人報告騸馬匠不見了，而宮裡又沒人會騸馬。於是，可汗派人尋找騸馬匠，經過一番搜索，騸馬匠終於被逮了回來。

於此同時，這個出城居民所居住的小村落也被發現了。**可汗不僅處死騸馬匠，還關押了所有出城的居民**。

聽到騸馬匠被害的消息，老百姓更加相信巫師的話，他們在一些勇敢的年輕人的組織下，衝破官府的阻攔，像洪水般湧出城去。城市的存在與否，在於居民的有無，居民一去，城市的存在就沒有意義了。可汗見狀非常驚慌，於是召集大臣研究對策。結果，就連龜茲的上層貴族也厭倦了這座都城，他們說：「這座都城千餘年來，都是龜茲國的中心，你爭我奪，流的血太多了，多得不忍心讓人再看到它。過去，龜茲國是稱王，可我們現在是稱汗，這就證明龜茲國已經消亡。我們不想步龜茲國的後塵，我們回鶻應該以新的面貌出現，而不應該守著別人的爛攤子。」於是，遷都的決策終於定案，並以極快的速度昭示龜茲百姓。此舉得到民眾的擁護，於是，百姓不再私自遷居，而是等待遷都。

最終，新都城定於距龜茲古城僅有二十公里的地方，這裡就是距離昭怙厘佛寺最近的地方——玄奘講經之地。於是，龜茲人開始有組織的遷都。跟西域其他古城消亡情況不同的是，**龜茲都城不是被廢棄，而是搬遷**。由於新舊城相距不遠，又因不是戰爭災害所迫，所以龜茲國這次遷都非常從容，平民百姓不僅把所有家當運走，而且連房子也拆了，並運走拆下的木料。王宮裡能搬的也都搬盡，搬不走的高大宮房也只留下空架子。不到半年，龜茲都城便只剩下廢墟一片，不知道的人絕不可能想像這就是都城。一、二十年後，人們便開始在龜茲都城的舊址上種莊稼，最後連殘存的遺址也給清光了，只剩下一堵城牆。

龜茲古城就這麼被人類拋棄了。當然，這只是源於傳說。要正確得出龜茲古城消失的真相——龜茲古城是如何被拋棄的，還有待專家進一步的研究。

08 突然消失的死亡之海神祕國度：精絕

在被人們稱之為「死亡之海」的塔克拉瑪干沙漠腹地，有大片古老王國的遺址，據史書記載，在西漢時期這裡一共林立著三十六個大大小小的王國，其中在尼雅地區就有一個非常著名的國家。《漢書．西域傳》曾這樣記載：「這裡離長安有八千八百二十里，住著四百八十戶人家，養著士兵五百人，這就是西域三十六國之一的精絕國。」這個遙遠的精絕，有官有民、有兵有將，儼然是絲綢之路上機構完整的要塞。但是到了西元四世紀左右，這個國家就突然神祕的消失在歷史的塵埃當中，兩千年來，精絕國掩埋在茫茫沙海中，它的輝煌和廢棄一直是縈繞在人們心頭的未解之謎。它究竟是個什麼樣的國家？又為什麼會神祕消失呢？

▲ 犍陀羅藝術

失傳的古文字，帶絲路之魔找到消失的精絕古國

作為東方大國的中國，這裡的一切都對西方人有著極為強烈的吸引力，以至於很多西方人甚至認為中國是個到處都是黃金、珍寶的國度。於是，就有許多「有識之士」面對東方的誘惑，垂涎欲滴、躍躍欲試。終於，西方人用砲火打開中國的國門，隨之而來的，就是這些自詡為文明人的西方人，對中華大地上所有的人和物大肆破壞與劫掠。十九世紀末二十世紀初，中國處於動盪、混亂之中，一批接一批的外國強盜趁機潛入中國，恣意盜取中國人的文明成果。

一九〇一年，被譽為「偉大」考古學家、探險家，同時也是絲綢之路上的盜賊和魔鬼的匈牙利裔英國人馬爾克·斯坦因，他在英國政府的資助下，對新疆地區展開全面的考察活動。斯坦因對於中國的文物和財富，有著比狗還要靈敏的鼻子，發現深埋地下的于闐古國國都時，無情的奪走大量于闐古國的文物，然後興高采烈的將這些文物打包、裝箱，準備運回英國。

在新疆的塔里木盆地，古代時有一條叫「尼雅」的大河，它發源於崑崙山，沿塔克拉瑪干沙漠南緣中部、自南向北流入卡巴克·阿爾斯漢村附近的大沙漠。在出山口地勢平緩的地方河水盤旋，形成一片沖積綠洲，叫作尼雅綠洲。

無巧不成書，斯坦因率領探險隊，帶著劫掠到手的文物路過尼雅綠洲。在尼雅綠洲這個小城休息時，**斯坦因無意中發現，一位磨坊主人藏有帶字的木板，具有深厚文字功底的他，**

一眼就辨認出木板上的字是失傳已久、印度孔雀王朝時代的古文字——佉盧文。

佉盧文最早起源於古代犍陀羅，是西元前三世紀**印度孔雀王朝阿育王時期的文字**，全稱「佉盧虱底文」，最早在印度西北部和今巴基斯坦一帶使用，西元一至二世紀時在中亞地區廣泛傳播。西元四世紀中葉，**隨著貴霜王朝的滅亡，佉盧文也隨之消失**。到了十八世紀末，佉盧文早已經成了無人可識的文字，直至一八三七年，英國學者普林謝普才探明了佉盧文的奧祕。

這種文字在新疆出現，讓斯坦因非常吃驚，於是用重金跟磨房主人買下這些木板。在斯坦因的請求和豐厚報酬的引誘下，磨坊主人欣然同意帶斯坦因到沙漠中發現木板的地方。

斯坦因一行人沿著尼雅河向北進發，走了幾天後，順利到達發現木板的廢墟，眼前的一切讓有著豐富考古經驗的斯坦因目瞪口呆：**一千六百年前的文書還完好的封存在屋內，**

▲匈牙利裔的英國探險家斯坦因

儲藏室裡厚積的穀子還保有橙黃的顏色，房廳屋宇的門還是關著的……時間看似停止，人們彷彿剛剛離開這裡。

走在這座沉睡一千六百年的古城裡，斯坦因有種「失去時間觀念的奇怪感覺」，他相信自己正走過「某個古時的村莊，走在整整一千六百年前的鄉間小路上」。當風吹起地上的枯葉，斯坦因甚至認為它們是從一簇簇散立的枯樹上落下，留有居民最後踩過的足跡。

斯坦因發現的尼雅遺址，位於尼雅河末端一片已被黃沙埋沒的古綠洲上。古遺址散處於古尼雅河谷的沙丘鏈之間，以佛塔為中心，呈帶狀南北延伸二十五公里，東西布展五至七公里。在這片狹長區域內，散布著規模不等、殘存程度不一的眾多房屋遺址、場院、墓地、佛塔、佛寺、田地、果園、畜圈、渠系、池塘、陶窯和冶煉遺址等。

他用尼雅河的名字為這座古城命名為「Niyasite」。十六天後，他把從古城中收集到的七百六十四件佉盧文木牘、五十八件漢簡及其他如漢代銅鏡、銅錢、樂器、弓箭、玻璃器、水晶飾物、木雕、絲毛織物、地毯、漆器殘片等珍貴文物，共裝十二大箱，運往倫敦。尼雅的劫難就此開始，斯坦因離開尼雅時還說：「此次離去，絕非永訣！」就是這無比貪婪、無比邪惡的「此次離去，絕非永訣」再次為尼雅埋下苦難的伏筆。

斯坦因回到倫敦後，他帶回的文物震驚英國，接著在歐洲引起轟動。由於曾經有人在尼雅河流域的盡頭，尋找一個叫精絕國的西域古國，但沒有找到，斯坦因就產生莫名的預感，**他心想尼雅遺址一定和人們苦苦尋找的精絕國，有著莫大的關聯**。據《漢書．西域傳》記載，精絕國位於崑崙山下、塔克拉瑪干大沙漠的南緣，受漢王朝西域都護府統轄，國王屬下有將軍、都尉、驛長等。精絕國雖是小國，但它位於絲綢之路上的咽喉要地，地理位置十分重要。史書描述精絕國所處的環境是：「澤地濕熱，難以履涉，蘆葦茂密，無復途徑。」

有了歷史史料的佐證，以及掠奪來的古文書紀錄，斯坦因便發表文章猜測，尼雅遺址很可能就是人們苦苦尋找的精絕國。

後來，國學大師王國維先生看到斯坦因文中的漢文簡牘，憑藉豐富的學識以及對歷史考古工作的極度敏感，一眼看出一枚簡牘上有「泰始五年」的字樣，這是西元二六九年中國西晉王朝武帝的年號。參照中國歷史記載中的蛛絲馬跡，以及從古至今的于闐（今和田）與各國的相距路程，認真梳理考釋後，**王國維斷定：尼雅就是古代西域三十六國之一的精絕國**。並發表論文《流沙墜簡》，對精絕古國做了較為詳盡的考證和介紹。

▲ 尼雅遺址

只有五百名士兵的精絕小國，逃不過被吞併的命運

尼雅遺址不僅是古代絲綢之路的重要遺址，它同時也向人們展示「死亡之海」塔克拉瑪干大沙漠中，曾經存在的一個悠久、古老、光輝燦爛的古文明，而尼雅河三角洲的考古工作，將會揭示大沙漠環境變遷和歷史文化的諸多謎團。

一九三一年，一個貪婪成性的外國人又不懷好意的來到尼雅，這個人就是斯坦因。

斯坦因為了盜取文物，想盡一切辦法，獲得進入廢墟的允許。並且背著監管人員不得動土的指令，讓隨從從廢墟中挖出二十六枚漢代木簡。這些木簡是用當時中原王朝通用的形式書寫的，得到這些木簡，斯坦因如獲至寶，他終於找到讓他期盼已久的記載：「漢精絕王承書從……。」這些文字足以證明這片廢墟確實就是精絕王的駐地，**尼雅就是《漢書．西域傳》中的精絕國故址！**

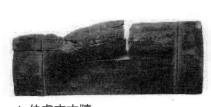

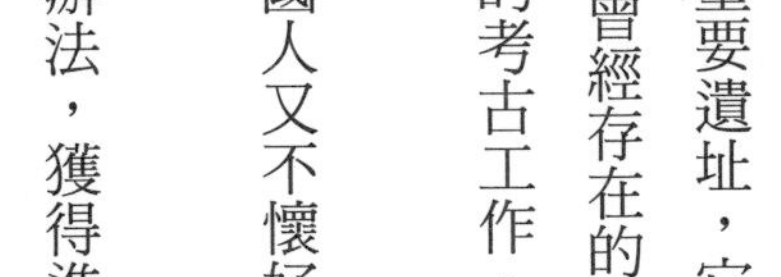
▲佉盧文木牘

據《漢書．西域傳》記載，精絕國位於崑崙山下，塔克拉瑪干大沙漠南緣，接受漢王朝西域都護府統轄，國王屬下有將軍、都尉、驛長等。共四百八十戶，三千三百六十人，軍隊五百人。雖然精絕國和中原上國相比，連一個小城鎮都比不上，但精絕國這個小小的國家，在古代絲綢之路上卻是商旅的必經之地，因此成為東西方文化的交匯之所。此外，精絕人利用文化交流融合之地的地理優勢，創造出自己的文明，比如那精美的絲綢、犍陀羅藝術和佉

盧文木牘，以及民居和佛塔，這些都是精絕國人民用辛勤勞動和智慧創造出的文明，也有人稱之為「尼雅文明」。

從《漢書》首次記載精絕國以來，此後的史籍對精絕國的記載都很少，精絕國人最後在歷史上出現時，已經是改名為鄯善的樓蘭國子民了。**作為小國，僅有五百名士兵的精絕國，在那個兼併戰爭如同家常便飯的時代，是不可能長期獨立存在的**。樓蘭國在改名為鄯善後，因為是西出陽關的第一站，又得到中原王朝的扶植，曾經盛極一時。大約在東漢王朝末年，強大起來的鄯善，兼併了包括精絕在內的鄰近幾個綠洲城邦。從那時起，尼雅河流域被納入鄯善王國的版圖，變成它的一個行政區，精絕國從此改名為精絕州。

鄯善王對精絕的治理比較高明，他起用當地一些有勢力的人物，委任官職，負責管理精絕州的人民。國王還保留了直接派遣官吏檢查稅收和監察地方官吏的權力。他還下令：全國的百姓如果在地方上遇到司法、行政、民事糾紛，都可以直接向國王上訴，由國王本人裁決、處置。

西晉以後，尼雅文明逐漸衰落，變為沒有人煙、流沙肆虐的荒漠。到了唐朝，玄奘在《大唐西域記》中記載道：「從媲摩川東進入沙海，走兩百多里，就是尼壤（尼雅）城了。尼壤城周長三、四里，位於大沼澤地中。那裡又熱又濕，難以跋涉，蘆草生長茂盛，沒有可以通行的途徑，唯有進入城中的道路可以通行，所以往來的人都必須經過這座城池。而于闐則以此地作為其東境的關防。從尼壤繼續往東走，就進入大流沙地帶。那裡沙流漫漫，聚散隨風而定，人走過之後留不下痕跡。也正因為這樣，有很多人在那裡迷路。在大流沙地帶，放眼四周，都是茫茫沙漠，分不清東南西北。因此，那些往來的旅人就把別人的遺骨聚集起來作為路標。在那裡不僅分不清方向，水草也很缺乏，熱風肆虐，風起時人畜昏迷不清，很容易染上疾病。人們在那裡不時會聽到類似歌曲的呼嘯聲，有時還會聽到哭泣之聲。不知不覺間，人就會受到魅惑，不知自己身在何處，經常有人因此走失。這都是鬼魂精靈所幹的事……。」

尼雅文明就像一顆流星，雖然璀璨無比，但還是未能避免劃過天空的命運。後人讀史至此，無不扼腕嘆息、感慨良深。

是環境惡化還是戰爭，導致精絕古國覆滅

在尼雅廢墟的流沙中，可以看到保存完好的民居、畜舍，房蓋雖然被風吹落，可高大的房柱卻依然屹立在流沙之中。此情此景，不禁使人追問是什麼導致尼雅文明的興衰。

有學者認為，精絕古國消失的主要原因是環境惡化，也有學者認為是戰爭。另外一些學者否定了這兩種看法，卻又無法解釋精絕國為何會神祕消失。

環境惡化論的持有者認為，尼雅遺址在民豐縣尼雅河流域北邊，而尼雅河當時屬於塔克拉瑪干沙漠地區的中型河流，在秦漢時期，尼雅河河水充沛，可以到達尼雅廢墟一帶。在尼雅河水的滋潤下，精絕國林木蔥翠、灌草繁茂，是良好的綠洲，尼雅文明在這片綠洲中於焉出現。然而，隨著氣候的變化，尼雅河出現河道退縮的情形。

雖然佉盧文書中沒有見到精絕國的「水官」，但精絕國從尼雅河透過人工渠引水入注，

無論是農田灌溉，還是生活用水，都由官方統一調配；連接各村的主幹管道的放水口是固定的，不到規定放水時間或未經水官批准，不能隨便開口放水，造成水資源浪費，是會受到懲罰的。而且，在出土的佉盧文木簡中，也發現這樣的條款：「砍伐活樹，罰一匹馬，砍伐樹杈，罰母牛一頭。」精絕國開始用法律手段保護水源和樹木，可見環境已經惡化到必須透過法律強制保護的地步了。

即使如此，**尼雅河最終還是斷流了，原先精絕國的所在地失去了水源，居民無法耕種與生活，最後只好離開這裡，遷移到其他地方**。於是，尼雅的歷史發展完全中斷，成為沒有人煙的廢墟。水是生活之源，斷絕水源後，尼雅逐漸成為沒有生命的荒漠。

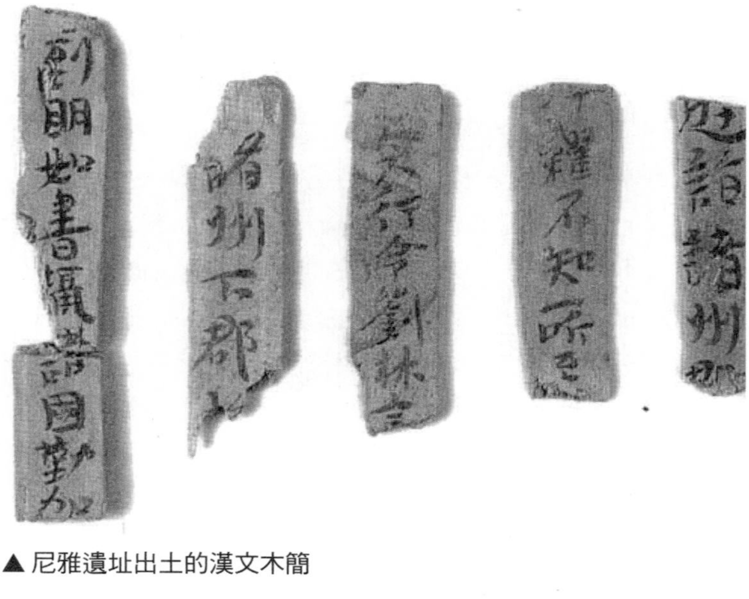

▲尼雅遺址出土的漢文木簡

認為精絕國滅於戰爭的專家也做出了解釋。從發掘到的佉盧文解讀內容來看，精絕國王朝長期受到西南方的強大部落「SUPIS」人的威脅和入侵，可以說，精絕國是在預感大難臨頭中，憂心忡忡的度過最後的日子。木牘的文字表明 SUPIS 人對精絕國的威脅、入侵是一步步的加深，如「SUPIS 人之威脅令人十分擔憂，余等將對城內居民進行清查」、「現有人帶來關於 SUPIS 人進攻之重要消息」、「現來自且末之消息說，有來自 SUPIS 人之危險……兵士必須開赴，不管有多少軍隊……」顯然精絕國人無法抵禦強大的 SUPIS 人的進攻，「SUPIS 人從該處將馬搶走」、「SUPIS 人搶走彼之名菩達色羅之奴隸」。考古學家們在這個沉睡了一千六百年的廢墟上，看到宅院四周屍骨累累，內部各種遺物四處散落，房門敞開或半閉。用來存放佉盧文的陶甕密封完好、沒有拆閱，儲藏室裡仍有大量的食物，紡車上甚至還有一縷絲線。這一切似乎告訴人們，**尼雅王國在面臨長期的入侵威脅後，遭到慘重的致命一擊，甚至沒有留下最後的文字記載**。

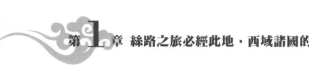

東漢末年，漢朝國力衰弱，中原陷入分裂與戰亂，而西域出現政治真空，此時西域各小國和部族相互侵吞的戰亂也隨之而來，所以精絕被他國或更強悍的部落毀滅，也不無可能。但導致精絕國滅絕的 SUPIS 人在歷史上從無記載，讓人們對既兇猛又好侵占擄掠他國的 SUPIS 人，留下種種猜測和不解。

也有人認為精絕國既不是毀於環境惡化，也不是毀於戰爭，精絕國消失的原因有待進一步考證。**他們認為考古學家並沒有在尼雅遺址周圍，找到關於尼雅河大規模改道的證據，同時也並未在尼雅河上游發現任何人類聚居點的遺跡**。另外，在尼雅遺址裡，不少住宅周圍都有巨樹環繞，果園中林木整齊。從住處附近堆積的淤泥來看，還有水塘的痕跡。在這麼好的生存環境中，很難說精絕國是因為尼雅河突然斷流而覆滅。即便是由於環境惡化，精絕舉國遷移，但為什麼沒有開封的各類文書，還整齊的放置在屋內牆壁旁？如果是因為環境的改變而搬遷，精絕人就沒有理由丟棄官方的文件落荒而逃。

而且，在尼雅遺跡中，沒有斷戟殘劍沉埋沙中，所有出土的古屍，都是平靜而安詳的。所有的房屋遺址，也都是完整的。如果說精絕是毀於戰爭，又該如何解釋這一切呢？

斯坦因曾記載他發掘一批文件的經歷：「從這批契約埋藏時得到的照顧，以及對埋藏地點的標示來看，文書的主人明顯是在緊迫中不得不離去，但抱有重返的念頭。魯斯塔姆（發掘隊員）一下就猜到那塊標誌的用意，因為現在的農民被迫棄家而去時，他們仍然這樣做。在掩埋時既沒有遮蓋，也沒有用容器來保存這批極有價值的文件，這本身也清楚表明離去之匆忙。」而且，考古學家在尼雅遺址的一所房屋廢墟中發現一隻狗的遺骸。它的脖子上拴著繩子，繩子的另一端拴在柱子上。顯然，主人離去時忘了解開繩子，這隻狗活活餓死了。**究竟發生了什麼事，讓精絕國的官員匆匆離去，又覺得自己能馬上回來**——狗的主人在離去時連愛犬的繩子都忘了解開，但他為何又一去不返？如果說精絕的居民真的集體遷徙了，他們究竟遷到了哪裡？考古學家沒有發現任何線索。

精絕國消失的真相究竟為何？也許，我們再也無法知道答案了。矗立在尼雅遺址上的古樹，親眼目睹當年商賈穿行的繁榮景象，也見證了精絕國的消失；它在沙漠的盡頭，默默注視著這一切……讀史至此，不禁要發出「木猶如此，人何以堪」的慨嘆。

09 庶出天龍八部慕容氏，吐谷渾文明驚呆你

柴達木盆地東南端的都蘭縣，在這片方圓兩萬多平方公里的土地上，已發現上千座至少有一千五百年歷史的古墓。近年來，考古工作者對都蘭古墓群進行大量的發掘、研究，特別是對位於都蘭縣察汗烏蘇鎮東南約十公里的熱水鄉，血渭一號大墓的發掘；一個關於吐谷渾汗國的真相，正逐漸浮現在世人面前。

神祕的青藏高原，曾是多民族先民生活繁衍之地，先後有羌戎、吐谷渾、吐蕃等古代民族在這裡生活，其中吐谷渾王國在青藏高原上立國達三百五十多年，其鼎盛時期的疆域，東起甘肅南部、四川西北，南抵今青海南部，西至新疆若羌、且末，北隔祁連山與河西走廊相接，**在吐蕃王朝興起之前，與中原唐王朝並足鼎立，是青藏高原上的第一王國**。

他們為什麼來到這裡？什麼原因讓他們最終為後起的吐蕃所代替？一直以來，人們不斷試圖尋找這個神祕王國在這裡生活的蛛絲馬跡。

兄弟因一場馬鬥而翻臉，吐谷渾長途跋涉遠赴青海

吐谷渾又稱吐渾、退渾，是中國西北的古代民族之一，本為**遼東鮮卑慕容部的一支**。西晉末，首領吐谷渾率部西遷到枹罕（今甘肅臨夏）。後擴展，統治了今青海、甘南和四川西北地方的羌、氐部落，建立國家。至其孫葉延，始以祖名為族名、國號。南朝稱之為河南國；鄰族稱之為阿柴虜或野虜；唐後期稱之為退渾、吐渾。

以上就是吐谷渾的來歷，然而鮮為人知的是，其實吐谷渾原本並不是一個國家的名字，而是一個人的名字。

吐谷渾原是遼東鮮卑慕容部首領涉歸的庶長子。《晉書》卷九七《吐谷渾傳》記載：「吐谷渾，慕容廆之庶長兄也，其父涉歸分部落一千七百家以隸之。」慕容廆是涉歸的嫡次子。晉太康四年（西元二八三年），涉歸死後，部眾擁立慕容廆為可汗。作為長子的吐谷渾因為是庶出，

▲吐谷渾伏俟城遺址

僅從父親那裡領導了一千七百戶的牧民。

吐谷渾為什麼要不遠萬里，率領部眾長途跋涉（從遼河以東的中國東北）遠赴青海呢？只因為一場在游牧部落中十分常見的馬鬥。按照《晉書．吐谷渾傳》記載，某天吐谷渾和慕容廆兩部的馬在草場上撕咬起來，引起慕容廆的惱怒，慕容廆認為這場馬鬥是吐谷渾蓄意為之，便派人指責吐谷渾說：「父汗早已分給你牛羊，你為何不走得遠遠的呢？那樣馬還會打起來嗎？」吐谷渾心高氣傲，一怒之下決定離開遼東，遠遷別地。

▲吐谷渾古墓

有人說，吐谷渾遠遷是因為與異母弟慕容廆的爭權鬥爭，不甘久居其下。其實，吐谷渾的遠遷，還存在著深刻的社會經濟背景。史學家周偉洲先生在《吐谷渾史》一書中就指出：「當時居於遼東、遼西的鮮卑各部之間，隨著游牧經濟的發展，相互爭奪人口、牲畜和牧場的鬥爭十分激烈。當時慕容部還比較弱小，占有的牲畜、牧場十分有限，而吐谷渾與慕容廆二部之間的馬鬥，正反映出因牧場狹小而引起的深刻矛盾，這是促使吐谷渾最後遠徙的根本原因。」

關於吐谷渾西遷，還有一個有意思的傳說。傳說，慕容廆得知哥哥真的要遷走，很是後悔，便派大臣前來勸阻，而吐谷渾便說那就看這些馬匹的心願吧，如果牠們往東要回去，我就回去。就在馬群往東走出數百步後，意想不到的事情發生了：頭馬領著馬群忽然回頭向西，而且還發出悲鳴。幾番反覆均是如此，這彷佛是上天給吐谷渾的暗示，使他要走的決心更加堅定，前來勸阻的大臣也只好作罷，任由其西去。

吐谷渾走後，慕容廆因為經常思念兄長，便作了一首《阿干歌》來紀念。慕容廆的子孫建立「大燕國」後（沒錯，金庸的《天龍八部》），《阿干歌》就作為皇帝出巡或者祭祀宗廟時演奏的樂曲。

吐谷渾國的建立和發展：外交政策搞得好，立國無煩惱

西晉末年（四世紀初），吐谷渾率領所部，**從遼東西遷到今內蒙古西部，繼而又遷牧於今甘肅西南、青海東南部，逐步征服當地羌、氐各部**，勢力不斷壯大，並於東晉初年，建立政權。

吐谷渾死後，其子吐延繼承吐谷渾的汗位，並在此後的十多年裡，不斷開疆拓土，把勢力範圍擴大到現在的四川西北、青海和甘肅南部。吐延在位十三年，勇猛異常，《晉書．吐谷渾傳》稱其「身長七尺八寸，雄姿魁傑，羌虜憚之，號曰項羽」。西元三二九年，由於

對當地羌族的殘酷征服，最終引起羌人的反抗，吐延被刺殺，年僅三十五歲。這一年，吐延的長子葉延繼承汗位，這個深受中原文化影響的可汗，按照中原王朝的習慣，「以王祖字為氏」、「亦為國號」，改姓吐谷渾，正式建立吐谷渾國，並把活動中心由甘肅轉移到青海。

西元三七六年，葉延之孫視連繼立為首領後，把政治中心從甘肅境內遷移到青海的莫何川（今海西州烏蘭縣莫河一帶）。西元四〇五年，樹洛干繼立為首領，自稱吐谷渾王，標誌著吐谷渾王國正式建立。他在位時，經過一系列整頓，逐步兼併羌、氐各部，國勢日漸強大。

面對吐谷渾的崛起，西秦深感不安，屢次襲擊吐谷渾。西元四一七年，阿豺繼立為吐谷渾王，為了保存實力，主動遣使與西秦求和，並接受西秦的「征西大將軍」、「安州牧」、「白蘭王」等封號。同時，又遣使與南朝劉宋通好，藉以抗秦。阿豺開創的結好西秦、聯宋抗秦的外交策略，使吐谷渾很快走上興盛道路。而這種**與其他國家和平交往、不斷接受各個強國的各種封賜、長期向他們朝貢的策略，也使吐谷渾在狹小的生存空間中左右逢源，立國三百餘年而不倒**。

西元四五二年，拾寅繼承王位後，把政治中心從莫何川西遷到伏羅川（今海西州都蘭縣諾木洪一帶），並仿效漢族政治制度建制，修築城池宮殿，大力發展畜牧業和貿易，使吐谷渾空前強盛。西元五三五年，夸呂繼承王位，把政治中心又從伏羅川北遷到伏俟城（今青海湖西鐵蔔加古城），設置王公、僕射、尚書、郎中、將軍等官職，自稱「可汗」。此時，吐谷渾王國的統治範圍，東起甘肅洮河流域，西至青海柴達木盆地中南部，方圓數千里，成為中國西部的強國。

吐谷渾王國憑藉它的地理優勢和交通優勢，成為絲綢之路上的重要交通和貿易通道。吐谷渾王國也因此得到長足的發展。由於青海道橫貫吐谷渾國境，所以也被後人稱為「吐谷渾道」。當時的吐谷渾道可謂四通八達：向東可達北朝的北魏以及後來的北周；向南可以沿黃河南岸到達洮河上游地區，並經由此地到達建康（今南京）；向西可達西域；向北可以穿過河西走廊，到達柔然、東魏和北齊。

吐谷渾人在這條路上從事的最主要活動，是和外國商人進行中轉貿易，並由此介入國際貿易；同時，他們還與南朝和北朝從事「以獻為名，通貿市買」的商業活動。**吐谷渾靠著獨特的地理位置，扮演著仲介的角色，賺取豐厚的利潤，出現許多腰纏萬貫的富商大賈**。西魏廢帝二年（西元五五三年），吐谷渾可汗夸呂派使團到北齊去朝貢，西魏涼州刺史史寧探知使團返回的消息後，率兵襲擊，俘獲跟隨使團的商人兩百四十多人，奪得駱駝、騾子共計六百多頭，各種絲綢彩絹上萬匹，其貿易規模之大即便在今天看來，也令人驚訝不已。

一九八三年以後，**考古學家在都蘭縣的吐蕃墓葬中，陸續發掘**出大量絲織物，絲綢品種之全、圖案之精美、時間跨度之長，**在中國考古發現中均居榜首**。目前，考古工作者已經發現絲綢三百五十多件、一百三十餘種。在這些絲綢殘片中，有一百一十二種為中原漢地製造，十八種為中亞、西亞所製造。其中一塊波斯人使用的缽羅婆文字錦，是目前世界上發現的唯一一塊確認的八世紀波斯文字錦。這些絲織品及其他大量的出土文物，絕大多數應是吐蕃與中原、中亞和西亞進行貿易的結果，這也為青海絲綢之路提供了最直接的證據。

此外，吐谷渾人在這條路上，還充當外國使節和商人的翻譯與嚮導。無論是中亞和西亞國家的使臣來南朝，還是東西方各國的商人、去西天取經的和尚和東來傳法的印度僧侶，都由吐谷渾人帶領他們到達目的地。絲路上與各色人等的往來交通，不僅使中西文化交流得以延續，也對吐谷渾自身產生很大的影響。吐谷渾人原本並不信奉佛教，但在慕利延統治後期，佛教開始在吐谷渾流行，原因便是佛教經由吐谷渾道從西域和南朝傳入。今天在都蘭魯絲溝見到的佛像岩刻，考古學家們便認為它們是吐谷渾時代的作品。

吐谷渾還是個崇尚馬、產良駒的地方。作為游牧民族，馬對吐谷渾而言，是一種根基性的存在，而在鮮卑民族中，馬一直是瑞獸和神獸的象徵，其墓葬中也常用馬殉葬。因此，馬的地位在吐谷渾被提升到前所未有的高度。《魏書．吐谷渾傳》記載：「其（指吐谷渾）刑罰：殺人及盜馬者死。」在這裡，盜馬與殺人等同而視，將處以死刑。

吐谷渾最著名的良駒是「青海驄」和「龍種」。《北史．吐谷渾傳》記載，吐谷渾人把當地的優良種馬與波斯母馬進行雜交，所生的就是青海驄，據說這種馬可日行千里。而龍種

▲馬踏飛燕

的產生，則帶有神話色彩：每到冬季，青海湖結冰後，吐谷渾人就把良種母馬送到海心山（湖心島）上，到來年春天，馬有孕，所產的馬駒即為龍種。

周偉洲先生所著《吐谷渾史》一書認為，青海驄與一九六九年在甘肅武威雷臺東漢墓出土的藝術珍品——「馬踏飛燕」中的銅奔馬體形相似，具有一脈相承的血緣關係。這種馬外貌俊美、品質優良、力速兼備，最大的特點是善走對側步的步法。青海驄也因此成為吐谷渾向內地政權進貢的珍貴禮品。

盛產良駒，也成為吐谷渾對外征戰的有力武器。盛唐之前，吐谷渾一方面接受各個強鄰對它的封賜，並不斷向他們朝貢；另一方面，吐谷渾憑藉能征善戰的坐騎，不斷騷擾一些國家的邊境，掠奪人民和牛羊，也因此成就東起甘肅洮河流域，西至青海柴達木盆地中南部的汗國。

不自量力招致滅亡：想趁虛而入侵擾中原卻踢到鐵板

吐谷渾憑藉著馬背上的優勢不斷開疆闢土、擴大勢力，曾經一度成為一方的霸主，遠近的小部落都不敢和吐谷渾相抗衡。可是，在建立功業的同時，吐谷渾也為自己種下了滅亡的禍根。

西元五八一年，中原隋朝剛剛建立，**野心勃勃的吐谷渾想趁隋朝剛建國、立足未穩之時，大肆侵擾大隋王朝的領土**。可是，對中原的天朝上國來說，吐谷渾是不堪一擊的；隋朝的軍隊很快就瓦解吐谷渾的進攻。沒想到吐谷渾人心不足蛇吞象，接連幾次對中原領土進行侵擾，尤其是他們發動的第三次進攻，使得麻痺大意的中原帝國在短短幾個月內，臨洮、涼州、岷州先後被偷襲，損失頗嚴重。

隋煬帝即位後，大為惱火，於西元六〇八年派兵大規模進攻吐谷渾，可是，狡猾的吐谷渾竟瓦解了隋朝這次進攻。隋煬帝大怒，於六〇九年親自率兵出征，圍攻吐谷渾。皇帝親征的士氣可想而知，**隋朝大軍浩浩蕩蕩的開進吐谷渾的領土，使得曾經不可一世的吐谷渾軍隊瞬間失去抵抗力量**，最終伏允可汗只好狼狽南逃，今青海大部分地區劃歸到隋朝的版圖。

後來，伏允可汗投奔党項族，苟延殘喘，過著寄人籬下的日子。隋朝末年，雖然吐谷渾可汗伏允又收復失地，吐谷渾國復興，但經過兩次戰爭的沉重打擊，吐谷渾王國從此開始邁向它的暮年，由強盛走向衰落。

唐朝建立後，吐谷渾仍舊奉行既往的對外政策，在不斷向唐朝遣使、加強雙方交往的同時，趁唐朝忙於鞏固政權之機，頻繁滋擾唐朝西部邊境，阻礙唐朝從河西入西域的交通。吐谷渾為患唐朝邊境，史書中記載的就多達二十四次，岷、鄯、洮、疊、芳、旭、扶、蘭、涼、松、河等十一個州深受其害。

直到貞觀八年，雄才大略的唐太宗李世民，將唐朝治理得井井有條，已經大致完成統一大業，國內局勢穩定，王朝迎來「貞觀之治」的盛世。而**此時的吐谷渾不識時務，不斷侵擾中原**。唐太宗李世民本來不想大動干戈，想使用懷柔政策讓吐谷渾對中原王朝心存敬意，可是沒想到這個小小的國家竟敢如此猖狂，**最終招致李世民下定決心，要對吐谷渾進行大規模**

的討伐。

一年秋天，吐谷渾派兵到涼州劫掠，恰好把趙德楷、安侯等唐使給劫掠而走。唐朝本是打著「以和為貴」的主意，可是沒想到先後派人與吐谷渾可汗伏允交涉多次，曉以利害、講明道理，但伏允的態度強硬，始終不肯放人，而這種極不明智的做法也激怒了李世民。十一月，唐太宗發布《討吐谷渾詔》，歷數吐谷渾歷年罪行；十二月，以李靖為西海道行軍大總管，十萬唐軍兵分三路直指青海。唐軍一路勢如破竹，不到半年，就取得這場戰爭的全面勝利。貞觀九年（西元六三五年），唐太宗下詔讓吐谷渾復國，並封慕容順為西平郡王。但慕容順不為國人擁戴，不久便在內亂中喪命。

從此，吐谷渾成了中原王朝的從屬國。**與此同時，吐蕃在青藏高原興起，其勢力進入青海南部，並多次攻掠吐谷渾**。西元六六三年，吐蕃一舉攻占吐谷渾全境，吐谷渾國內親吐蕃的大臣素和貴逃奔吐蕃。吐蕃大軍順利攻入吐谷渾境內，擁有三百五十年基業的吐谷渾，就此消失在歷史的長河之中。

▲李世民像

10 崛起在伊犁、消失在雲端：烏孫

在新疆美麗的伊犁草原上存在著「三大文物奇觀」，即廣泛分布的草原土墩墓、神祕多彩的伊犁岩畫與草原石人。草原土墩墓又稱烏孫土墩墓或烏孫古墓，在伊犁廣闊的草原上共分布著上萬座。這些土墩墓封土高大、氣勢宏偉，令人矚目。**古墓**大都呈半錐體，多數呈南北鏈狀分布。**最大者底部周長三百五十公尺，高二十餘公尺**。古墓頂部較平坦，外形像個巨大的梯形。墓的頂部還有牧民豎起來的枯樹枝，上面綁著各色布條，以祈求平安幸福。墓的底部周圍還能看到露出泥土的大型石頭，據傳說，死者生前作戰時打死過多

▲烏孫土墩墓

少敵人，就會在墓周圍放多少石頭，以銘記其功績。

考古工作者對烏孫土堆墓的發掘，出土了數目可觀的文物，這一件件精美的陶器、鐵器、銅製飾品、古老的錢幣、馬具等出土文物，打破了伊犁草原的沉寂，見證著這裡曾經有過的輝煌，似乎在向人們訴說著烏孫人千年的悠久歷史。

王子復仇——在匈奴的幫助下重建烏孫

烏孫，是西域的少數民族，這個民族建立的政權也被稱為烏孫。烏孫人以游牧為業，逐水草而居，在放牧的同時還常常狩獵。他們住在毛氈帳篷裡，以牛、羊肉為食，以牛、羊奶為飲品，風俗與匈奴族一樣。烏孫是漢代連接東西方草原交通的最重要民族之一。**烏孫國的馬最為著名，當時富人養的馬多達四、五千匹**。

據說，烏孫族是西戎烏氏國被秦國滅亡後西遷的餘民形成的。

烏孫是受匈奴影響很深、說阿爾泰語系突厥語族的古代民族。關於烏孫的社會狀況記載很少。烏孫的族屬向有數說，或匈奴，或突厥，或東伊朗族說，不一而足。漢代文獻《焦氏易林》中描寫說：「烏孫氏女，深目黑醜，嗜欲不同。」據此我們可以斷定，烏孫人是屬於膚色偏黑的民族。而唐人顏師古對《漢書．西域傳》做的一個注中揭示說：「烏孫於西域諸戎，其形最異。今之胡人青眼、赤須，狀類獼猴者，本其種也。」依此分析，**烏孫人應為深目高鼻、赤髮碧眼的歐洲人種**。儘管說法各異，但有一點十分明確，即烏孫與漢人種屬不同。

中外學者比較前蘇聯中亞地區，和中國天山以北地區烏孫時代的人類學資料後指出，形成烏孫部落的人種基礎，當屬歐洲人種，其中也明顯**混雜著一些蒙古人種成分**。

據《史記・大宛列傳第六十三》記載：「臣（張騫）居匈奴中，聞烏孫王號昆莫，昆莫之父，匈奴西邊小國也。」《漢書・張騫李廣列傳》：「天子數問騫大夏之屬。騫既失侯，因曰：『臣居匈奴中，聞烏孫王號昆莫。昆莫父難兜靡本與大月氏俱在祁連、敦煌間，小國也。』」反映**烏孫族早在西漢以前，已在河西走廊建國**。春秋戰國以前，烏孫曾在現今寧夏固原一帶游牧，其後才逐漸遷徙到河西地區。烏孫的首領稱為「昆莫」或「昆彌」。現在所知最早的烏孫王稱為「難兜靡」。在難兜靡為首領時，烏孫為強鄰月氏所攻，國破家亡。

難兜靡留下了一個兒子，名叫獵驕靡，當時還是個嬰兒。獵驕靡被部下布就翎侯抱著逃出來後，躲過月氏人的追殺。逃亡途中，布就翎侯饑餓難耐，於是將獵驕靡放在草叢中，自己去尋找食物。當布就翎侯拿著食物歸來，竟然看見一隻狼在餵獵驕靡吃奶，還有一隻烏鴉叼著一塊肉站在旁邊。布就翎侯大為驚奇，認為小王子將來定然會是非凡的人物，於是帶著獵驕靡投靠匈奴，並把自己看到的神奇景象稟告冒頓單于。冒頓單于聽了，認為這是上天的暗示，於是決定收養獵驕靡。

獵驕靡在兒童時代就顯示出超齡的稟賦和氣質，於是冒頓單于就更加注重對這個「天才兒童」的培養和教育，為他請了不少博學多才、文武雙全的老師。光陰似箭，獵驕靡長大成人，單于把烏孫部民交還給他，並扶持他當上烏孫國王。獵驕靡復國後，一心想為父報仇，與匈奴右賢王相約，進攻已經西遷到伊犁河流域的月氏國。月氏人在烏孫人和匈奴人的攻擊下，國王被殺死，頭蓋骨被匈奴做成酒杯，這也就為他的父親報仇雪恨了。月氏人雖然得知大王慘死的消息，但是敢怒不敢言，只好被迫西遷。

趕走月氏的烏孫，也就沒有戰爭上的威脅了，所以烏孫人在獵驕靡的領導下大力發展各種畜牧業、滋生人口、發展貿易，使得烏孫在短短幾年內就迅速強大起來。為了發展，烏孫國還占據了原為月氏人所有的伊犁河、楚河地區，留在那裡沒有逃走的月氏人，和原先臣服於月氏的塞人，從此成為烏孫國的臣屬。有了這些富足的地區和臣屬，烏孫顯得越發強盛，建立了一個地域廣大、國力強盛的地方政權。其地東接匈奴，北抵康居，西達大宛，南連城郭諸國。政治中心位於赤穀城（地點不明，可能在吉爾吉斯、哈薩克或新疆阿克蘇），

▲現代伊犁風光

昆莫分設各官，管理全國。《漢書・西域傳》記載烏孫鼎盛時期（西元前五十三至前五十一年）：「人口六十三萬，勝兵十八萬八千八百。」是西域最強大的行國（編按：游牧民族的國家稱行國）。此時的烏孫國，已是西域諸國中數一數二的強國，**幾乎可以與匈奴平分秋色了。**

歷史上第一位和親公主，比王昭君早七十多年

二〇〇五年，在新疆昭蘇縣夏塔鄉境內發現一座墓葬，這個墓葬位於夏特大峽谷口，距夏塔古城約七、八公里，墓高近十公尺，底徑四十公尺，是烏孫草原中規模最大的古墓之一。考古專家根據墓的朝向以及歷史記載，初步斷定為細君公主墓葬。

細君公主，原名劉細君，人稱江都公主，是漢朝的宗室子弟。細君的父親劉建是江都王劉非的兒子，劉非是漢武帝劉徹同父異母的哥哥。細君公主肩負和親重任，遠嫁到風俗不同、文化相對落後的烏孫，為中原和西域的和平相處，做出極大的貢獻。而且，**細君公主和親烏孫，要比西元前三十三年出塞的昭君早七十多年，比西元六四一年入藏的文成公主早七百四十多年。細君公主可說是出塞和親的先驅，有人也稱她是「漢朝歷史上第一位和親公主」**。然而，這位偉大的公主，在歷史上卻很少被提及，令人唏噓。

漢代邊患嚴重，以北方的匈奴最具威脅。漢初實行與匈奴和親的外交政策，但匈奴屢次背約，戰事依然不斷。漢武帝繼位後，決意用武，雙方征戰連年，互有殺傷，漢朝損失也很

大。此時期，烏孫日益強大起來，成為西域諸國中的頭等強國，儼然與漢、匈奴成鼎立之局。張騫根據他出使西域的考察結果，審時度勢，及時向武帝提出「結交烏孫」、「令東居故地，妻以公主，與為兄弟，以制匈奴」的建議，並得到漢武帝的重視和採納。

元封六年（西元前一〇五年），劉細君就是在這樣的背景下，肩負著祖國同胞的莊嚴使命，踏上遠嫁烏孫的途程。細君公主下嫁的是烏孫國王昆莫獵驕靡，漢武帝想以此和烏孫結為兄弟之邦，共制匈奴。《漢書．西域傳》記載，細君公主出嫁時，漢武帝「賜乘輿服御物，為備官屬侍御數百人，贈送其盛」。細君公主到達烏孫後，獵驕靡封她為右夫人，隨從工匠為她建造了宮室，而漢朝每隔一年就會派使者來探視。

然而，孤身一人，嫁到遠在萬里之外的國度，有著語言、文化、風俗以及生活習慣等方面的差異，這使得細君公主的生活過得十分苦悶，她曾不無傷感的寫道：

吾家嫁我兮天一方，遠托異國兮烏孫王。
穹廬為室兮氈為牆，以肉為食兮酪為漿。
居常土思兮心內傷，願為黃鵠兮歸故鄉。

從這首叫《悲愁歌》的詩篇，足以想見細君公主的苦悶與鄉愁了。

不但如此，不久後細君公主在烏孫的地位，就發生極為微妙的變化。因為，細君到烏孫不久，匈奴也派遣宗室女至烏孫，為昆莫左夫人，企圖瓦解漢烏聯盟。**細君公主當然知道自**

己遠嫁烏孫的真正目的，更清楚匈奴也派遣公主嫁到烏孫的政治意圖，於是，她在面對著十分微妙、一觸即發的境況時，處變不驚、從容應對，「歲時一再與昆莫會，置酒飲食，以幣帛賜王左右貴人」，憑藉她的機敏、練達和真誠，逐步贏得昆莫的信賴和臣民的尊敬，使匈奴的陰謀未能得逞。

細君公主很得烏孫王獵驕靡的寵愛，然而獵驕靡此時已是風燭之年、不久於人世了。**為了細君江都公主將來的地位，他有意將細君公主嫁給自己的孫子軍須靡**。這樣的想法在中原來說，當然是禽獸不如的亂倫行為，但在當時的烏孫來說，卻是一種風俗習慣。然而，細君公主無論如何都無法接受這種風俗習慣，於是她上書給漢武帝，希望能允許她回中原，避免嫁給丈夫的孫子這種醜事發生。但漢武帝回信說：「現在正要對匈奴用兵，不能失去烏孫這個實力雄厚的盟友，妳應該以大局為重，遵從當地的風俗。」無奈之下，細君只好忍辱含悲的嫁給軍須靡。獵驕靡為孫子主持婚禮後，不久就去世了，而他的兒子早已先他而去，因此，孫子軍須靡繼承了烏孫王位。後來，細君公主為軍須靡生下一個女兒，由於身體羸弱，心中悲苦，再加上產後失調，與軍須靡成婚一年後，細君公主即病死在烏孫。可憐一代公主就這樣香消玉殞於離家國有萬里之遙的他鄉。

細君在烏孫生活了十八年，坐主後宮，先後襄佐兩朝，通權達變而不失禮法，風儀所向，舉國欽服。細君死後，漢朝又以楚王劉戊的孫女劉解憂遣嫁軍須靡，繼續保持兩國的聯盟。西元前七十二年，匈奴惱怒烏孫親漢，出兵攻襲。烏孫遣使向漢朝求援，漢發兵十五萬騎，分五路進擊匈奴。烏孫昆莫親率五萬騎從西方攻擊，成合擊之勢，匈奴受重創，勢力轉衰，自此漢朝北方獲得和平與安寧。作為漢烏聯盟的奠基人，細君公主對於漢烏之間和平友好相處的貢獻，可與日月爭輝，應該永遠被後世子孫所銘記。

唐朝詩人戎昱曾作過一首《詠史》：

漢家青史上，計拙是和親。
社稷依明主，安危托婦人。
豈能將玉貌，便擬靜胡塵。
地下千年骨，誰為輔佐臣。

是呀，「計拙是和親」，漢武帝這個以英明神武自詡的皇室，將一國之大事託付在一個小小的女子身上，這似乎也使人不免有所非議吧。另外，據說細君公主的父親因謀反而被誅，全家除了年僅五歲的細君外，都遭到殺戮。而後細君就被漢武帝以「罪臣之女」的身分養在宮中，後來又令其遠嫁烏孫。而且，本來漢家皇帝在和少數民族政權和親時，都是令地位低下的宮女冒充金枝玉葉的公主去和親的，而細君這個具有皇室血統的人，受命遠嫁烏孫，不知是不是因為她的父親曾經謀反過。如果真是如此，漢武帝這個威名赫赫的皇帝，身上就又多了個汙點。

值得一提的是，在烏孫考古文化中，**烏孫古墓葬**的圓丘形封土塚和豎穴木槨墓室的特徵，**與中原地區戰國至漢朝的墓葬形式大致相同**。烏孫墓葬封丘有大、中、小三種，這種埋葬制度不僅反映烏孫社會的階級分化，同時也揭示漢文化對烏孫社會的影響。

北魏以後，烏孫國為何從史籍中消失？

西漢中期，烏孫內亂，後即分為大、小兩部。大昆莫元貴靡是漢朝外甥，分得烏孫西部；小昆莫烏就屠為匈奴外甥，分得烏孫東部。雙方發生激烈的爭鬥，《漢書．西域傳》記載，為調解矛盾，「漢用憂勞，且無寧歲」。西漢成帝鴻嘉末年（西元前十八或前十七年），末振將成為小昆莫，當時大昆莫雌栗靡很有威信，末振將擔心自己地位不保，遂派人刺殺雌栗靡。漢扶立雌栗靡的叔父伊秩靡為大昆莫，末振將被伊秩靡的部下所殺後，漢馬上派兵殺死末振將太子番丘。末振將之弟卑爰疐，率領八萬人投靠康居，經常發兵攻打烏孫，企圖吞併大、小昆莫的部眾，最後被都護孫建領兵襲殺。**烏孫國的實力在內戰中大大損耗**。**東漢末年，鮮卑興起**，趁烏孫孱弱，多次襲擊烏孫。後來，**烏孫人被迫退到天山山脈中安居**。

西元五世紀以前，烏孫與中原王朝的聯繫仍見諸史端。《北使．西域傳》記載：「初，

▲天山山脈

琬等受詔；便道之國，可往赴之。琬過九國，北行至烏孫國。其王得魏賜，拜受甚悅。謂琬等曰：『傳聞破洛那、者舌皆思魏德，欲稱臣致貢，但患其路無由耳。今使君等既到此，可往二國，副其慕仰之誠。』琬於是自向破洛那，遣明使者舌。烏孫王為發導譯，達二國，琬等宣詔慰賜之。已而琬、明東還，烏孫、破洛那之屬遣使與琬俱來貢獻者，十有六國。自後相繼而來，不間於歲，國使亦數十輩矣。」此段史文表明，太延年間（五世紀）北魏王朝派董琬、高明等出使西域，受到烏孫、龜茲等諸國國王的迎候，雙方友好交往關係不言自明。

不久之後，**烏孫國多次遭到柔然（鮮卑的一支，混合了匈奴與漢人）的侵襲，後來只好被迫西徙到蔥嶺山中（帕米爾高原，在新疆、吉爾吉斯坦、塔吉克斯坦之間）。北魏以後，就再沒有關於烏孫與中原政權聯繫的明確史料**。北魏後期，高僧宋雲、慧生西行取經，走遍蔥嶺及其以南，不見有烏孫國。六十多年後，中國進入隋朝時期，隋煬帝準備經營西域，令大臣裴矩向西域商人調查西域諸國情況，寫成《西域圖記》三卷，《隋書》卷八十三《西域傳》根據《西域圖記》寫成，其中也不見烏孫國。從此，有關烏孫國的記載徹底消失。

哈薩克族的「玉遜」部落是漢代烏孫的後裔嗎？

哈薩克族是中國重要的西北民族之一，新疆的伊犁、塔城、阿勒泰三地區是哈薩克族聚居的地方。近代哈薩克族中含有所謂的「烏孫」部落，有些學者便將漢朝的烏孫作為哈薩克族的起源，那麼這是不是史實呢？

哈薩克族內有名叫「烏孫（玉遜）」的部落，關於哈薩克族的「烏孫」是否為漢代的烏孫，史學界沒有一致的觀點，我們不妨根據史料論證一下。

「玉遜」及「漢代烏孫」可能曾經接觸過。就族名音韻相近和部落分布地區相同而論，兩族有一定的聯繫。有哈薩克族的歷史研究員指出，史料和出土文物證明，烏孫與同哈薩克族族源有關的諸多部族——如塞人、匈奴、月氏、康居等——曾進行長期的文化交流，因此「烏孫與哈薩克族的族源有著直接和緊密的淵源關係」。烏孫不僅是哈薩克族大帳（編按：哈薩克族分為四部：大帳〔Great Horde〕、中帳〔Middle Horde〕、小帳〔Little Horde〕、內帳〔Inner Horde〕）的核心部落，而且也與哈薩克族中帳中的阿巴克克烈、克宰和穆潤部落，及小帳中的一些部落有著血緣關係。此外，**有中國學者認為烏孫是除康居、奄蔡外，哈薩克族的主要族源，哈薩克更是烏孫的後裔**。

▲哈薩克族氈房

不過，只因為哈薩克族內有「烏孫」的一部，就認為漢代烏孫是現今哈薩克族的主要族源，這讓從事西域歷史研究的中國學者認為是個誤會。哈薩克族的主要族源是兩漢的奄蔡、南北朝的曷薩、隋唐的突厥可薩，次要族源是蒙古汗國和元朝西遷至欽察草原的蒙古人。近現代為哈薩克族成員的玉遜部落，最早在遼朝末年游牧於蒙古高原西北部，契丹人和宋人雖然譯之為烏孫，但其原音是「Usin」或「husin」（烏孫讀「Uysun」）。玉遜部落是個中世紀形成的蒙古部落，十三世紀前期有一部分隨成吉思汗的長子朮赤西征，後來留居金帳汗國（欽察汗國）境內，與當地欽察人歷經兩百多年的同化和融合，終於在十五世紀中葉形成今天的哈薩克族。**玉遜部落是說標準蒙古語的蒙古人，不是兩千年前居住在伊犁河流域、說突厥語的烏孫。**

可見，盛極一時的烏孫國在內憂外患的形勢下西遷蔥嶺山後，一蹶不振，慢慢與其他民族同化，而沒有發展成自己的民族。

11 信奉回教的昔日佛國伊甸園：于闐

中國是世界上文明古國之一，而文明的重要標誌是玉器。考古發掘表明，中國發現玉石、使用玉器已有上萬年的歷史。于闐美玉在歷史上一直享有盛名，相傳早在殷商時期，商王的宮殿裡就有用于闐美玉加工而成的各種用具；楚國時的王公貴冑更以玉器作為身分的象徵；到了兩漢時期，越來越多的中原人士鍾情於于闐美玉，各路王侯均遣工匠前往崑崙山周圍採玉。經過這些採玉人的辛勤勞作，崑崙山下的玉石大批運往中原，絲綢之路才得以漸漸繁盛起來。

那麼古代的于闐人過著怎樣的生活？于闐又為何被稱為「美玉之邦」呢？因為宗教問題，于闐和哪個王朝發生戰爭？

于闐國如何在五方雜處之地誕生

于闐位於今天**新疆塔里木盆地南部**，是絲綢之路南道的大國。于闐也曾被稱為五端、兀丹、斡端、忽炭、擴端、鄂端等，到清代時就稱于闐為和闐。中華人民共和國成立後的一九五九年，「闐」字簡化為「田」字，和闐就成了和田（面積比尼泊爾還大）。

于闐古國南有崑崙山，北接塔克剌麻罕沙漠，是西域南道中最大的綠洲。古代的于闐氣候溫和，植物種類多而繁茂，**是西域諸國中最早獲得中原養蠶技術的國家**，手工紡織業也非常發達。

于闐的名頭很大，在中國的史書中常被提及，如在《漢書》、《後漢書》、《魏書》、《梁書》、《周書》、《隋書》、《舊唐書》、《新唐書》、《舊五代史》、《新五代史》等正史都記載了于闐古國。然而，于闐古國第一次出現在歷史記載中，見於《史記．大宛列傳》中：「其北則康居，西則大月氏，西南則大夏，東北則烏孫，東則扜彌，于闐。」除此之外，《法顯傳》、《洛陽伽藍記》、《續高僧傳》也都對于闐做了記述。

西元前二世紀，于闐這個城邦之國就已經出現。這裡本來是個五方雜處之地，早期的居民主要是伊朗的斯基泰人、印度人和漢人。然而，這些人是如何建立出一個新國度的？其中有著一個傳奇故事：相傳，東土的一位王子因獲罪而遭流放，留居到現今于闐國的東部邊界。後來就逐漸形成一個小國家，這位東土的太子也就順應民意，成了這個國度的國王。可是就在此時，印度阿育王的太子遭到阿育王妃的陷害，雙目被人挖出。阿育王遷怒於身

▲ 于闐美玉

邊的大臣，就把他們全族驅逐到雪山以北。那些被流放的人們，逐水草而遷居，慢慢來到于闐國的西部邊界。這些人也建立了一個小型國家，推舉德才兼備的人當國家的首領。

俗話說「一山難容二虎」，兩國國王在狩獵時，在荒澤之中相遇，雙方都想將對方吞併，讓自己成為統治整個于闐地區的國王。於是，一場激戰就在荒澤之中慘烈的展開。後來，西邊君主（印度人）被擊敗，在率領人馬向北奔逃的過程中，被東邊君主的將士砍掉了頭顱。東邊的君主收集敗軍人馬、安撫亡國的臣民，讓兩個部族相互融合、交流、通婚，久而久之，就形成一個新的國家——于闐國。

張騫出使西域，從大月氏回來時，就是經過于闐返回。西漢時，于闐王都設在西城，人口達一萬九千三百人，全國有三千三百多戶，戰士兩千四百人。西漢末年，中原發生戰亂，于闐國乘機向外擴張，稱雄絲路南道，全國已經有三萬兩千戶、八萬三千人口，及三萬精兵。其國土東起羅布泊、

▲ 于闐皇后供養像

南鄰吐蕃、西南至蔥嶺、西北到疏勒（幾乎是現今整個新疆）。晉代，于闐國王被冊封為「晉守傳中大都附奉晉大侯親晉于闐王」。

在歷史記載中，于闐還是個崇尚佛法的國家。于闐是中國佛教入傳的必經之地，凡傳入中國的經典，十之八九都要經過這裡。曹魏時，中國第一個漢族西行取經的僧人朱士行來到于闐，訪求梵本大品《般若經》。魏晉至隋唐，于闐一直是中原佛教的源泉之一。西元四世紀末，法顯曾到過于闐，他記載說：「（于闐國）其國豐樂，人民殷盛，盡皆奉法，以法樂相娛。眾僧乃數萬人，多大乘學，皆有眾食。彼國人民星居，家家門前皆起小塔，最大者可高二丈許，作四方僧房，供給客僧及餘所須……。」玄奘取經途中，也路過于闐，受到熱情接待。當時，于闐國的國土已大半是沙地，但氣候和暢，人民的性情也溫恭有禮。隋唐時期的于闐地區，是西域中較為強大、文明程度較高、具有一定代表性的地方政權。**在西域伊斯蘭化之前，這片綠洲是絲綢之路南線上最重要的佛教文化中心。**

于闐盛產，中原皇室指定的「帝王玉」

于闐玉，古稱「昆山之玉」、「塞山之玉」或「鐘山之玉」，清稱「回部玉」，維吾爾族稱「哈什」。它的出產地是號稱「群玉之山」、「萬山之祖」的崑崙山（海拔三千五百至五千公尺高）。玉石經長期風化，剝解為大小不等的碎塊，崩落在山坡上。隨著每年夏季（五至八月）崑崙山上的雪水融化，以及下雨產生流水，這些玉石碎塊就會被沖刷入河水之中。

經過河水的沖刷、河底砂石的磨礪，就會成為上等的于闐玉。

于闐玉按類型可分為硬玉和軟玉兩種，而硬玉的價值大大高於軟玉。據史料記載，**于闐玉可分成五色：白如脂肪、黃如蒸栗、黑如點漆、紅如雞冠或胭脂**。正是由於玉料的色彩紛呈、瑰麗無比，所以自古以來就受到上至天皇貴胄、下至販夫走卒的青睞。

而且，于闐玉的開發利用，歷史可以追溯到很久以前，據考古發現，早在新石器時代之前，崑崙山下的原始人就發現了于闐玉，並製成生產用具及裝飾物品。

自殷商時代起，于闐玉大舉東傳，成為宮庭權貴用玉主體，統治者視其為寶物，商代已形成規模開發。在殷墟的「婦好」墓（編按：即殷墟五號墓，為商代後期的封建領主貴族墓葬）出土的七百多件玉飾隨葬品中，絕大多數出自于闐。

春秋戰國時期，玉器在貴族階層中已成為不可缺少的珍貴物品。《禮記．玉藻》稱：「古之君子必佩玉……君子無故，玉不去身，君子於玉比德焉。」玉已成為君子的化身和代表，由此可知玉的重要性。

秦始皇開始，中國實行皇帝制，一直到清代，于闐玉都是帝王玉。皇宮的玉器多是于闐玉製成，特別是象徵皇權的玉璽，多用玉製作，其中絕大多數是于闐玉。到了隋唐時期，于闐仍然以玉產地著稱於世。據《新唐書．西域傳》記載，唐德宗繼位後，曾派使者到于闐國求玉，得到一個玉枕、一個玉圭、五個玉佩、三百個玉帶挎及其他玉器。

直到宋代，朝廷使用的禮器及乘輿服御，仍然多是于闐玉。至元明清時代，于闐玉石更是得到廣泛的應用，而且逐漸從皇室壟斷發展，轉變為少數平民也可以擁有和佩戴。尤其是清代乾隆時期，由於朝廷對西域的用兵，打通于闐和中原的通道，使得于闐的美玉得以源源不斷的運送到中原來。同時，由於北京造辦處玉料工匠手藝的不斷發展和進步，以及乾隆皇帝對於各種玉器的偏好，使得玉器的發展達到了頂峰。

于闐是聖經中的伊甸園？諾亞方舟就停在這裡？

自古以來，有關「伊甸園」的神話傳說，就像一塊巨大的磁石，深深吸引著人們。對於這片美麗的聖土，也有著這樣或那樣的傳說和描述。

可是，伊甸園是西方神話中的美好世界，似乎和東方文明有著較大的距離，可是最近卻**有學者提出于闐就是《聖經》中所說的伊甸園的觀點**。這個觀點可說是橫空出世，引來無數關注的目光。

這些學者認為，《古蘭經》和《聖訓經》說，天堂樂園（伊甸）裡有四條河從真主的寶座下湧出，這四條河是不變色的水河、不變味的奶河、濃烈的酒河和純淨的蜜河。《聖經》還說：「神就照著自己的形象造人。」、「神在東方的伊甸建立了一個園子（即伊甸園）。」。而據《山海經》和《大唐西域記》的記載，古于闐也有四條河，即于闐縣的克里雅河、策勒縣的策勒河、和田市的白玉河、墨玉縣的墨玉河。

《聖經》在記載諾亞方舟的故事時說：「七月十七日，方舟停在亞拉拉特山上。」據《水經注》記載：「且末河東北流，徑且末北，又流而左會南河，會流東逝，通為注濱河。注濱河又東經鄯善國北治伊循城（即新疆米蘭的伊循故城），故樓蘭之地也。」**方舟停的「亞拉拉特山」或伊斯蘭教說的「朱定山」，其實都是「伊甸」或「于田」的不同發音而已。**

另外，尼雅河中的「尼雅」與「諾亞」發音相似。「諾亞」英文為「Noya」，「尼雅」梵文為「Niye」，二者發音相似。在《聖經》中，凡是提到方舟的地方，都沒有出現船艙、甲板、桅杆、船帆等象徵船的字樣，反而提到三間屋子、門、窗戶和天窗等，象徵一排平房或一座樓房的字樣。因此，方舟實際上是三間相連的木造平房，或是一座三層木造的樓房。《聖經》記載說：「四十晝夜降大雨在地上……水往上漲，把方舟從地上漂起……方舟在水面上漂來漂去……共一百五十天。」這些話意味著經過四十晝夜大雨後，諾亞那幢三間泥牆平房的泥全被大雨沖掉，最後被水「從地上漂起」。

二十世紀末，考古工作者在塔克拉瑪干沙漠進行考古調查時，意外在距傳統尼雅遺址以北約四十公里處，發現一處房屋遺址。這座房屋的大部分被流沙掩埋，從

▲ 疑似諾亞方舟遺址

其暴露部分看，其中一面殘牆長三．三公尺，地面殘留九根立柱。在房屋遺址周圍，考古人員還採集到春秋戰國時期製造青銅器的坩堝、石鐮、陶罐、銅刀、紡輪、骨珠等個各類典型文物標本。這處房屋遺址與《聖經》中的諾亞方舟形象極為相似。

除此之外，這位專家還提出進一步的證據。世界上叫米蘭的地名遍布世界各地，共有三十三個，其中四個在歐洲，二十三個在南美洲和北美洲，五個在亞洲，一個在非洲，遠遠超過其他任何一個地名。這正是由於亞當和夏娃的後裔在大洪水後，是以新疆米蘭為起點向世界各地擴散的。

塔克拉瑪干，在維吾爾語裡還有兩個含義，一是「過去的家園」，二是「地下埋有珍寶的地方」，這兩個含義都說明：**塔克拉瑪干曾是人類過去的家園，即伊甸園**，而被大洪水和大流沙埋藏在塔克拉瑪干沙漠下的古文化遺跡和珍寶遺產，不計其數。

最後，歷史上對于闐這個地名的記載，最早見於西漢司馬遷編撰的《史記》。于闐，是突厥語的漢語音譯，「于闐」、「伊甸」發音相似，再次印證以上論點的可靠性。

認為于闐就是《聖經》中所記載的伊甸園，此觀點驚世駭俗，在學術界還沒有被廣泛認可，而且也遭到一些學者的反駁。有學者認為，于闐真正的含義是「花園」。漢文古籍《翻梵語》一書，將于闐譯為「優地耶那」，並在後面解釋說，這個名字的意思是「後堂」。「優地耶那」就是梵語的「Udyana」，真正的含義是「愜意的果園」或「花園」。有人因此認為，于闐其實就是花園，是于闐人對自己的綠洲之國的稱呼。

還有觀點認為，「于闐」的意思是「漢人」。清代學者椿園的《西域聞見錄》一書提出：

「現在的和闐就是古代的于闐，而回族人稱漢人為『赫探』。東漢曾在西域建立都護府，派任尚（東漢官吏）率領部分漢軍駐紮在這裡。後來，這些漢人就被遺留在這裡，于闐人就是這些漢人的後裔，所以回族人將他們的國家稱作赫探城。」和闐應該就是赫探的音譯，後來的清朝方志及史籍都沿襲了這個說法。

也有一些外國學者考證指出，「于闐」是「玉城」的意思。因為于闐一詞為吐蕃語，在吐蕃語中，玉石一詞為「gyu」，而在古代「于」的讀音是「khu」或「gu」。所以「于」是玉石的意思。而西藏語（即吐蕃語）中城邑、村落稱為「tong」，與「闐」讀音很相近。因此，「于闐」的含義應該是「玉城」或「玉都」，而于闐地區自古盛產美玉，這也就契合這種說法。

當然，關於于闐真正含義的觀點還有很多，但由於歷史的久遠以及史料的稀缺，在考證上面臨諸多障礙和難題。于闐是不是伊甸園，抑或是「花園」、「漢人」、「玉城」以及其他意思，還有待進一步的考證。

第2章

西南古國的不朽傳奇，國滅城在文字在

金庸小說《天龍八部》裡的大理段氏，歷史上眞有其人。夜郎國有理由自大：因爲它其實不小，而其後代使用的彝文，是世界六大古文字之一。

01 古蜀國助武王伐紂，三星堆暗示蜀道不難

四川自古就被稱為「天府之國」，這裡既有山川俊美的自然風貌：地勢多樣，青峰競豔，萬壑爭流；又有秀冠華夏的歷史人文：巴蜀文化源遠流長，名人文豪競相輩出。這片神奇的土地上，還流傳著一個個關於古蜀國的動人傳說，以至於世世代代的四川人，都很鄭重的傳下「不打杜鵑」的規矩（編按：相傳杜鵑鳥是蜀國望帝的靈魂變成的）。這些傳說在感動世人的同時，也使人們疑惑：古蜀國真的存在過嗎？有沒有古蜀國曾經存在的證據？古蜀國是個怎樣的國家？這個國家創造了什麼樣的文明？

誰也沒有料到，新中國成立之前，幾個處在亂世中的普通農民在挖堰溝時，竟然揭開通往古

▲奉祀望帝、叢帝的望叢祠

蜀國輝煌歷史的冰山一角。更沒有人料到，幾位普通農民工，竟會在施工工地上，發現古蜀國發展演變的種種證據。這一切都深深吸引著我們去探究那段曾經存在的歷史，以及那個曾經輝煌的國度。

天府之國——古蜀國神話般的歷史

「蜀道之難，難於上青天！蠶叢及魚鳧，開國何茫然！爾來四萬八千歲，不與秦塞通人煙。」這是中國唐朝偉大詩人李白，在其膾炙人口的名篇《蜀道難》中由衷的讚嘆。

在《蜀道難》中，詩仙李白以浪漫主義的手法，藝術性的再現蜀道崢嶸、強悍、崎嶇等奇麗驚險和不可淩越的磅礡氣勢。在這首描寫四川山路的詩篇中，李白也提到兩位存在於傳說中的歷史人物：蠶叢、魚鳧。同樣的，這兩個人物也在《華陽國志》（編按：一部專門記述古代中國西南地區歷史、地理、人物等地方志的著作）這部書中被提及：「有蜀侯蠶叢，其目縱，始稱王。次王曰柏灌，次王曰魚鳧。」

蠶叢，是古蜀國的第一位王，又稱蠶叢氏。他善於養蠶，傳說中蠶叢穿著左邊斜分了衩的衣服，他的眼睛像螃蟹眼睛一樣向前突起，他的頭髮在腦後梳成「椎髻」。據說，蠶叢是黃帝的妃子蜀山氏為黃帝所生的兒子。蠶叢之前的古蜀人以牧業為主，兼營狩獵和養殖。蠶叢見岷江中游和若水流域江邊的壩子很適合桑葉生長，於是到處勸農民種桑養蠶。他帶領族人繼續向東南方遷徙，他們經過今茂縣與汶川之間的茂汶盆地後，逐漸發展農耕。**西周時期**，蠶叢所在部落被其他部落打敗後，他的繼任者柏灌率領族人，逃到姚和嶲（兩地於今四川西昌一帶）。

魚鳧是古蜀國第三代統治者，正是他重新統一了古蜀國。蜀人再次東遷，從茂汶盆地東南而下，經過成都平原北端進入廣漢平原。由於**與商朝不合**，古蜀國參加了周武王討伐紂王的會盟，還曾出兵幫助武王伐紂。也就是說，如果神魔小說《封神演義》按照一定的歷史事實來寫，姜子牙所率領的討伐商紂的大軍中，應該會有古蜀國的兵士。古書《尚書》記載說：「武王伐紂實得巴蜀之師。」這就是說，**在武王伐紂的過程中，古蜀國的軍隊起了十分重要的作用**。更有意思的是，據說古蜀國軍隊出戰時，都是手舞足蹈、一路歡歌。有人解釋這是用悠長宛轉的號叫增添軍威，用請神明附體的舞蹈儀式來增添勇氣。可是神明之事畢竟虛無縹緲，不過如此號叫與怪異的舞蹈，確實可以對敵人產生震懾的作用。

▲古蜀國叢帝陵

巴蜀有著得天獨厚的地理條件，既有險可依，又有肥沃的土壤、豐富的礦藏、成群的野生動物——**至今四川等地仍有「天府之國」的美稱**。由此可知，如此得天獨厚的地理條件，不是存在一天兩天了。因此，雖然在討伐商紂的戰爭中，古蜀國付出極大，但人們的生活基本上還是溫飽幸福的。可是，古蜀國的人民曾為食鹽問題而困擾。當時古蜀國的食鹽都是從川東、三峽地區買回來的，而川東、三峽地區做食鹽生意的巫臷和巴人之間，就因為爭搶客源產生極大的矛盾，後來兩個部族展開激烈的鬥爭。這樣的局面影響到古蜀國的食鹽供給，為此，作為西南最強大的政權，**古蜀王魚鳧派出一支隊伍駐紮在瞿塘峽以西地區**，以阻止巫、巴的紛爭，保證長江鹽運暢通無阻，一面暗中自己動手採鹽、製鹽，以避免古蜀國的食鹽供給因巫巴之爭而間斷。這支隊伍在白帝城西的河灘上壘石紮營，據說石壘縱橫八行，共六十四壘，形成一個類似八卦的圖案；後來，陰差陽錯之下，這個奇特、壯觀的圖案，就被記到智慧的化身——蜀相諸葛亮的名頭下，**成了大名鼎鼎的「八陣圖」**。後來，四大名著《三國演義》中，諸葛武侯還用這個神祕奇特、鬼神莫測的八陣圖，阻擊東吳陸遜的追兵。當然，這都是歷史上的傳說，事實究竟如何，還有待於歷史學家進行嚴謹的考證。

春秋初期，望帝杜宇從魚鳧家族接過古蜀國的王位。杜宇的故事最多、最美，傳播也最廣。史書上說：「七國稱王，杜宇稱帝，號曰望帝。」據說，杜宇是從天而降，而他的妻子則是從井中出來的，他的最大功績是教民務農。

古蜀國經常發生水患，雖然望帝想盡各種方法來治理水災，但始終不能根除水患。有一年，從河裡逆流漂來一具男屍，屍體被打撈上來後，便復活了，他稱自己名叫鱉靈，因失足落水，從家鄉一直漂到這裡。望帝與其交談，一見如故，於是任命他為蜀國的宰相。不久，大洪水再次爆發，鱉靈接受治理洪水的任務，帶領民眾打通巫山，使水流向長江，從而根除水患，杜宇十分感激，自願把王位禪讓給鱉靈。

鱉靈成了新的古蜀王後，號稱開明帝，又叫叢帝。鱉靈上位初期非常愛惜人民，蜀國國泰民安，但日子久了，叢帝逐漸變得專橫跋扈，望帝見狀勸說叢帝，叢帝卻關起宮門拒絕接見。**望帝無可奈何，化身成杜鵑鳥，飛進宮內悲啼**。叢帝為其所感，恢復愛民本心，但望帝卻無法恢復人身了。然而，鱉靈統治下的古蜀國，在鱉靈子孫手中不知什麼原因很快就滅亡了，關於古蜀國的各種文獻資料也無法尋覓，古蜀國從此消失。

從蠶叢、魚鳧，到杜宇、鱉靈，史書與神話為我們勾勒出一個富有浪漫色彩的神祕古蜀國，這個神祕的王國也令無數人無比神往。

農民挖到寶：世界文化遺產之最——三星堆文物

蠶叢、魚鳧，到杜宇、鱉靈的歷史，雖然有著歷史資料，更有著無數的民間傳說，但都由於年代的久遠，顯得有些模糊不清，甚至真假難辨。歷史，是講究證據的，而最好的證據就是考古發現。

二十世紀初某個淒冷的清明節，**廣漢三星堆月亮灣**的川西平原農民燕道誠祖孫三人，從自己的屋子裡出來，打算在離家不遠的林盤地溝邊挖一個水坑，然後用水車把低窪處的水輪送到高處灌溉。這對於億萬農民來說，只是個極為普通的日子，然而，**這三個普通的農民卻**

在這次勞動中，喚醒沉睡數千年之久的古蜀文明。

燕道誠之子燕青保當年可謂年富力強，是個十分精壯的漢子。就在他高高舉起鋤頭又重重落下、鋤頭與地面接觸的一瞬間，一道火星從祖孫三人眼前劃過，與此同時，發出堅硬物體發生碰撞的聲音。燕青保感覺握著鋤柄的虎口和手指被震了一下，他以為挖到石頭，起初並不在意。可是，當他換個位置繼續挖時，鋤頭和地面接觸的瞬間還是發出「砰」的一聲，這一回他確信下面有著不尋常的東西。他把鋤頭擱在一邊，蹲下身子刨開泥土，出現在他面前的並不是一塊普通的石頭，而是一塊跟磨盤一樣的大石環。此時，這祖孫三人才意識到這次的發現非同一般。

燕青保用手摸了摸，又握住石環的邊緣用力一掀。下一刻，石環動了，機關也被開啟，露出一個長方形的神祕土坑，坑內堆滿著許許多多色彩斑斕的玉石器，呈現在他們祖孫三人的面前。在這一大坑玉器面前，燕道誠一家先是目瞪口呆，接著馬上意識到他們時來運轉的日子到了。他們按捺住激動的心情，環顧四周，眼見沒有人注意到他們，便馬上將這些玉器掩埋起來。古人云否極泰來，就在得到這些無價之寶後，燕青保和父親燕道誠都突然得了一場大病，而且這病險些要了這對父子的性命。他們由此認為這是神靈對燕家的懲罰，便將這份意外之財分送給親朋鄰里，好求得破財免災、保住性命。

將這些寶貝送給眾多親朋好友，自然有人因「待遇」不同而產生不滿情緒，而且也有人對燕家心存不滿，於是，這個在地下發現寶貝的事情也就不脛而走，鬧得滿城風雨。後來，華西大學博物館科學發掘隊前來發掘遺址，由於時局動亂，發掘工作只進行了十天便告結束，共獲得各種玉、石、陶器六百多件。其中包括璧、璋、琮、圭、圈、釧、珠、斧、刀及玉石器半成品共四百餘件。其中以石璧最具特色，大的石璧直徑達八十公分，小的直徑僅有幾公分。考古人員拭去玉器上的泥土時，這些精妙的千年古物，在燈下煥發出眩目的光輝。

新中國成立後，考古工作者再次發掘，前後共出土了一千多件美妙絕倫的珍貴文物，出土文物之多、價值之高，引起世界轟動。這些遺址被稱為「三星堆文明」，經考證，三星堆文物屬於三千多年前的商周時期。**三星堆遺址的發現，及三星堆文物的出土，確鑿無疑的證明三千年前古蜀國的存在**。人們開始驚嘆，蠶叢和魚鳧真的存在，古蜀國真的曾經創造過燦爛的文明！

三星堆遺址不僅出土了大量的玉器，還出土了數量眾多的青銅面具。這些青銅面具幾乎全是粗眉毛、大眼睛、高鼻梁、闊扁嘴，沒有下頦，表情似笑非笑、似怒非怒。仔細觀察

▲ 三星堆青銅面具

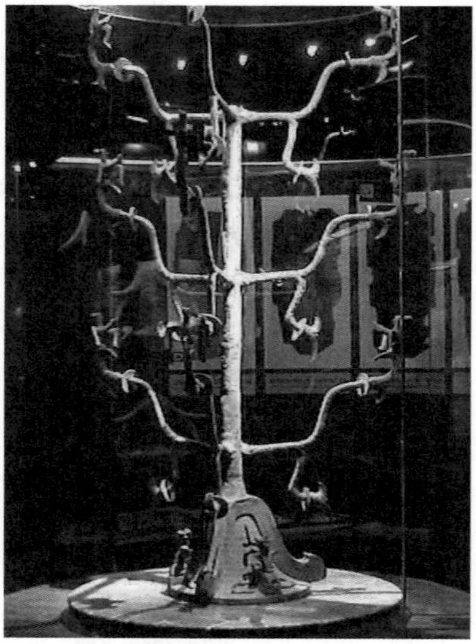
▲ 三星堆青銅神樹

這些青銅面具，兩隻耳朵上各有一個小孔。這種面具的臉形與現代當地人大相逕庭。它代表了什麼？人們百思不得其解。三星堆的神奇不僅在於它的文明高度發達，更讓人驚訝的是，在**三星堆出土的文物中，還出現了數以噸計的象牙**。象牙原本盛產於印度和孟加拉，但是在三、四千年的中土蜀國，竟然出現大象的蹤跡，如果不是象群真的在巴蜀古國生活過，就表示古蜀國對外交通極其發達。

在三星堆文物中，還出土了金杖、青銅神樹等精美的文物，這些文物與世界上著名的瑪雅文明、古埃及文明非常相近。這是否暗示中國古文明，與世界其他古文明之間存在某種聯繫？在坑中出土的五千多枚貝殼，經鑒定來自印度洋。「不與秦塞通人煙」的古蜀國，居然已經有了在印度洋區域作為錢幣使用的貝殼，實在令人覺得不可思議。

三星堆文物在中國浩如煙海、蔚為壯觀的文物群中，屬於最具歷史科學與文化藝術價值、最富觀賞性的文物群之一，在世界文化遺產中，也屬於頂尖級別的範疇。

三星堆文明為何消失？古蜀國與金沙文明有聯繫？

隨著大批精美、神祕的珍稀文物出土，輝煌的古蜀文明真實而又匪夷所思的呈現在我們面前，一連串歷史之謎也接踵而來。這些問題之中，最引人注目、最令人不解的是：從規模來看，三星堆無疑曾是古蜀國的國都，那麼三星堆又是怎樣消失的呢？

目前學術界較為流行的說法，是洪水惹的禍，部分專家認為包括三星堆遺址在內的成都平原古城群，均興建於距今三、四千年前。當時的氣候處於全球性突變氣候期，以持續性乾燥、伴以突發性洪水為主要特徵。成都平原古城群，處在青藏高原與四川盆地兩大地貌接合部，有多條河流流經，生成多個沖積扇平原，平原上的河流具有易徙的天然性質。從發掘資料可以看出，在三星堆附近發現一層二十至五十公分厚的淤泥，且文化層（編按：考古術語，指在古代遺址中，因為人類活動而遺留下的遺物、遺蹟和其他事物形成的堆積層）被破壞，被認為是三星堆遭受洪災的一項重要證據。或許幾千年前的某個夏天，成都平原大雨傾盆，一連數十天的狂風暴雨引發洪水，當洪水沖破古蜀人居住的古城時，蜀民們四處逃散。一部分蜀民被洪水無情的吞噬，另一部分倖存下來，為了躲避洪水，遷居他方。

也有人認為三星堆古蜀國，不是毀於洪水，而是毀於地震。有專家稱在三星堆附近發現的淤泥，只在一個狹窄的層面存在，而其他地方的文化層都還存在，不可能發生過大規模的洪水。從三星堆出土的文物來看，幾乎都有不同程度的灼傷痕跡，充分說明此地以前曾經發生過火災。是不是古蜀國曾發生強烈的地震，地震將古蜀國一舉摧毀，而地震後引發的火災，將這些文物燒成現在這個樣子呢？而且在幾千年前，古人生活在木造房屋中，地震十分容易誘發火災。李白的《蜀道難》中有一句：「地崩山摧壯士死。」此情形與地震類似，可以作為佐證。

也有人認為三星堆古蜀國的滅亡，是因為戰爭所致。在距今三千兩百年左右的商代晚期，生機盎然的三星堆文化發生突變，具有典型三星堆文化風格的陶器，在此時開始消失，代之而來的是大量尖底的陶器和圜底釜。其中尖底杯等，曾在商代早、中期大量流行於鄂西地區，是早期巴人所使用的典型陶器。三星堆文化最強盛時，古蜀國人的生活中心在成都平原，在川東長江沿岸和鄂西地區的勢力很弱。此時的鄂西，以使用尖底杯和圜底釜為代表的文化發展壯大，這就是早期的巴人。漸漸的，巴人將三星堆的勢力擠出鄂西地區。在三星堆文化末期，不知何故，巴人突然放棄鄂西這塊生長已久的故土，沿長江舉族西遷，用武力占據了成都平原，古蜀國人被驅逐，三星堆古蜀國文明從此消亡（編按：巴國在湖北恩施，被秦所滅）。

歷史總是在不經意間和我們不斷開玩笑，**多少年來人們一直尋找的古蜀國存在證據，竟被幾個挖水溝的農民找到**。更讓世人驚詫不已的是，在三星堆文明被發現後，**不到一百年，幾位農民竟然又在無意間，發現了三星堆文明的繼任者——金沙文明**。

二〇〇一年二月八日下午，**成都市西郊蘇坡鄉金沙村外一塊高窪不平、亂石四散的工地上**，幾十名農民工正隨一台先進的現代化挖土機，挖掘一條壕溝。就在挖土機伸出的巨手，將緊攥的一大堆泥土向壕溝外拋撒開去時，一名負責運土的農民工突然發現一些破碎的陶瓷殘片，他細心的慢慢扒開泥土，果然，一個精美的銅像出現在眼前。消息傳開後，幾個民工很快從一堆新鮮的泥土中，翻出了十幾件石人、玉人、銅人、銅牛頭、玉鐲、玉璧等精美的古器物。

當晚，考古專家初步鑒定，這處工地為一處極具研究和考古價值的遺址。第二天上午，市文物考古工作隊進駐現場，對挖出來的浮土進行翻查，並開始著手考古發掘工作。很快，他們就從遺址中清理出珍貴文物，多達一千餘件。這些文物包括金器三十餘件、玉器和銅器各四百餘件、石器一百七十件、象牙器四十餘件，出土象牙總重量近一噸。此外，還有大量的陶器出土。據考古工作者初步鑒定，這些出土文物，絕大部分屬於商代晚期和西周早期，少部分為春秋時期。

出土的三十多件金器，如金面具、金帶、圓形金飾、喇叭形金飾，與三星堆的青銅面具在造型風格上基本一致。出土的四百多件青銅器，主要以小型器物為主，有銅立人像、銅瑗、銅戈、銅鈴等，其中銅立人像與三星堆出土的青銅立人像相差無幾。石器有一百七十件，包括石人、石虎、石蛇、石龜等，是四川迄今發現的年代最早、最精美的石器。在金沙遺址中，最引人注目的是種類繁多、樣式瑰麗、價值連城的玉器。其中最大的一件，是高約二十二公分的玉琮，這個玉琮顏色為翡翠綠，雕工極其精細，表面有細若髮絲的微刻花紋和一個人形圖案，其造型風格與良渚文化（編按：中國新石器文化之一，分布地點在長江下游的太湖地區）完全一致，由於玉質優秀、色澤亮麗、雕工完美，可謂是國之重器。

當金沙遺址的第一批文物，從泥土中被發掘清理出來時，考古學家們就不約而同的驚嘆：「它們跟三星堆器物簡直太相像了。」**專家們立刻意識到，它和**

▲青銅小立人

三星堆可能有著密切的關係。

在進一步的研究工作中，考古工作者發現在金沙遺址中出土的青銅小立人，是金沙最具代表性的青銅器。而當年在三星堆出土過一個青銅大立人，它們的造型極其相似，同樣的長衣與姿態，空空的手中似乎都握著什麼東西。在金沙遺址還發現了一些青銅神鳥，它們和三星堆神樹上的掛件極為相似。專家們研究出土文物後發現，金沙遺址的出土器物，在造型風格和紋飾特徵方面，與三星堆的器物基本一致。只是，從金沙遺址的金器、玉器的製作水準分析，已明顯比三星堆時期成熟、高超。金沙遺址的年代，又略晚於三星堆遺址，種種跡象都表明，**三星堆文明因某種特殊的原因從廣漢突然消亡後，遷徙到以金沙為中心的寬闊地帶，並在此延續和發展**。

不論這種猜想是否準確，金沙遺址終於解開了一個巨大的疑惑。古蜀國在三星堆突然消亡以後，並沒有從這塊土地上「蒸發」，而是悄然遷徙到成都平原的腹心地帶，繼續以其獨特的文化面貌發展著，並在這片富饒卻相對中原文明獨立的土地上，發展出一套自己的文明體系。可以說，**古蜀國人民在金沙的生息繁衍，是三星堆文化的延續**。

▲ 青銅神鳥

02 大理國真有段正淳，風花雪月也是真的

大理古國歷史悠久、文化燦爛，是雲南最早的文化發祥地之一。遠在四千多年前，白族（編按：中國西南少數民族，列中國第十五大民族）先民就在這裡繁衍生息，秦漢之際，大理與內地的交往因蜀國古道而極為密切。如今的雲南大理，山川秀麗、資源豐富，居住著多個少數民族，是唐代南詔（編按：八世紀時興起的中國西南部古國，其國民主要由烏蠻和白蠻組成，白蠻又稱白族、民家）和宋代大理國五百年來都邑的所在地，素稱「文獻名邦」，以「風、花、雪、月」（編按：指下關風、上關花、蒼山雪、洱海月）聞名於世。

▲大理崇聖寺三塔

歷史上，**大理國是段氏的天下，金庸曾在《天龍八部》中，提到大理段氏皇族的恩恩怨怨。那麼真實的歷史，是否也如小說中描寫的那樣撲朔迷離呢？**而大理國的命運走向又是如何？

金庸小說中的「大理段氏」真是南詔開國功臣？

大理國是中國宋代以**白族為主體的少數民族所建立的國家**，疆域大致是現在的中國雲南省、貴州省、四川省西南部、緬甸北部地區，以及老撾（寮國的古稱）與越南少數地區。

大理是雲南最早的文化發祥地之一，博望侯張騫西域歸來後，關於這條通道的報告，激起漢武帝經營西南邊疆的雄心。西漢元封二年（西元前一〇九年）漢朝在這裡設置了隸屬益州郡的葉榆、雲南、邪龍、比蘇、崔唐、不韋等縣。隋朝及唐初時，居住在洱海區域的原始居民從事狩獵、捕魚，以及種植水稻和飼養家畜，有較高的農業生產水準，並在洱海西面建築太和、羊苴咩、大厘等較大的城邑；洱海的南岸建有石和、石橋等城，一度成為雲南的政治、經濟、文化中心。

唐朝興盛時，洱海周圍出現蒙巂、越析、浪穹、邆賧、施浪和蒙舍等六個「詔」（部落）。六詔中，蒙舍詔居南，故稱南詔。西元七三八年，**蒙舍詔在唐王朝的支持下，征服了其他五詔**，統一洱海地區，遷都太和城。其後，南詔逐漸擴大勢力範圍，在強盛時期，其疆域北抵大渡河，南到越北，西接印、緬邊境，東達貴州北部和廣西西部。

南詔從第一世王細奴邏，到末代王舜化貞，共經歷十三個君主的統治，於西元八九七年被權臣鄭買嗣所滅。段氏在雲南真正發展壯大起來，正是在南詔統治時期。在傳說中，段氏家族在雲南的第一位英雄名叫段赤城，他曾殺死巨蟒，被當地白族奉為「本主」，也就是地方保護神的意思。但是，這只是一個傳說中的人物，真實性不可考證。

在歷史上，段家為南詔做出了重要的貢獻。《新唐書．南蠻傳》記載，唐宣宗時，安南經略使（編按：官名，由朝廷派遣以巡按地方事務的官員，後多為高階軍官，甚至是少數民族首領的加職）貪暴，對那裡的少數民族「棠魔蠻」族進行殘酷的剝削，一斗鹽就要換他們

▲ 大理洱海

的一頭牛。少數民族不堪壓迫，與南詔大將段遷合力攻陷安南都護府，取得今紅河州南部及文山州的地盤。**段家可說為南詔創下了豐功偉績，此後，段氏家族一直都在南詔政權中擔任重要官職**。

在大理國建立以前，「大理」一詞沒有出現在有關的史籍中。據有關大理的史籍記載，「大理」一詞源於南詔國第十一世王世隆的國號「大禮國」。「禮」與「理」諧音，為「大治大理，富國興邦」的意思。

南詔後期，統治集團內部出現貴族豪強各自專政、擅權的情況。西元八五九年，**南詔第十一世王世隆改國號為「大禮國」**，想「以禮治國」，力圖維護搖搖欲墜的統治。西元九〇二年，權臣鄭買嗣殺了南詔第十三世王舜化貞，推翻立國近兩百年的南詔國，建立了「大長和國」。西元九二七年，東節度使楊干貞殺了大長和國第三世王鄭隆亶，滅了大長和國，擁立清平官趙善政為國王，國號「大天興國」。十個月後，楊干貞又廢趙善政而自立為王，國號「大義寧國」。

他們彼此混戰，實行苛政重賦，百姓紛紛起義。九三七年，**通海節度使段思平**以「減爾稅糧米半，寬爾徭役三載」的諾言，聯合滇東三十七部，滅了楊干貞的大義寧國，占領大理地區，**建立號稱「大理國」的新政權**。自此，大理開始以其國名在史籍中出現。

從西元九〇二年到西元九三七年，南詔滅亡後的三十年間，洱海地區三個短命王朝倉促更替，民不聊生。在分崩離析的歷史背景下奪取政權的段思平，建立政權後，「更易制度，損除苛令」，實行新政、改革舊制、推行禮治，取國號為大理，就是要大大調理各方面的關係，以適應生產力的發展。「理」與「治」同義，「大理」即「大治」的意思。從此，大理一詞便成為以洱海為中心的白族地區之專有地名。

西元九三七年，段思平滅南詔建國，國號大理。段思平是大理的締造者，大理喜瞼（今喜洲）人，祖籍甘肅武威，祖上世代為南詔大臣，威名顯赫。**段家為南詔的開國功臣，段氏家族一直都在南詔政權中擔任重要官職**。到了段思平這一代，段家家道中落。段思平年幼時，「惟甘貧度日」，年紀稍長，又牧羊山中。儘管如此，世宦家庭培養出他的治世才幹及文韜武略。成年後，段思平由於武藝超群、才幹出眾，被升為幕覽（各府副將），後來他因積功升至通海節度使，成為統轄一方的大將。

段思平傳十二世至段廉義時，權臣楊義貞於宋神宗元豐三年（西元一〇八〇年）殺段廉義自立。四個月後，善闡侯高智廉命其子高升泰起兵誅殺楊義貞，立段廉義之侄段壽輝為王，後段壽輝傳位給段正明。宋哲宗紹聖元年（西元一〇九四年），高升泰廢段正明，自立為王，改國號為大中國。升泰去世後，其子遵遺囑還王位於段正明之弟段正淳，段氏復立，史家稱之為後理國。西元一〇九六年，段正淳復改國號為大理。

西元一二五三年，大蒙古國忽必烈「革囊渡江」征雲南，滅大理國，後建雲南等處行中書省，原大理國王段氏被任為大理世襲總管。

爭權失敗、人心向背，大理皇帝大半都出家

有人曾經說過，如果想要學習佛學，可是又因為學歷有限，無法明白參悟深奧玄妙的佛理，最好先從武俠小說開始學起。由此可知金庸先生的小說《天龍八部》和佛學、佛教淵源之深。在《天龍八部》中，西南的大理國和佛學有著極為深遠的關係，大理國的天龍寺更是神祕無比、令人神往。而一燈大師、段譽等段氏家族成員，都是擁有絕世武功的高人，他們行俠仗義、愛民如子。歷史中是否真有段正淳、段譽等人？他們的為人又是怎樣的呢？

其實，金庸武俠小說中的人物也並非全是虛構。在大理國中，第十六位國君名叫段和譽，小說中稱為段譽；第十八代國君名叫段興智，小說中稱為段智興。

大理國的宮廷似乎有種特殊的風氣，就是出家。據歷史記載，從西元九三七年大理建國開始，一直到西元一二五三年大理王朝滅亡，**在二十二位皇帝中，竟先後有十位出家做了和尚**。這十位帝王中，除了第二代皇帝段思英因權位之爭被迫遜位為僧，其他九位都是自願放棄江山社稷出家的。這在中國歷史上是絕無僅有的現象，實在是中國帝王史上一抹獨特的風景。南北朝時期，梁武帝蕭衍篤信佛教，曾四次皈依佛門，都因群臣的苦諫仍然歸座龍椅。清朝順治皇帝也曾因情路坎坷而試圖出家，卻被其母后阻止。此外就別無帝王出家之事了。

為什麼坐擁江山美人的帝王，會甘願放棄多少人夢寐以求的地位與財富，去做個整天吃齋打坐、念經誦佛的和尚呢？**這與大理國以佛立國、以佛治國、全民信佛的社會意識形態有**

關。佛教思想在大理的統治地位，從南詔晚期隆舜把佛教遵為國教開始，代之而起的大理國一以貫之的承襲下來，直到元代還依然如故。元朝的行巡使郭松年在《大理行記》中曾描述道：「此邦之人西近天竺，其俗多尚浮屠法。家無貧富，皆有佛堂，人不以老壯，手不釋數珠。」在人們的思想觀念中，國家的災祥禍福，都與當朝的帝王有關，與他們前世今生、所作所為有著因果關係。國家一旦出現某種災禍的徵兆，便是帝王孽障纏身，只有出家，才能消災免難。不過這些帝王出家的原因又各不相同，**具體原因分為在爭權中失敗、被廢為僧出家、人心向背被迫出家**等等。

大理國十位出家的帝王各有各的故事，但都毫無例外的體現著上述的思想觀念。當今人們耳熟能詳的段譽（段和譽）就是典型的例子。

段和譽是大理的第十六代帝王。他並不像小說中塑造的那樣，是一位多情的風流才子，從政績來看，他可說是一位文韜武略的優秀帝王。段和譽自幼聰明好學，二十六歲時繼位，年紀輕輕就曾幾次平定三十七部的叛亂。他還採取緩和的外交政策，與周邊的國家——尤其是宋朝，保持著十分友好的往來關係。在對內政策上，段和譽勤政愛民，十分同情社會底層的百姓，仁慈治國，減輕徭役賦稅。因此，那時大理境內的人民都十分擁護他。

在段和譽長達三十九年的統治時期內，國家政治穩定，外無戰事，經濟繁榮。那麼他又為什麼會在自己生命中最輝煌的時期急流勇退，選擇出家作為人生的最終歸宿呢？這與他的兒子們有著重要的關係。段和譽的四個兒子為了爭奪皇位，明爭暗鬥，每人都有自己的勢力集團，把整個朝廷弄得烏煙瘴氣、不得安寧。段和譽對這幾個兒子的行為很是失望，萌生了退位的打算。後因彗星出現，他認為國有不祥之兆，於是便禪位出家無為寺，法號廣弘，終年九十四歲，是大理國最高齡的王者。

當然，大理國的帝王出家，生活上的享受自然與一般人不同。野史記載大理國民謠曰：「帝王出家，隨臣一邦，嬪妃一串，素裹紅妝。出家猶在家，舉國敬菩薩，早晚拜大士，禪室如世家。」生動的描繪帝王出家這一特殊的歷史現象。也正因**大理國的統治者們秉承「以佛治國」的思想，以佛家的學說來化解各種社會矛盾，包括權力之爭、協調各種關係**，因而在大理國延續三百一十六年間，沒有發生過什麼大戰爭、大動亂或宮廷殺戮之類的血腥事件，**是中國歷史上延續時間最長的封建王朝**。

▲ 大理城門

至今無據可查的大理王陵，是否存在？

從唐貞觀二十三年（西元六四九年）蒙氏崛起，直至蒙古憲宗三年（西元一二五三年）忽必烈滅大理國為止，在六百零四年間，大理先後共有三十八位國王、皇帝登上歷史舞臺。加之元代十二位大理段氏總管（除非正常客死他鄉返葬的段功外）的陵墓，**大理王陵既不見於歷史文獻，也沒有遺跡所在，是否真實存在，至今仍撲朔迷離**。

在中國歷史上，基本上每個王朝都有自己的墓穴，如秦始皇陵、明十三陵等等。每一座帝王陵墓的發現，都為人們解開歷史的密碼，引起舉世的轟動。按理說，自秦代以來，兩百年以上的朝代沒有幾個，而大理名列其中，這說明，在歷史的長河中，大理王朝曾經非常風光，那麼按照歷史傳統，必然會有屬於大理皇室的王陵。然而，關於大理王陵是否真實存在，既沒有傳世文獻提及，也沒有考古證據證實。

唐《蠻書》和明代野史《淮城夜語》一書殘卷中，對南詔、大理國王陵之事略有記述。但同樣一件「王陵」事，兩書結論不同，加之各種版本的民間傳說，眾說紛紜，莫衷一是，又無實物遺跡發現，王陵之事更是真假是非難以定論。

《淮城夜語》中記載，南詔後期，大臣鄭買嗣忘恩負義，起兵謀反篡位，殺害了第十三代國主舜化貞，推翻南詔國。接著大開殺戒，殘忍的滅絕蒙氏皇室家族八百餘口於首都五華樓下。不久，又大逆不道的挖掘歷代南詔王陵，取走地宮隨葬物品，將遺體全部焚燒，再拋屍於滾滾波濤的滄瀾江水之中。

元末明初，葉榆七子先後九次親作考證。他們到南詔發祥地巃圩圖山、巍寶山、文華山諸山間考察，均無獲，再去五印山尋訪。眾人發現深藏於山巒之中的古墓遺坑數十，墓室皆已被掘盜過。葉榆七子推斷，這當為歷代南詔國王及嬪妃皇族陵寢之所，為鄭買嗣及其黨羽所為。

照此推斷，段氏繼承南詔疆土改國號大理，鑒於前朝王陵劫難，自此不再興建王陵地宮。上至國王下至達官，死後一律仿效佛教之僧人涅槃，遺體火化，收骨殖（編按：屍體經焚燒後遺留的骨灰和骨頭）保存於崇聖寺三塔地宮，後轉移藏匿於觀音山佛光寨山洞中安歇供奉。這一說法，似乎也說得過去。

也有人認為，大理畢竟只是個邊陲小國，自然無法與中原王朝相比，他們沒有實力修建王陵。還有人認為，這與大理信奉佛教有關，時興火葬，所以無須為保存屍骨大興土木。

關於大理王陵的民間傳說很多，但都沒有確切的證明。二○○一年，政府曾組織一支由文史、考古、地質單位有關人員組成的王陵考古隊。他們跋山涉水、風餐露宿，**以今天巍山縣、劍川縣、大理市、彌渡縣為重點**，在全市轄區屬縣內，進行大規模的考察、發掘、研究、民訪。歷時半年的考察發掘中，考古隊員們攜帶現代化探測儀器，陸續出土了一批批珍貴的青銅器、鐵器、陶瓷、瓦當，但是，有關歷代大理國王陵遺址的下落仍無蛛絲馬跡，考古隊整理上報的一期期工作簡報上，王陵遺址之謎始終沒有實質的突破。

遙望歷史，忽必烈於西元一二五三年親率大軍遠征滇境，用皮筏渡過金沙江，翻越點蒼山，滅大理國。**元軍下令，盡數焚毀南詔、大理兩朝所有文獻典冊**，連遍布各地寺院民宅的碑刻勒石，都命士兵一一掘出砸為碎塊，唯留《南詔德化碑》。一時間，滇境歷代的文獻禁絕毀棄，歷史斷層繼而出現。這些國王們的王陵是否真的存在過，從此無據可查了。只希望，這個千古之謎有一天也如秦始皇兵馬俑發現時一般，突然闖入人們的視線，轟動世界。

▲ 南詔德化碑

03 夜郎自大有理，彝族文字使用幾千年

在中國，流傳著一個婦孺皆知的故事：夜郎國在漢朝時是個小國，地處偏遠、土地貧瘠，但是**夜郎國王卻一點也不覺得自己的國家小而貧窮**；相反，他還很驕傲的認為夜郎是個又大又富裕的國家。有次，漢朝的使節到夜郎國訪問時，夜郎國國王竟然問漢使說：「漢朝和我的國家相比，到底哪一個大呢？」漢使聽了忍不住掩口而笑，不知該如何回答。

夜郎國因此得「夜郎自大」之名。從此，夜郎自大就成了自以為是、驕傲自大者的代名詞。夜郎國真是個彈丸小國嗎？夜郎人創造了怎樣的文化？

▲銅虎：夜郎民族崇拜圖騰和權力的象徵

一個愚蠢的問題讓小小的夜郎國青史留名

「夜郎自大」是在中國流傳了千百年、婦孺皆知、耳熟能詳的成語。當年，那位地處蠻荒之地的夜郎國國王，向漢朝使者發問「漢孰與我大」時，就註定他以及他的國家，會因為這個不明智的發問而貽笑千年。

「福兮禍之所伏，禍兮福之所倚」，也正是**因為有了夜郎王的這個愚蠢發問，才使得夜郎國這個原本不為人知的偏僻小國，留在人們的印象中，也留在史冊上**。

夜郎是中國秦漢時期，在西南地區由少數民族建立的國家。西漢以前，夜郎國名無文獻可考。夜郎之名第一次問世，大約是在戰國時期，楚襄王（西元前二九八年至前二六二年）派「將軍莊蹻溯沅水，出且蘭（**今貴州福泉縣**），以伐夜郎王」，「且蘭既克，夜郎又降」（常璩《華陽國志．南中志》）。在《史記》的記載中，夜郎國有精兵十萬，是生活在貴州一帶、建起城市的農耕民族。

夜郎國被中原政權記述的歷史，大致起於戰國，至西漢成帝和平年間，夜郎王脅迫周邊二十二邑反叛漢王朝，被漢使陳立所殺，夜郎也隨之被滅，前後約三百年。**之後古夜郎國便神祕消失，這個古老的文明在中原史籍記載中，留下了一團迷霧**。

彝族是個古老的民族，有自己的風俗、自己的文字。在他們的文獻記載中，竟然有關於夜郎國的詳細記述（彝文與甲骨文、蘇美爾文、埃及文、瑪雅文、印度哈拉般文，並稱世界六大古文字）。根據彝族的史料可知，夜郎興起於夏朝時期，歷經武米夜郎、洛舉夜郎、撒罵夜郎、金竹夜郎四個朝代，王朝於後漢時終結，歷時大概有兩千餘年。武米歷史時期又分為夜郎、采默、多同、興和蘇阿納四個歷史階段。夜郎時期，夜郎國只是一個較強大的奴隸制君長國。從國王采默即位開始，以夜郎為首，四周的小國建立起聯盟，並與周朝建立了聯繫。采默夜郎統治的聯盟有五個成員國；多同夜郎統治的聯盟有六個成員國；興夜郎統治的聯盟有十個成員國，其中有七個歸其直接統治；蘇阿納夜郎統治的聯盟有九個成員國；蘇阿納之後，夜郎盟長轉移到佐洛舉部落，是為洛舉夜郎。洛舉夜郎曾經統治十個成員國，但這一代夜郎王朝，在首領佐洛舉死後就斷了香火，來自武部分支的撒罵繼任盟主，建立撒罵夜郎。其後，又有人建立更為強大的金竹夜郎。只是，後來金竹夜郎惹怒漢王朝，才引來國破家亡的大禍。

夜郎奴隸制聯盟有濃厚的軍事性。為了共同和各自的利益，各聯盟國在夜郎國的指揮下作戰；戰事結束或夜郎國實力衰減時，一些盟國就可能脫離出去，各自為政。當時那裡的戰爭非常頻繁，其中有關夜郎的戰爭最多。

夜郎的最高統治集團由君、臣、師和匠組成。師有些像祭司，又有些像史官，負責講解道理、規矩、記載歷史事件和君王的言行；君則按照規矩發號施令；臣和匠按君的命令行事，臣主要管理行政和領兵征戰，匠則專門管理經濟事務，領導生產、建設。由此可見，夜郎有一整套嚴密的經濟、文化、政治和軍事制度。

那麼，組成夜郎國的主體族屬是什麼人呢？或者說，誰是夜郎國的主人？

不少學者認為，**夜郎的主體民族，應當是彝族的先民——羌人**。因為夜郎和彝族一樣，在日常的生活、祭祀、慶典中，都有著各式各樣竹崇拜的民俗傳統（編按：富於歷史意蘊的竹，曾經作為圖騰被西南一些少數民族所崇拜），這在其他民族來說是比較少見的。與此同時，考古工作者在可樂漢墓發掘出的套頭釜和銅戈上，有老虎的形象，一些死者頸部也發現有虎形飾物，而據彝族民間傳說，彝人最早的祖先正是老虎；在出土的隨葬品中，還有一個赤腳、圍裙的人物形象，其頭飾與今天彝族仍然流行的「英雄結」十分相似。就這樣，夜郎人來源於羌人的觀點，成了比較受支持的觀點。

可是，由於歷史的久遠、文獻的稀少，還有一些人對這個問題抱著不同的觀點。有學者認為，**夜郎的主體是來自徐淮夷的「謝人」**。西周時，周王室把東夷（編按：中原居民對黃河流域下游居民的總稱）集團的徐淮夷居住之地謝邑，賜給申侯作封地；謝人因難以忍受周人的壓迫，逃亡黔中，成為後來夜郎人的先祖。

▲夜郎特色銅孔雀

也有考古工作者認為，**現在的仡佬族就是夜郎的主體民族**。仡佬族是「濮人」的後裔，魏晉時稱作「僚」，隋唐後改稱「仡佬」，是當地歷史最久遠的土著。他們自稱是貴州「本地人」，民間也流傳著「蠻夷仡佬，開荒闢草」的說法，而且仡佬族至今還保留著竹崇拜的民俗，例如祭祀先祖時必須在神龕上放置一節竹筒，以表示自己是那個產自竹筒、以竹為姓的夜郎侯的後代。

還有人認為，**夜郎人發展成現在的布依族**。布依族的先民濮人，其族源可以向上推溯到古越人。布依族的「布」就是「濮」字的對音；夜郎的「夜」就是「越」字的對音，也就是布依的「依」字。「郎」是壯侗語「竹筍」一詞的記音。所以夜、郎兩個音節合起來，表示的是「以竹為祖先的越人」；「布依」則是指「百越族系中的濮人」。此外，文獻記載中夜郎境內的某些郡縣名，可以用布依語得到解釋，這些郡縣的疆域也與布依族在貴州的分布地大致吻合，所以，夜郎的主體民族應當

▲ 古夜郎遺址

是布依族。

夜郎作為一個古老文明的國度、作為中華民族燦爛文化的組成部分，它至今的種種未解之謎，也許會隨著考古發掘的不斷深入，和史料的進一步豐富一一揭開，讓我們拭目以待吧。

夜郎的都城所在地與「竹」太郎傳說

從史料記載來看，**夜郎並不是一個彈丸小國**，那麼，在夜郎故地中，古夜郎國的「首邑」，即該國的政治、經濟、文化中心又在哪裡呢？這個問題，史學界已經爭論了幾百年。總括各家的說法，大體有三種。

首先是貴州長順縣廣順鎮說。關於夜郎國的起源，在《後漢書》中記載了這樣一個傳說：一天，一個女子在河邊洗衣服。突然，一根三節長的大竹子從水中漂到女子的腳邊。女子想把竹子推走，但推了幾次，竹子仍舊漂回來。此時，女子有些動怒了，想要擼胳膊、挽袖子好好把這根竹子推走。可就在此時，竹子裡傳來嬰兒的哭聲。她很詫異，於是把竹子帶回家，用柴刀破開，竟然在裡邊發現一個男嬰。善良的女子把嬰兒養大成人。嬰兒長大後，有著超常的天賦，又透過刻苦的學習成為一個文才武略、智勇雙全的人。他憑藉自己的才智，迅速在西南崛起，統一各族，成為第一代夜郎國王。為了紀念自己的身世，他還以「竹」字作為自己的姓氏。（「有竹王者興於遁水，有一女子浣於水溪，有三節大竹流入女子足，推之不肯去。聞有兒聲，取持歸，破之，得一男兒。長養有才武，遂雄長夷狄，以竹為氏。」）

以上是來自民間的傳說，生動的反映了夜郎的建國經過。夜郎在西漢後期逐漸建立政權，而竹崇拜則成為夜郎的一種標誌。「貴州長順縣廣順鎮」為古夜郎文明中心的說法，就是建立在這個基礎上。廣順鎮，坐落在天馬山下，左有美女山，右有郎山、夜合山。當地人代代相傳，說夜郎國時的金竹夜郎王府就坐落在這裡。當地老百姓稱那裡的古城池為夜郎王府、竹王府等。「竹」字與「夜郎」的同時存在，也證明夜郎國「竹崇拜」的猜測。現在，那裡仍可看到殘垣斷壁的舊址。古城池面積為二平方公里，有四個出口，內有兩道城牆，用土石築成。近代，人們在郎山西側山下墾荒時，還曾挖出金劍、方印、青銅匙等多種文物，也挖出過多處古夜郎的墳墓。

其次，**夜郎的都城還有貴州畢節赫章可樂說**，在近年發現、整理、翻譯、出版的《夜郎史傳》等彝文文獻中，古夜郎的中心被指為可樂。新中國成立後，考古學家還在可樂發現大量的戰國、西漢、東漢文物。可樂，彝文古籍稱為「柯洛倮姆」，意為「中央大城」，史志記作「柯樂」，後演變為「可樂」。今天雜居可樂的彝、苗、布依等少數民族中，以彝族人最多。據彝文古文獻記載，兩漢時期，與貴州可樂齊名、能稱「倮姆」的，有成都（勒姑倮姆）、重慶（儲奇倮姆）、昆明（勒波倮姆）等西南地區的著名城市。可樂地區的建制沿革，前人缺乏考訂，但將歷史的發掘與文獻對照研究推斷，在戰國至秦漢時期，很可能是屬於夜郎國的重要邑聚或旁小邑的境地，也說明可樂在貴州古代歷史上曾經占有重要地位。

另外，還有湖南沅陵說。二〇〇〇年五月，考古學家在**湖南懷化沅陵**，發現一個龐大的巨型墓葬群，其年代在戰國至漢代之間，大部分墓葬規模超過長沙馬王堆漢墓，和一九九九年全中國十大考古發現之一——沅陵虎溪山一號漢墓。專家推斷，墓主可能就是夜郎王。沅陵有很長一段時間，為夜郎古國的文明中心。他們提出自己的依據，唐代大詩人劉禹錫於唐永貞元年（西元八〇五年）被貶至朗州（今常德），期間作《楚望賦》云：「武陵（西漢初年幼黔中郡改名）故郢（楚都，代指楚國）之裔邑，夜郎諸夷雜居。」指的是古黔中境內，為夜郎各族雜居之地。唐代大詩人李白所作的《聞王昌齡左遷龍標遙有此寄》云：「楊花落盡子規啼，聞道龍標過五溪。我寄愁心與明月，隨君直到夜郎西。」這裡的夜郎指的是今日的沅陵。這首詩被收入明代萬曆年間的《辰州府志》和《沅陵縣志》。《唐人七絕詩釋》一書為這首詩注解時特別說明：「此夜郎在今湖南省沅陵縣。」因沅陵戰國時為夜郎都城（中心），故梁天監十年（西元五一一年）「闢沅陵縣置夜郎縣」（《沅陵縣志》）。

沅澧流域是中國稻作文化的主要發源地，可考的歷史近七千年。可想而知，戰國時期沅陵農耕十分發達。《史記》與《漢書》均稱夜郎「其人皆稚結左衽，邑聚而居，能耕田」。既然沅陵曾是夜郎古國的文明中心，而沅陵有夜郎王的陵墓，也在情理之中。

神祕的「套頭葬」，這些人是巫師還是氏族首領？

墓葬文化在中國具有幾千年的歷史，伴隨著華夏文明誕生而同步發展。**華夏遠古的先民們在創造華夏文明的同時，也在譜寫著中國墓葬文化史**。同時也給今人留下很多不解之謎。

在眾多歷史知名的墓葬文化中，於貴州省畢節地區夜郎國可樂遺址發現的套頭葬文化，更因夜郎國這個充滿各種歷史謎團的古國，而顯得格外神祕。

一具數千年以前的屍骨靜靜的躺在墓穴中，頭頂套著一件銅釜，或是鐵釜、銅鼓的大型金屬器，有的足部也套一件銅釜或鐵釜，或墊一件銅洗（銅製的盥洗用具）。這就是可樂最重要的考古現象——套頭葬。可樂發現的套頭葬，在國內外可謂獨一無二。

▲套頭葬

可樂地處烏蒙山腹地，平均海拔一千九百九十公尺，可樂河自西向東流過。可樂遺址（古墓群）幅員九．四平方公里，由三個遺址和十五個墓群組成，**約有古墓上萬座**。自二十世紀六〇年代以來，該地進行過多次發掘，共發掘墓葬兩百七十一座，出土文物近兩千件。目前發掘的墓葬尚不足四%，有「貴州考古聖地、夜郎青銅文化殷墟」的美譽。屬於古代夜郎時期「南夷」民族、戰國至西漢時期的墓葬有一百零八座，在許多重要發現中，最引人注目的是奇特的「套頭葬」等特殊葬式。

專家們發現，使用套頭葬的墓只占一小部分，這類墓中有較多隨葬器物，有某種威嚴、神祕的氣氛。由此，專家推斷，死者的身分定與常人不同——**他們是夜郎民族的中下層巫師，還是地位尊崇的氏族首領**？除套頭葬之外，可樂的出土文物，為復原夜郎文化提供豐富的線索；比如，具有鏤空捲雲紋的銅柄鐵劍，顯示出高超的鑄造工藝，銅戈提供夜郎文化在地域分布上的重要資訊。一具「干欄」式陶屋模型，展現了中原建築文化和夜郎建築文化的融合。

04 殺奴祭祀，有錢沒文字：滇國

一九九五年三月三日，雲南省博物館在晉寧石寨山的首次發掘中，發現大批精美的青銅器、黃金飾品，以及一個早已消失在人們視線中的古老王國——滇國。

兩千多年前，滇池沿岸有過一個古老的王國，司馬遷在《史記》中稱之為「滇」，然而**從一世紀開始，滇國就銷聲匿跡了**；人們不知其為何消失，關於滇國的一切都湮沒在歷史的長河中。這次滇國重現人間，使得璀璨的滇文化，得以被人們所銘記。它就像一顆耀眼的明珠，在歷史的塵埃中沉睡了兩千多年。今天，抹去塵埃的它，再次發出奪目的光芒，我們將發現它的美豔、它的迷人……。

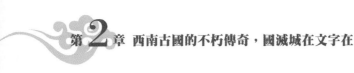

古墓出土一枚印章，證明了滇國存在

兩千多年前，古代越系民族中的一支，漸漸占據以滇池地區為中心的雲南中部及東部地區，大致包括今昆明市全部、曲靖和玉溪大部，紅河州、楚雄州和文山州的一部分地區，形成一個以越系民族為主體的滇民族。

周赧王十五年至三十五年（西元前三〇〇年至前二八〇年）之間，楚國將領莊蹻率軍從古吳、越之地出發，在征服夜郎部落後，向西到達滇池地區。因周赧王三十五年（西元前二八七年），秦國司馬錯奪取了楚國的黔中郡，切斷莊蹻東歸之路，**莊蹻及其部下只好留下來**，易服改制，將中原文化大規模傳至滇中，帶來了先進的農耕技術、冶煉技術、建築藝術，滇中地區因而迅速繁榮起來、勢力不斷擴大。在率眾擊退秦國的進攻後，莊蹻眾望所歸的成為國王，滇國也成為滇中地區第一個統一的王國，在歷史上延綿存在一百多年。莊蹻建立的滇國，勢力範圍北起南盤江，南至紅河，西抵瀾滄江東岸，在那個時代的西南地區，可謂一時之翹楚。

然而，滇國歷史雖久，但到西漢時才受到中原王朝的注意。漢武帝當時採納張騫的建議，要派使臣來滇國，但均因雲南西部昆明國的阻攔而未能成行。西元前一一二年，漢武帝征服了盤踞兩廣的南越國，兵臨滇國東南部，滅掉其周圍幾個小國。在大軍壓境的形勢下，西漢王朝曾遣使勸說滇國降漢入朝，但滇王依仗自己尚有實力，又有周圍「同姓相扶」的勞浸、

▲ 滇池

靡莫等部落的支持，拒絕臣服。憤怒的漢武帝於西漢元豐二年（西元前一○九年）發兵進攻滇國。滇王嘗羌無力抗爭，只得降漢，此後滇國正式隸屬於西漢王朝。滇王舉國歸附，**漢武帝正式承認滇國，並賜刻有「滇王之印」字樣的王印一枚**。至此，滇國納入漢朝版圖，漢武帝在滇國領地設置益州郡。

▲滇王之印

至西漢末年，大量中原及東部沿海的漢族人陸續移民雲南，滇國及滇人在潛移默化中被逐漸分解、融合、同化，郡縣制逐步取代滇王的地方政權。

至東漢中葉，長達數百年的古滇文明徹底失落，而文化的消亡也標誌著這個滇國的徹底消失。

這一點從在滇池沿岸的東漢墓葬也可以得到證明。**到了東漢，墓葬的本地特徵越來越少**，典型的東漢磚石墓中出現了水田模型、陶器、陶俑和巨大的封土堆。二○○六年，位於雲南澄江縣撫仙湖畔的金蓮山墓地被發現，經過考古學家的研究，墓地時間被確定為上限西漢晚期，下限東漢。墓葬中首次發現用中原漢墓中出現的冥器隨葬的情況，並用大量陶製器物，取代雲南青銅文化高度發達時期的各類金屬器物，這些在在證明著滇文化的衰落和滇國的消亡。

一個在歷史中有著赫赫威名的國家，就這樣消失在歷史的長河中，湮沒不聞了。直到兩千年後的一天，滇國這個神祕的國度才得以重現人間。

新中國成立後，考古工作者在與江川縣相鄰的**晉寧石寨山，發現了古遺址和古墓地**，並對其進行考古發掘。這次發掘，出土一百餘件刻鑄有各類人物形象和活動場景的青銅器。這些青銅器大致是**戰國時期到西漢時期**的製品，青銅器上所繪的人物形象和生產生活場景，與內地發現的同期或早期青銅器內容、風格完全不同，帶有明顯的雲南地域特點。

因此，有學者推斷說這些文物，和消失在歷史中的滇國有著千絲萬縷的聯繫。於是，考古工作者又對其進行第二次發掘。在第二次考古活動中，一共發掘了二十座古墓。其中第六號墓長三．四公尺，寬二．三公尺，深二．五八公尺，墓內存放著一具製作精美的朱黑漆棺，隨葬品有金器、銀器和銅器等共計一百三十七件。其中以青銅器最為豐富，有古代記載國之大事的青銅重器，還有各種人物、屋宇、模型、飾物和貯貝器；有代表墓主尊貴身分的編鐘和隨侍銅俑；有各式兵器，如戈、矛、劍、戟等；生活用具有銅鏡、爐、釜、熏爐等，數量眾多，種類複雜……但是，考古工作者只能透過這些文物，推斷出墓主人的地位不一般，但是想要真正揭開墓主人的面紗，還得透過艱難的史料考證和查實。可是，就在考古工作因為遲遲不能揭開墓主人身分而一籌莫展時，一個驚奇的發現出現在人們的視線中——**一個考古**

人員在清理棺底時，發現一枚金印，上面清晰的刻著四個篆字：滇王之印。

自此，真相大白，墓主人就是千百年前，在滇國這片古老而又神祕的土地上發號施令的君主——滇王。而**一度備受爭議的滇國存在之真實性，也終於有了答案**。

本來除了《史記》中有關滇國的記載，滇國的存在長期以來都找不到佐證證明，很多人都在質疑古滇國的存在，以及《史記》記載的真實性。而據《史記．西南夷列傳》中記載，漢武帝時期，中央王朝希望打通四川經昆明過滇西通往西域的通道，於西漢元封二年兵臨滇國，滇王舉國投降，並請置吏入朝。於是，漢武帝在滇國故地設置益州郡，又賜封滇國最高首領為滇王，並賜給滇王王印。六號墓滇王金印的發現，除證明石寨山遺址是滇王及其家族的墓地外，也證明了《史記》等漢文古籍有關古代滇國的紀事的可靠性。

根據《史記．西南夷列傳》記載，從戰國至西漢中期，**滇國是存在於該地區的奴隸制王國**，強盛一時。《史記．西南夷列傳》中記述：「西南夷君長以什數，夜郎最大；其西靡莫之屬以什數，滇最大；自滇以北君長以什數，邛都最大：此皆魋結，耕田，有邑聚。其外西自同師以東，北至楪榆，名為嶲、昆明，皆編髮，隨畜遷徙，毋常處，毋君長，地方可數千里」可見滇國在西南地區的強盛。

滇國沒有自己文字，青銅文化就是滇國的名片

晉寧石寨山和江川李家山的古墓葬中，出土了大量代表古滇國文化特徵的器物，如著名

的牛虎銅案、青銅播種貯貝器、祭祀銅扣飾以及各種銅俑、銅鼓、鐘、銅戈、銅矛、銅鋤、石器、土陶、金銀飾物等，都反映了當時古滇國興盛繁榮的景況。

提起滇國，映入眼簾的可能是一片遍地荒蕪的不毛之地，但事實上**滇人的手工業發達，尤以青銅冶鑄聞名**。近年出土的大量考古資料表明，在春秋末葉至西漢初年，滇人已進入青銅器時代。學術界已經確認，他們代表著雲南青銅文化發展的最高階段。

滇國的青銅器，裡面往往盛放貝殼。此類青銅器在中國其他地區都極為罕見，因此，雲南考古學界給它們定名為「貯貝器」，意為貯藏貝殼的器具。器內貯藏的貝殼，經鑒定屬「環紋貨貝」，產於太平洋和印度洋。長期以來，貝殼一直是雲南各民族的重要貨幣。據唐代樊綽《雲南志》記載，南詔時期仍使用貝殼作為貨幣。使用貯貝器來貯藏貝殼，就是滇人象徵擁有財富的特有習俗。貯貝器可以分為兩類，一類是桶狀貯貝器，設計用來盛放貝殼，外形似桶、腰部微收，上下較粗，底部有三或四足，器蓋上往往裝飾牛、虎等動物，以牛最普遍。另一類貯貝器以銅鼓形貯貝器為代表，是滇國最重要的禮器。滇國沒有文字，就利用銅鼓平坦的鼓面，雕鑄各種立體的人物、動物、房屋等，以人物活動為主，構成一個又一個滇國社會生活的生動場景。

滇國另一種國之重器為銅鼓。鼓身分為胴、腰、足三部分，胴、腰部分往往裝飾羽人、舞人、舟船、牛等飾紋，製作精美、紋飾繁縟，鼓面有太陽紋、暈圈，裝飾翔鷺。在西南古代民族的宗教信仰中，認為擊鼓可通神靈。因此，銅鼓是祭祀中必備之物。兩漢以後，銅鼓還用於號召部眾進行戰爭、傳信集眾、婚喪喜慶、歌舞娛樂等方面，成為滇國貴族的重要樂器，正如唐代詩人白居易所說：「玉螺一吹椎髻聳，銅鼓千擊文身踴。」時至今日，中國壯、侗、水、苗、瑤、仡佬、布依、佤等少數民族還相當珍愛銅鼓。

滇國出土的這些青銅器，具有極高的工藝水準和藝術價值，其中「牛虎銅案」更是堪稱天下無雙的國之瑰寶。

牛虎銅案在一九七二年出土於江川李家山墓地，為古代祭祀時盛牛、羊等祭品的器具，高四十三公分，長七十六公分，重十七公斤。形體為一站立的大牛，四蹄作案腿，前後腿間有橫梁連接，以橢圓盤口狀牛背作案面，大牛腹中空，內立一隻小牛。牛後部有一圓雕猛虎咬住牛尾，四爪抓住大牛的後胯。大牛頸部肌肉豐滿，兩巨角前伸，給人一種頭重尾輕的感覺，但其尾部鑄有一虎，一種後墜力使案身恢復平衡，而大牛腹下橫置的小牛，增強了案身的穩定性。在藝術風格上，充分利用對比、反襯、烘托的手法，把牛虎的神態、動作刻畫得唯妙唯肖。老牛馴良，小牛可愛，猛虎殘暴，構成一種極具震

▲ 牛虎銅案

▲ 銅鼓

撼力的畫面，也反映滇人獨特的藝術審美風格。今天，它作為雲南歷史文物的標誌被放大，安放在雲南省博物館的門前。

滇國沒有自己的文字，青銅器成為他們記錄自己生活的畫板。透過滇國高度發達的青銅器，透過一幅幅生動的古代先民生產、生活畫卷，我們仍然可以一窺滇國生活的面貌。著名的青銅器有石寨山殺人祭祀貯貝器、納貢貯貝器、紡織貯貝器、江川李家山的牛虎銅案等。殺人祭祀貯貝器上，銅柱上捆綁著一個赤身的奴隸，立於兩側的奴隸腳上戴著枷鎖，主祭的奴隸主端坐中央，一幅血淋淋的殺人場面躍然眼前。疊鼓形戰爭場面蓋銅貯貝器，表現的是激烈的戰爭場面。殺人祭銅鼓場面蓋銅貯貝器，則表現**當時滇人舉行「祈年」儀式，透過殺人祭祀，以求得農業豐收**。紡織場面銅貯貝器的器蓋上，鑄有銅俑十八人，均為女性，中間一人為女奴隸主，監督女奴隸從事紡織勞動，栩栩如生的再現當時的生產圖景。這些青銅器反映的生產、生活內容涉及戰爭、獻俘（編按：古代一種軍禮，凱旋時以所獲俘虜獻於宗廟，顯示戰功）、紡織、納貢、狩獵、放牧、鬥牛、樂舞等各方面，為我們展示了一幅幅生動的畫面。

在滇國的青銅器中，直接表現牛的題材最多，這也反映出以農業為主的滇族社會中，畜牧經濟仍占重要地位。同時，在這些青銅飾物中，有很多表現猛獸格鬥或群咬的激烈情景，其中尤以刻畫虎豹的兇猛形象居多。例如，有的青銅器常飾以虎豹紋，有的將器耳鑄成虎形，有的銅器刻畫飼虎形象，有些則在銅器上雕鑄蟠蛇、立虎的銅柱圖像，作為奴隸主的權威標誌，這在在表明滇人將虎豹作為勇猛威武的象徵而受到崇敬。

古滇國的工匠們不但具有高超的藝術水準，而且**他們已經能夠掌握鑄造技術中，銅和錫的合適比例。**兵器中錫的比例較大，以使其硬度提高；裝飾品中錫的比例較小，以便造型，反映出古滇人已熟知不同金屬的性能。有的器物表面經過鍍錫、錯金（在器物表面上鑲嵌金絲）、鎏金（在金屬表面加上金層）的處理，以玉石紋案鑲嵌，有著對稱和端整的外形，花紋精緻繁縟。貯貝器和一些扣飾上的人物，雖然只有三公分大小，但都眉目清晰，可見其面部表情。器物上線刻的紋飾很淺，但技法卻很熟練，都是兩千年前工匠們憑手工刻畫的。**這些文物都表明，滇國創造了燦爛無比的青銅文化，而青銅文化也成了滇國的名片。**

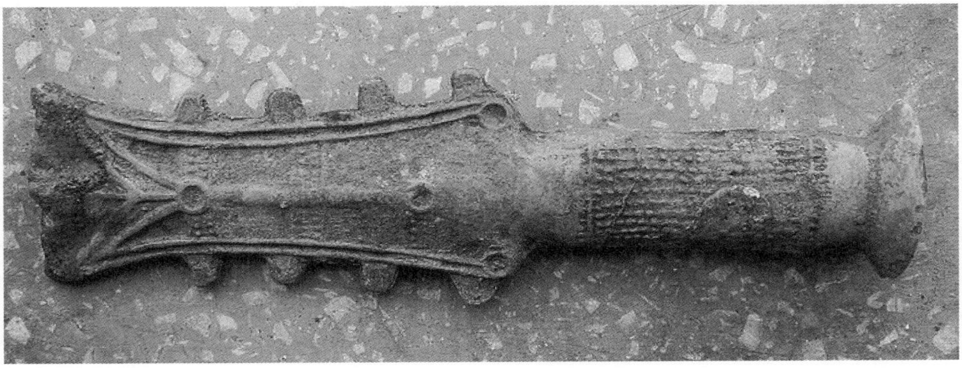

▲滇國銅劍

05 達賴之前，青藏高原上的天際佛國：古格

千百年來，藏族人民繁衍生息的青藏高原，一直是一塊令人嚮往的神祕土地。歷史長河悄然流逝，在這片最接近天空的土地上，一個個成就非凡的文明和絢爛多姿的文化縱橫演繹。

強大的吐蕃王朝之後，在**西藏西部地區，有一個名為古格的王國在此雄霸了六百餘年**。史書記載中，古格王弘揚佛教，王國文化發達，抵禦外侮不屈不撓，在中華文明和西藏歷史文化傳承的舞臺上，留下了濃墨重彩。然而，這個神祕的王國很少為外界所了解，在輝煌一時之後，於距今約三百年前，古格王朝突然由盛轉衰，瞬間消失於巍巍高

▲ 古格王國遺址

原與茫茫沙海之間。繁華的城市和宏偉的寺廟一夜消失，只留下那些曾經輝煌無比的遺址。古格，從此成為西藏神奇地域的謎中之謎。

佛教復興之地、繁榮的商埠

在西藏古老悠久的文明史上，有個叫古格的王國曾經雄踞西藏西部，為後人帶來無數的神往和遐想。

古格王朝大概於九世紀建立，其前身可以上溯到象雄國（編按：西藏早期歷史上的古國，建立於西元前一五〇〇年到西元元年之間的鐵器時代，於六四五年亡於吐蕃王朝）。空前強大的吐蕃王朝統一了西藏，在末代贊普（編按：吐蕃帝國統治者的頭銜）郎達瑪統治時期，滅佛毀寺，不少僧人為了避難遠遁西部邊境地區，進入阿里地區。阿里臨近南亞、中亞諸地，深受大食、印度的影響，加上又是苯教（編按：波苯教的簡稱，是西藏的本土宗教）的發源地，成為當時各種力量、各種思潮的彙集之地。

西元八四三年，末代贊普朗達瑪被一位僧人所殺，統治階級內戰紛爭四起。不久，西藏各地平民起義，**吐蕃王朝迅速瓦解**，西藏先後出現七個大大小小的王國，進入多個藩王割據的時期。

朗達瑪的兩個兒子奧松與雲丹，也為爭奪王室相互鬥爭，奧松之子貝考贊為奴隸起義軍所殺，貝考贊的兒子吉德尼瑪袞見大勢已去，便帶著三個大臣和部分隨從逃往阿里，並娶了當地首領的女兒。後來，吉德尼瑪袞將阿里地區一分為三，分封給他的三個兒子，古格王國即第三子德祖袞的封地。從血統上來講，**古格是吐蕃政權在西藏西部阿里地區統治的延續**，其統治範圍最盛時遍及阿里全境，這也就是古格王朝的沿革由來了。

到十七世紀結束，古格前後世襲了十六個國王。在立國的大部分時期，古格的政局穩定、經濟發展，古格人的生活也趨於溫飽小康。而在文化方面，古格更是得到長足的休養和發展。特別是在佛教文化方面，古格王朝十分崇尚佛教，曾經多次派人到喀什米爾學經，翻譯佛經達一百多部。與此同時，與佛教相關的繪畫、雕刻等藝術文化也發展迅速，成為西藏地區的一個重要文明。而且在一〇四二年，**印度高僧阿底峽到阿里地區弘法，使阿里成為佛教復興之地，佛教史稱「上路弘法」**。

古格王國的統治中心在札達象泉河流域，最北界可達今喀什米爾境內的斯諾烏山，南鄰印度，西鄰拉達克（今印占喀什米爾），最東面一度達到岡底斯山麓。古格都城札不讓位於現札達縣城西的象泉河南岸，其都城附近西面的多香，北面的東嘎、香孜、香巴、皮央遺址，南面的瑪那、達巴、曲龍遺址等，都具有相當的規模。從這個大規模的城市來看，可以想像數百年前在西藏那個離天堂最近的土地上，這個名叫古格的王朝之繁榮和美好了。另外，此處還是古代西藏對外貿易的重要商埠之一，西藏的特產，如藏紅花、冬蟲夏草等各種藥材，金礦、銀礦等出產的貴重金屬原料，以及這些金屬原料所加工的佛像、飾品等，都源源不斷的走向中原乃至世界的各個角落。同時，**中原與世界上的商品也得以透過這個商埠，流通到西藏各個地區**，正因如此，才有了古格王朝長達數百年的穩定富有。

然而，這穩定的生活最終被一場奪權之戰打亂了。**十七世紀中葉**，古格王朝因為統治階級內部奪權，發生內亂，國王的弟弟引入拉達克（今喀什米爾）軍隊攻打王宮，王朝被推翻。**古格覆亡**後，併入拉達克一段時間，後被以達賴喇嘛為首的西藏地方政府重新收回。

在喀什米爾人侵略下滅國，國王入獄還是跳崖？

然而，這樣一個經濟富足、文化燦爛的王國，卻在一夜之間突然、徹底的消失了。是遭逢一場突如其來的劫難？一次慘烈戰爭的洗劫？抑或是一場瘟疫的肆虐？古格王朝的消亡，帶給無數人無限的遐想和猜測……。

有人認為，古格國王在內外憂患的形勢下，被迫率眾投降。據《早期傳教士進藏活動史》和《中國反對外國侵略干涉西藏地方鬥爭史》兩部專著記載，**古格的最後一個國王及全家，被喀什米爾人帶回國內，關進監獄**。據此，國王投降的說法更為可信。

古格遺址的乾屍洞裡堆滿無頭乾屍，據傳，洞的最盡頭是喇嘛，緊挨著兒童，其次是婦女和男人。由於氣候乾燥，屍體沒有完全腐爛。據悉，當年古格兵敗，喀什米爾人將寧死不屈的古格兵士斬去頭顱，屍骨就拋棄在洞中。

喀什米爾人在古格王國的廢墟上燒殺搶掠，無惡不作。後來，駐守在西藏的厄魯特蒙古人出兵將喀什米爾人逐出西藏。

還有一種傳說，當年的古格王朝中有兩個勢均力敵的組織，一方是以古格國王為首的政治集團，另一方是以古格的宗教領袖為代表的宗教集團。這兩個集團的矛盾日益加深，雙方為了爭奪政治權勢和宗教地位，關係不斷惡化。

為了鞏固自己的勢力，古格國王想借助西方傳教士的力量，來削弱佛教的影響。此一想法正合想在古格傳教的西方傳教士的意。由於古格王國的居民都是虔誠的藏傳佛教信徒，葡萄牙傳教士從印度果阿來到古格王國後，首先說服了王后，接著**說服國王改信天主教**。國王改變信仰，令宗教上層人士非常不滿。後來，人們在古格王國遺址的藏經洞裡，發現一個紙糊的面具，糊面具的紙上竟然是用葡萄牙文寫成的《聖經》經文。想當初，喇嘛們對西方傳教士多麼憎恨，由此可見一斑。

後來，就有寺院的喇嘛偷偷和喀什米爾人取得聯繫，僧侶們發動叛亂，喀什米爾人乘機入侵，與喇嘛們裡應外合，攻打古格都城，企圖推翻古格王朝。於是，一場慘烈無比的攻堅戰就此展開。

古格王國的都城建在山上，十分雄偉，而王宮是其防守能力最強的建築，整個王宮只有一條隧道可以通到山上，其他地方全都是懸崖。戰鬥持續了很長時間之後，喀什米爾人想出一個攻城辦法，他們強迫古格的百姓，在半山腰修建一座石頭碉樓，意圖透過這座和山頂一樣高的建築，攻下古格王宮。然而，喀什米爾人把古格的百姓當作奴隸、牲口一樣使用。**山下的百姓非常淒苦，不停的唱悲歌，古格國王聽到後，不忍心百姓受苦，於是跳懸崖而死。**

這兩種說法到底誰是誰非，抑或是都不正確，還有待人們去考證發現。

佛像精品「古格銀眼」出土，消失三百年的古格重現人間

自從三百年前一夜消失後，古格王朝一直沉睡在歷史的記憶裡，不為任何人所發現。

在西藏札不讓的北面，有個名叫「魯巴」的地方。藏語中，魯巴的意思是冶煉人，當地也流傳著這個地方擅長冶煉金屬的故事。但當地並不盛產礦石，也沒有先進的冶煉技術。總之，沒有人說得清地名、傳說，和當地的現狀之間到底有什麼關係。

在世代流傳的故事裡，魯巴以精於冶煉與金銀器製造而聞名。據說，魯巴曾用金、銀、銅等不同的原料合煉而成合金，鑄造成佛像，通體如自然形成，全無接縫，其價值超過了純金佛像；當年阿里以

▲ 皮央遺址

托林寺為主寺的下屬二十四座寺院，其金屬佛像與法器，都是由這些合金鑄成的。在各種精湛的工藝中，魯巴最為神奇的是名為「古格銀眼」的銅像，是佛像中的精品。但是，由於傳說中的古格銀眼從來沒有在現世現身，這種珍貴的寶物到底是否存在無人知曉。

故事最終在**一九九七年揭開謎底，當年夏天，中國考古工作者在皮央遺址杜康大殿的考古發掘中，出土了一件精美的銅像。經專家查證史料、多方考證，證明這件銅像就是傳說中的古格銀眼像**。銅像頭戴化佛寶冠，結跏趺坐（編按：佛教術語，指兩腳交疊盤坐的禪坐姿勢）於獸座蓮臺，頭生三眼，額上正中眼為縱目，還有各執法器的四條胳臂。最為引人注目的是銅像的眼睛，三隻眼的眼球都採用鍍銀的技法做成，在金黃色的銅像背襯之下晶瑩錚亮、銀光閃閃。考古學家和專家學者們嘖嘖稱奇，古格銀眼果然名不虛傳。隨著古格銀眼的出土，古格王國開始走入人們的視線中。

實際上，對古格王國的考古發掘，已經取得了重大發展，就在古格銀眼出土的十五年前，西藏自治區文管會組織的考古隊，從一九八五年開始，就展開一系列收穫巨大的考古工作。

消亡了三百五十年的王國，突然出現在人們的視野裡，並吸引越來越多的注意。而古格王國遺址周圍不斷被發掘出的房屋、雕刻、洞窟、造像及壁畫等遺物，也逐漸揭開古格王朝的神祕面紗。

偌大的王國留下了恢弘的遺址和遺物：殿堂、房屋四百四十五座，洞窟八百七十九孔，碉樓五十八座，各類佛塔二十八座，防衛牆十道，隧道四條，洞葬一處，武器庫一座，石鍋庫一座，大、小糧倉十一座，壁葬一處，木棺土葬一處，總面積達七十二萬平方公尺。

古格雕塑多為金銀佛教造像，其中**成就最高的是廣為流傳、傳世數量最少的古格銀眼雕像**。在各種遺存中，**數量最多、最為完整的是古格王國的壁畫**，這些壁畫取材於當時社會生活的各個方面，氣勢宏大、風格獨特，所繪人物以豐滿、動感的女性人物最具代表性，用筆洗練、性格突出。

由於所處地理位置特殊，古格王國的壁畫深受來自南亞次大陸的各種藝術風格所影響，帶有明顯的喀什米爾及犍陀羅藝術特點，這也顯示出古格王國多民族文化共同交融的風貌。

在西藏的托林寺、札不讓、皮央、東嘎等，都出土了大量用金銀汁書寫的經書，這些經書所用的黃金、白銀，就產自古格。經書以文書的形式，寫在一種呈青藍色的黑色紙面上，一排用銀汁書寫，一排用金汁書寫，在全世界絕無僅有，其奢華程度無以復加。

一九一二年，英國人麥克活斯．揚從印度沿象泉河溯水而上，最早對古格王國遺址進行考察。由於受到地理交通環境和當時政治形勢的限制，麥克活斯．揚並沒有做太深入的研究，但他的發現引起許多西方學者的注意。後來，一些探險家、旅行者、攝影家和藝術家們紛至沓來，對古格王國進行探奇訪幽。

西方學者的探測以旅行探險和藝術考察居多，他們並沒有對古格王國進行有系統的綜合性考察。直到一九八五年，西藏自治區文管會進行全面的實地測量後，古格王國才終於揭去神祕的面紗。

▲ 古格雕像

06 唐朝助南詔統一雲南，史料不見怪朱元璋

南詔是唐天寶年間，出現在中國西南部的奴隸制政權，國境包括今日雲南全境，以及貴州、四川、西藏、越南、緬甸的部分土地。南詔國以烏蠻蒙姓為國王，在中國西南這片沃土上生息繁衍、不斷發展壯大，逐漸從野蠻走向文明、從愚昧走向科學、從渺小走向輝煌，最終成為中國歷史上不可或缺的重要國度。

可是，最強盛的國度也有走下坡路的時候，有時這下坡路甚至通向滅亡。西元九三七年，南詔國在統治近兩百年後，最終消失在歷史的舞臺上，然而它卻留下了許多謎團，等著人們去研究、探索。

▲ 南詔國遺址

裝著國王靈魂的金瓶，沒有人知道藏匿何處

自古以來，中國西南部的雲南地區，各族聚居，名號繁雜，《新唐書．兩爨蠻傳》記載：「群蠻種類，多不可記。」

秦朝時，常頞（將軍）在這片風俗不同的地方，開闢了五尺寬的道路，使得從蜀到滇這兩個地區有了聯繫。漢朝時，漢武帝派將軍郭昌滅滇國，置益州郡，東漢時增置永昌郡。三國時期，諸葛亮平定南方，又增置興古、雲南二郡。此後各朝陸續增置州縣，擴大漢族的統治權，同時對於其他民族採取撫剿參半的政策。

隋唐時期，在今雲南地區錯雜散居著許多部落，名號繁多，主要以白蠻與烏蠻兩個部族為主。唐初，烏蠻大體仍過著畜牧生活，還不會紡織，男女都用牛羊皮製衣，其社會發展較白蠻落後。由於**南詔各地長期落後，唐朝時設置都督府管羈縻三十六州**。羈縻的意思是來去任便，彼此不相干涉，在這種羈縻狀態，漢族統治階級緩慢伸展勢力，各族豪酋開始膨脹，逐漸在各州縣恢復統治。**唐天寶年間，烏蠻征服了當地的白蠻，建立起六個詔**（即六個王國，分別是：蒙舍詔，在今巍山縣境，因地居最南，故又稱南詔；蒙嶲詔，在今巍山縣北部，為蒙舍詔北鄰；越析詔，在今賓川、風儀二縣；邆賧詔，在今鄧川縣；浪穹詔，在今洱源縣；施浪詔，在邆賧詔東北）。

南詔國是以烏蠻蒙姓為國王，白蠻大姓為輔佐，集合境內包括漢族的各族共同組成的統一國家。然而，南詔國轟轟烈烈的統治了近兩百年後，卻神祕的消失在歷史的長河之中，而

這更增添了南詔這個西南古國的神祕。不過，歷史註定不會讓南詔永遠被遺忘，在南詔消失千餘年後，**一個小小的瓶子給了它重新走入人們視線的機會**。

二十一世紀初的一個夏天，在雲南大理州巍山縣，一位彝族老農進山採藥，雷雨不期而至，老農趕緊找個山洞暫避風雨。這個山洞的洞口十分狹窄，但走進去後忽然寬闊很多，借著微弱的亮光，老農發現洞壁上有人刻鑿過的痕跡，越往裡走，洞裡光線越黑，但老農禁不住好奇心的誘惑，繼續向前走去。就當他繼續向前走時，透過天空中劃過的閃電，他發現山洞深處顯現出一些金燦燦的瓶狀東西。不知為什麼，老農驚恐萬分，不顧洞外大雨滂沱，跌跌撞撞的落荒而逃，而且回家後便一病不起，不久就去世了。

後來，人們才漸漸從當地一些老人口中，得知為何那個老農一見到金瓶，就落荒而逃的原因。原來，當地一直流傳著一個古老的傳說：**在一個極其隱祕的山洞裡，藏著許多國王的金瓶，但從沒有人能夠找到它們**。那些金瓶屬於很久以前統治這裡的國王，瓶裡存放著他們的靈魂。如果看見金瓶就會冒犯國王的靈魂，也就會受到國王的懲罰。所以，那天老農在發現金瓶時，害怕打攪國王的靈魂，便嚇得屁滾尿流、落荒而逃。

老漢離奇死亡後，人們對金瓶的恐慌、好奇漸漸變淡，這個詭異的故事只是當地人茶餘飯後閒聊的話題而已。但考古工作者們卻始終關注著這些山洞中的金瓶，他們日益密切的關注著發現金瓶的大理市蒼山。

據史書記載，南詔王死後，會割下雙耳，存放於金瓶裡面，藏進密室，適時拿出來祭祀。皇帝安葬完以後，會派人將金瓶藏到密室裡面，這個祕密只有繼位的南詔王才知道。為了不讓後人發現金瓶的所在地，會先派第一批人把金瓶收藏、埋好，**之後再派第二批人，把知道這個洞穴所在地的人殺掉，殺掉以後，藏洞的地點就永遠成謎了**。這樣的傳說和記載順理成章，但因為沒有發現山洞，人們始終無法證實它的存在。

大理地區曾有過南詔和大理兩個地方王朝，它們的都城就建在蒼山腳下。但有關這兩個王朝的文字記載卻寥寥無幾。這兩個王朝先後存在了五百多年，但滅亡已有近一千年的時間，**明朝時，朱元璋派傅友德平雲南後，把所有官方典籍都全部燒毀了**。

或許，兩個王朝的廢墟還埋藏在地底下。經過一個多月的發掘，考古工地的現場有了明顯的變化。一些大大小小的土坑被清理出來，人們發現在每個土坑中都埋放著一塊大石頭。土坑中的大石塊呈現一種古人特殊的建築工法，即在坑中先放上石塊，然後在石塊上豎起木柱。用這樣的辦法建築房屋，正是南詔、大理時期建築的特點。

有人認為，由於南詔、大理只是兩個地方王朝，國力無法和中原王朝相比，沒有足夠的實力為每一位國王修建大型的王陵。也有人認為，南詔、大理遠離中原內地，其喪葬習俗與中原地區完全不同，他們信奉佛教，時興火葬，所以無須為保存屍骨大興土木。在考古發掘中，工作人員發現大量的火葬墓，墓穴中只有一個裝著死者骨灰的火葬罐。隨著死者身分的不同，火葬罐的材質也不同。**普通百姓用的是陶土燒製的罐子，只有在貴族的墓葬中，人們才能見到精緻的火葬罐。照此推理，國王用金罐則完全符合邏輯**。

在考古現場，發掘依舊在進行著。考古工地所在的位置，並不是記載中當年都城的中心地帶，但人們在地下還是發現南詔、大理時期留下來的建築遺跡，證明這裡的確有都城建築存在。這便從考古發現的角度，找到南詔、大理國存在的證據。遺址裡面還發現南詔的有字瓦、鋪地磚、鋪地綠釉磚等。這些構件組成王陵探查的重點。各種跡象表明，南詔國的王陵確實存在，國王的金瓶也是存在的，隨著考古發掘的進一步深入，國王們的黃金火葬罐必定會出現。

南詔遷都圖霸業，建立相容並蓄多元文化

首都是一國之本，中國古代的歷代王朝，除了殷商因為黃河水災而多次遷都外，

▲皮羅閣出巡雕像

少有國家多次遷都的紀錄。遷都並不只是表示地理位置的變動，一個政權若有意識的遷移統治中心的地處，大多會選擇一個比原來地處條件更好的地理位置；如果是迫於天災人禍而不得不遷都，就常常是一個政權開始風雨飄搖、走向衰亡的徵兆。對南詔而言，都城從巍山遷到蒼洱地區，是謀求自身發展的重要選擇，它的遷都，在自然、政治、經濟、軍事等各個方面都是非常明智的。

很多年來，關於南詔頻繁遷都的解釋見仁見智，經過多年考證，史學家發現，**南詔遷都的最主要原因，是因地理環境和經濟發展水準的差異**。

南詔的發祥地巍山，地處哀牢山和無量山的北端。唐代前期，那裡土地肥沃，是種植禾稻的好地方。但是，巍山的氣候乾濕、季節變化分明，春季乾旱非常嚴重，而且周圍峻峭的山嶺阻礙了與外界的交通。更不利的是，根據古代文獻記載，巍山一帶瘴癘橫行，惡性瘧疾等傳染病，常常奪當地人性命於無形之中。而蒼洱地區的自然環境、交通和社會經濟等發展狀況遠遠優於巍山，在疾病的威脅下，遷都是一個明智之舉。

南詔建國初期，國王皮羅閣雄心壯志，他並不滿足於六詔之地，有著宏偉的目標。作為新興的少數民族政權，發展自身、尋求擴展、壯大勢力才是他們的理想。遷都蒼洱地區十年後，南詔在唐朝與爨部的矛盾中，介入並兼併爨部，而後又起兵叛唐。南詔原本就想擴張勢力，而遷都正是勢力擴張的前提。定都於蒼洱之間，進一步可以通好唐朝，退一步可以結交吐蕃，往東可以進占滇池地區，往西可以透過控制永昌，將更遠的西方納入南詔王的視線，遷都無疑提供了一條寬闊的政治擴張之路。

皮閣羅首先把都城定在太和城。太和城建在蒼山佛頂峰和五指山之間的緩坡上。險峻的蒼山在西面，寬闊的洱海水域在東面，城牆主要延南北兩道修建，西面向蒼山敞開，以山為牆，東面向洱海敞開，以水為池，「以山為壁，以水為壕，內高外下，仰攻甚難」。史書中記載太和城的建築極有特點，街區巷陌都是用石頭壘砌而成，這種用石頭作為建築原材料的習俗一直延續至今。今天，在大理古城依然可以看到那些樸實無華的石頭建築。

南詔統一後的第二座都城是大釐城。大釐城又名史城、喜州城、喜洲等，位於大理壩子中最為平坦的地方。早在唐朝初年，它就是一個人煙繁聚、交通便利的處所。南詔第六代國主異牟尋，曾經在大釐城居住過兩年，當時叫作史城。到第十代國主勸豐祐統治時期，又建喜洲土城，並將王宮遷到那裡。遺憾的是，關於勸豐祐在喜洲的情況沒有更為詳細的資料，甚至什麼時候又回到羊苴咩城也不清楚。作為一座都城，無險可倚則是喜洲的致命弱點。因此，南詔以後，再也沒有統治者將它作為政權中心的所在地。

羊苴咩城是南詔最終選擇的都城。羊苴咩城和太和城一樣，只有南、北兩道城牆，西依蒼山為屏障，東據洱海為天塹，形勢十分險要。《蠻書》記載，羊苴咩城方圓有十五里，城內建有南詔宮室和官吏的住宅。

透過考古工作，**除了對南詔的都城變化有了一定的了解之外，考古工作者還對南詔特殊的文化進行一番深入的探究**。

由於實現了長期的局部統一，政治穩定、經濟繁榮、國力強盛、對外交往頻繁，南詔以主體民族白蠻的土著文化為基礎，主動汲取外來文化，形成獨具地方民族特色的南詔文化。

南詔文化具有漢文化、佛教文化和南亞、東南亞文化色彩，具有「相容並蓄」與多元文化的特點。

南詔文化的淵源，可以上溯到春秋戰國至秦漢時期的雲南青銅文化。大約在商朝末年至西周初期，今天大理劍川一帶率先進入青銅時代，開啟雲南青銅文化的大門。洱海地區的青銅文化由西向東發展，到達滇池周圍，發展成為「滇文化」。

以滇文化為代表的雲南青銅文化，與中原商周青銅文化、四川廣漢三星堆為代表的巴蜀青銅文化，並稱為中國古代青銅文化的重要類型。江川李家山、昆明羊甫頭兩處滇文化遺址的發掘，成為中國十大考古發現之一。

▲ 羊苴咩城遺址

一九九八年，考古工作者對昆明羊甫頭墓地進行發掘，出土了青銅器、陶器、漆木器、鐵器、玉石器等四千餘件。滇文化墓葬的特點，仍然以滇式器物為主，地方文化色彩明顯。南詔時期使用銅鼓，流行祭柱（柱即祖）、跣足（光腳）、紋身，交通有舟無車，居住依山傍水，種植水稻，青銅冶鑄業、紡織業發達，都與滇文化一脈相承。南詔羽儀軍士所執兵器「鐸鞘」，與滇文化中的鋸齒形器如出一轍。考古發現證實了滇文化、南詔文化之間的繼承與發展關係。

目前，由於《南詔圖傳》、巍山巃嵸圖山佛教石刻造像、鳳儀北湯天古本佛教經卷、崇聖寺千尋塔與弘聖寺塔藏文物、火葬墓等一系列考古發現，加之對劍川石鐘山石窟、佛教典籍、南詔太和城研究的深入，使南詔國歷史文化的研究，取得突破性的進展，而南詔的文化風貌也將逐漸展現在人們面前。

先祖為避仇遠走他鄉，鹹魚翻身霸雲南

隋唐時期，在今雲南地區錯雜散居著許多部落，名號繁多，難以勝計。就種族來說，主要有白蠻與烏蠻。烏蠻大多仍過著畜牧生活，男女都穿牛、羊皮製衣。從七世紀初葉開始，烏蠻征服了當地的白蠻，建立起六個詔。烏蠻稱王為詔，六詔就是六個王國，他們分別是蒙舍詔（又稱南詔）、蒙嶲詔、越析詔、邆賧詔、浪穹詔、施浪詔。

南詔國王姓蒙，始祖名舍龍。蒙舍龍原先祖居在哀牢，後來因為得罪仇家，兩家立下不

共戴天的仇恨，為了躲避災難，蒙家舉家遷到蒙舍川隱居。蒙家前來之後，仍是當地的大戶，全家隱姓埋名、低調處世，又樂善好施，很快得到當地百姓的擁戴。

蒙舍龍有個兒子名叫龍獨邏，又名細奴邏。唐太宗時，白蠻大姓蒙舍酋長張樂進求（編按：張樂求進，常用說法為「張樂進求」，白族認可的先祖之一）讓位給細奴邏，細奴邏成為當地的各族酋主。在爭取當地各族百姓支持的同時，細奴邏特別注重發展和北方強大的唐王朝的關係，積極尋求唐朝的支援。西元六五三年，細奴邏遣子邏盛炎入唐朝為質，得到唐朝中央政府的信任，唐高宗任命細奴邏為巍州刺史，對其在當地的統治予以支持。

為了躲避仇禍而被迫遠走，沒想到很快成為當地的首領，蒙家在雲南地區上演了一幕鹹魚翻身的大戲。在細奴邏時期，這場戲遠沒有達到頂峰，**他的後人皮羅閣繼續努力，一舉創立了南詔國**。

當時，西藏吐蕃勢力強大，進入洱海湖區北部。南詔距離吐蕃最遠，受威脅較小，因此仍依附於唐朝。唐朝為了抵禦吐蕃，大力支持南詔進行統一戰爭。在唐王朝的支持下，南詔先後征服了西洱河地區的白蠻諸部，取代「白子國」，並滅了其他五詔，統一洱海地區，建立統一的南詔國，定都太和城。南詔統一洱海地區，無疑是唐朝統一天下的一個重要步驟，既為漢族的政治、經濟、文化、軍事在雲南產生了重大而深遠的影響，也為白族的形成奠定基礎。為嘉獎南詔皮羅閣統一洱海地區的功勳，唐玄宗於西元七三八年冊封他為南詔王。

然而，南詔的野心沒有就此終止。不久，皮羅閣利用滇東爨部的動亂，揮戈東進兼併爨部，與唐朝發生激烈衝突。南詔在吐蕃的支持下大敗唐軍。此時，唐朝政府由於安史之亂，中央朝廷不能自保，勢力被迫退出雲南。南詔藉此機會，迅速統一了雲南。

此後，南詔與唐朝和吐蕃進行了長期的鬥爭，總的來看，唐朝的勢力在南詔越來越強大，而吐蕃的影響日益減弱。在強大的唐朝影響下，南詔迅速發展，參照唐制建立了相當完備的政權組織，還實行均田制度。南詔的紡織技術本來比較低，但自從成都的織工進入雲南後，南詔的紡織技術就趕上了唐朝的水準。南詔的冶煉技術也相當進步，它所產的浪劍、鬱刀、鐸鞘等武器鋒利無比，素負盛名。南詔的建築大多模仿唐制，現存南詔時期的大理崇聖寺塔，巍峨壯觀，就是由漢族工匠恭韜、微義設計建成的。

在南詔後期，大臣專權，統治階級內部矛盾激化。西元九〇二年，漢族大臣鄭買嗣推翻蒙氏南詔，自立為王，改國號為「大長和」。在經歷了「大長和」、「大天興」和「大義寧」等短暫政權之後，雲南地區進入了大理國統治時期。

▲ 蒼山洱海

07 嫘祖是西陵國的四川人，嫁給河南人黃帝

華夏文明上下五千年，以傳說中的黃帝、炎帝為中華文明的始祖，炎黃子孫的自謂，也從此而來。然而，長期以來，炎黃子孫在認祖認宗的同時，卻「只認父輩不見母輩」，忽略了炎黃子孫母系血緣的由來。其實，炎黃子孫的母系血統也有證可考，同樣有著一段輝煌的歷史。

西陵國是傳說中的古老國度，許多人並不知道它的存在。在西陵國神祕的歷史背後，更掩藏著一段鮮為人知的歷史真相：如同炎黃部落一樣，它是華夏民族血脈的源頭。

▲鹽亭三元龍子寨

西陵國：華夏民族始母、養蠶製絲發明人的出生地

太史公司馬遷在《史記．五帝本紀》中記載：「黃帝居軒轅之丘，娶西陵氏之女，是為嫘祖。嫘祖為黃帝正妃，生二子，其後皆有天下。」如果《史記》記載可信，此段記載則可以說明，**黃帝是華夏民族的始祖，嫘祖則是與黃帝並列的華夏民族的始母**。

據《史記．五帝本紀．正義》解釋說：「西陵，國名也。」兩處史料結合到一起，揭示出一段長久以來不為人們所關注的史實：住在**軒轅之丘（今河南新鄭西北）**的黃帝，娶了西陵國王之女為妻。也就是說，我們最尊敬的祖先黃帝的妻子嫘祖，原本是西陵國人。**炎黃子孫都相信黃帝確有其人，也相信嫘祖確有其人，因此，嫘祖的娘家西陵國確實存在**。

西陵國的統治範圍到底有多大？對此，考古學家們根據已經發現的古物遺存和歷史記載，進行推斷。由於歷史的久遠和資料的缺失，詳細的資料已經無從考證，專家們只能做一些大概範圍的猜測。鹽亭境內有一條河叫作潺水，古代時稱西陵河，當時生活在河流附近的上古各小部落，就是沿此建起西陵諸侯國。在遠古部落聯盟時期，各部落之間實行軍事民主制，推行部落聯盟首領，嫘祖誕生的部落的領袖被推選為酋長，其勢力大約北達今天梓潼、劍閣、昭化、廣元，西至三台、中江、廣漢，南抵射洪、蓬溪，東至閬中、南部（南部縣）、儀隴、巴中，**也就是在今天的四川省境內**，而鹽亭就是西陵國管轄境內的一個區域。

西陵國在哪裡呢？據專家學者依據歷史遺存和考古發掘推斷，**現在的四川綿陽市鹽亭縣，就是古西陵國的所在**。鹽亭縣因為與盛產鹽的鹽井相鄰而得名。蒙文通先生著《漢潺亭

考》稱：「潺水在今鹽亭境內，上古時稱西陵河。」當地地方誌記載：上古各小部落，沿西陵河建起西陵諸侯國，**他們先後發明養蠶、抽絲、製衣，並選舉發明人嫘祖為酋長**。

近現代以來，學者們在考察鹽亭的煮鹽文化時，發現大量的出土蠶桑文物、化石、嫘祖文化遺跡，還發現唐代刻立的《嫘祖聖地》碑，以及許多關於嫘祖發現天蟲、養蠶製絲傳說的信物等。在民俗考古中，當地百姓稱鹽亭縣城南六十公里的一座山為嫘祖山，山上面還有個嫘祖穴，當地世世代代口頭相傳，洞穴就是當年嫘祖的出生地。一系列的跡象引發考古工作者的極大興趣，經過長期考證，二十世紀末，他們在當地祖家灣古墓群中發現兩幅石刻，分別是《軒轅酋長禮天祈年圖》和《蚩尤風後歸墟扶桑值夜圖》。如今，鹽亭每個與絲織有關的地名，都流傳著一個嫘祖蠶桑織業的故事，老百姓仍保留著每年祭祀嫘祖的民俗。專家們因此相信，鹽亭縣應該就是當年嫘祖的出生地，也是西陵國的所在。

古西陵國雖然不存在了，但至今尚存在著大量關於古西陵國的民間傳說。各處祭祀先蠶嫘祖的香火始終不滅，各地殘存的遺址也大量存在。如鹽亭三元籠子寨聯姻地、黃甸鎮嫘軒龍鳳呈祥地、射洪嫘絲池電站的地名、南部的絲公（姑）山、中江的鳳凰山等……原古西陵大量屬地的山、地至今還保留著與嫘、鳳、絲有關的名稱。

西陵國距今有多悠久？考古人員在西陵國境內，發掘出一個高六十公分的青銅跪俑，據科學方法測定，其年代比三星堆文化遺址更古遠。除此之外，考古人員還發現一座上古界碑，上面刻有五十多行類似文字的符號，與西安半坡彩陶刻畫符號相似，是屬於西元前四、五千年前的文化遺存。就時間來計算，迄今世界上公認最早的兩河流域楔形文字、古埃及象形文字距今約六千年，西陵國古文字大體處於相同的時間，或者更古老一些。

西陵國公主嫘祖嫁給黃帝，成為華夏大地的第一夫人

中國是世界上蠶桑、繅絲（抽繭取絲）、絲綢的原產地，素有絲國之稱。而要研究絲綢的起源和發展，就離不開四川，尤其一位優秀的女性更是和絲綢有著千絲萬縷的關係。**這位應該被億萬中國人，乃至世界人所銘記的偉大女性就是嫘祖——華夏大地的第一夫人。**

嫘祖以發明絲帛而在西陵享有盛譽，與黃帝聯盟聯姻後，巡行天下，教人們養蠶，普及蠶桑絲綢文化，並輔佐黃帝統一中原，奠立國基，功不可沒。

據《史記》記載，夏、商、周三代帝王，春秋十二諸侯以及戰國七雄的祖先，均來源於黃帝與嫘祖的血系，與他們一脈相承。除了《史記》之外，黃帝迎娶嫘祖的故事，在《世本》、《大戴禮記》中也有記載，但都語焉不詳，只是些隻言片語。在民間傳說中，黃帝迎娶嫘祖則具體生動，並流傳已久。

民間傳說中，嫘祖又叫「蠶母娘娘」。她是黃帝的正妻，與黃帝生了玄囂和昌意兩個兒子。**黃帝是華夏大地的共主，嫘祖便是華夏大地的第一夫人。**

黃帝本是有熊國的君主，稱軒轅氏，活動在今天的河南、山西一帶，是炎帝之後的中國共主，而嫘祖則是西陵國國王的女兒。傳說，在水土豐茂的成都平原上，西陵國國王有一位美麗、善良的女兒，她每天不辭勞累，外出採摘野果，附近的野果採完了，便跋山涉水到遠

處去採摘。可沒過多久，遠處的野果也採完了。姑娘一想到族中的老幼要挨餓，不由失聲痛哭起來。

巡視到此的天帝正為天府之國的美景所動，忽然聽到姑娘傷心的哭聲，很受感動。他把天庭中的罪仙「馬頭娘」打下凡間，變成吃桑葉吐絲的蠶。蠶把桑樹上的桑果送給姑娘，姑娘就採了許多帶回去給族人吃。夏天，蠶吐絲做繭，姑娘便將之編成衣服給族人穿。後來姑娘又將蠶捉回家餵養，逐漸掌握了養蠶的技巧和繅絲織綢的技藝，並將這些技術教給族人，西陵國的子民從此不用再穿樹皮、獸皮，而是穿上美麗舒適的絲綢。此後，人們便稱國王的女兒為「嫘祖」。

茹毛飲血的西陵人穿上了華麗的衣服，很快在臨近的各國中傳開。西陵國東邊的夷人、南邊的越人紛紛派使者到西陵國，向嫘祖求婚，但是嫘祖全部婉拒了。此時，黃帝也來西陵國求婚。嫘祖早就聽聞黃帝的聲望，西陵國國王也十分嚮往黃帝的強大勢力，兩人最後成了親，黃帝便成為西陵國國王的女婿。

▲嫘祖像

黃帝和嫘祖完婚後並沒有馬上離開，他們在西陵國，也就是今天的成都平原地區生活了很長一段時間。據《史記》記載，黃帝和嫘祖的大兒子玄囂生在「江水」邊，也就是現在的青衣江（今樂山一帶），二兒子昌意生在「若水」邊，在今四川西部的雅礱江畔，由此可見，兩個兒子均在西陵國所生，大概黃帝也很留戀蜀中美景吧。

華夏文明從遠古就充滿了智慧，而**黃帝和嫘祖美滿婚姻的背後，也隱藏著複雜的政治鬥爭**。可以說，嫘祖與黃帝的結合，是一種強強聯合的「政治婚姻」，兩人的婚禮實際上是西陵國與黃帝部落的聯盟，兩大部落聯盟從此逐漸走在一起。中原地區的黃帝部落，原本是不知蠶桑的，嫘祖把成都平原先進的養蠶繅絲技術帶到了中原。史學界已經證明，這個時間正是中原文明出現蠶桑的時間。此後，黃帝部落逐漸強大起來，並逐漸向東遷徙，走上快速發展壯大的道路。

這時的中原地區可謂戰雲密布，在黃帝部落不斷強大的同時，南方的九黎部落聯盟，在其首領蚩尤的帶領下發展起來，並開始向中原進攻。九黎部落是一個由很多部落聯合組成的大聯盟，每個部落都有自己的首領，其中，最強大的部落首領就是蚩尤，這就是蚩尤有八十一個兄弟傳說的來歷，由此傳說可知和蚩尤結盟的部落聯盟之多。

九黎部落強悍好鬥，據說他們是最早使用銅器的部落。當時，山洪爆發，銅礦順流而下，九黎部落將這些銅礦收集起來，煉製青銅、製造鋒利的兵器。其他部落的武器還是石刀、骨刀，所以九黎部落所向披靡，人們對九黎又恨又怕，以致後來把蚩尤描繪成可怕的怪物。九黎部落和炎帝部落，在今天河北一帶的涿鹿發生了「涿鹿之戰」，炎帝部落大敗，只好向黃帝求援。

這時候，黃帝已經和嫘祖帶著兩個兒子回到有熊國。透過這次西陵國之行，黃帝聯繫到強大的同盟國，並聯絡了一些長期遭蚩尤壓迫的部族。為了對付九黎部落的青銅兵器，他命人訓練猛獸，還用弓箭裝備自己的軍隊。一切準備妥當後，黃帝和蚩尤在涿鹿展開決戰。為鼓舞士氣，黃帝還令人將東海流波山上的怪獸「夔」（編按：傳說中一種近似龍的動物，形象多為一角、一足、口張開、尾上捲）捉回來，把牠的皮剝下來做鼓；又派人將森林中的雷獸捉來，從牠身上抽出一根最大的骨頭當鼓槌。一敲這面鼓，方圓五百里都聽得見。響亮的鼓聲不但可以鼓舞士氣，還能聯絡遠處的士兵，傳遞戰爭消息。為了能在大霧中辨別方向，黃帝還發明了指南車。一番血戰之後，黃帝終於在涿鹿大敗蚩尤。

此戰之後，黃帝取代了炎帝的地位，成為中原部落聯盟的霸主。此時，黃帝的妻子嫘祖充當起賢內助的角色，她帶領婦女上山剝樹皮、織麻網，還把男人們獵獲的各種野獸的皮毛剝下來做衣服，並勸誡自己的子民們說：「農桑才是國家的根本。」很快，各部落的大小首領都穿上衣服和鞋子、戴上了帽子，徹底告別茹毛飲血的時代。

嫘祖，稱這個偉大的女性是華夏第一后，炎黃第一母，當之無愧！

▲ 黃帝發明的指南車

08 藏人信佛之前信苯教，藏文之前用象雄文

西藏西部的象泉河，以其源頭的山谷形似象鼻而得名，藏語稱為「朗欽藏布」，這裡是西藏最為重要的古代文明發祥地，歷史上著名的古格王國就發源於此。人們不知道的是，同樣在這片土地上，早於古格王國之前，就存在著一個叫「象雄」的古國，而他們也同樣創造出燦爛的文化，並對以後的吐蕃、古格文明產生重大的影響。

相信萬物有靈的苯教，起源於象雄國

象雄本土即今日阿里地區所轄全境，西元十世紀初，**吐蕃王室後裔尼瑪**，為了躲避奴隸起義軍，**逃竄象雄**，占其地，置為吐蕃王室分支屬民，故改

▲ 象雄王國遺址

稱為阿里（意為屬民）相沿至今。據漢文史料《通典》、《冊府元龜》、《唐會要》等記載：「大羊同（編按：羊同為象雄王國的別稱）東接吐蕃、西接小羊同、北直于闐，東西千餘里，勝兵八、九萬。」

古老的象雄發展出極高的文明，它不僅形成獨特的象雄文，而且**是西藏傳統土著宗教「苯教」的發源地，對後來的吐蕃，以至整個西藏文化都產生深刻的影響**。

象雄為苯教之源，史載苯教的締造者登巴幸繞就是象雄第一代王。苯教有兩種分法，即原始苯波教和雍仲苯佛教。原始苯教是辛饒彌沃如來佛沒有出世之前的原始宗教，與象雄傳統文化有密切的關係，**原始苯教認為萬物有靈，天上有神，神為最尊。山有山神和山妖，樹有樹精。水與地皆有龍和神**。那時侯的信仰是供神造福，遠離鬼妖，人若有災病，皆因得罪神鬼所致。其簡單的禳解法，以煨桑開道（編按：煨，意為「埋在熱灰中燃燒」，桑，為藏語音譯的「煙」，煨桑一詞，即為「燔香達天」之意）迎請神靈，然後梵燒食物，神鬼嗅味而飽之，再不加害於人。象雄人篤信苯教，重鬼神，喜卜巫，忌食野馬肉。

象雄盛世即十八代鵬甬王之時，也是雍仲苯教盛行之際。雍仲苯教文化源遠流長，遍及青藏高原，著名的苯教史書《世界地理概說》說，吐蕃的第一代至第八代贊普，都從象雄地區請過苯教的巫師到雅隆地區傳教，或為贊普治病。

苯教鼻祖為登巴幸繞，苯教初由幸繞家族世代相傳，後改為師徒相傳。簡單來說，象雄在流行苯教之前，崇拜圖騰。隨後出現「仲」，即口傳歷史故事的「說史人」，嗣後出現「迪烏」卜巫，即占卜未來者，繼而出現「苯教」，即誦經祭神、為現世人間除障者。

早期的苯教不相信有來世，認為現世人類的疾苦災難，可由苯教巫師解除。八世紀中葉，佛苯鬥爭時，苯教權臣瑪相春巴吉曾指責佛教說：「佛教宣揚來世轉生，盡是謊言。現世人若有災，苯教即能除障化吉。」

現代人常把藏族的一切社會現象，均誤認為是佛教色彩，其實許多民間習俗是苯教儀軌的演變，如苯教巫師的騎鼓飛身儀式，演變為「安羌」各種形式的鼓舞。苯教祭祀時的讚神儀式，演變為「協欽」大歌，即婚禮時的讚吉祥歌舞。總之，藏族文化，不能以佛教文化以一概全，其中蘊藏著許多苯教的因素。

另外，象雄文在藏文的產生中，也起了重要作用。在松贊干布（編按：就是娶了文成公主的棄宗弄贊）以前，吐蕃沒有文字。據《敦煌本吐蕃歷史文書》記載：「以前沒有文字，從此王（指松贊干布）開始……。」新舊《唐書》亦說在松贊以前吐蕃「無文字」。而之前的象雄國卻早已有了自己的文字，苯教最初的經典就是使用象雄文，而後才翻譯成藏文。今天有些苯教寺院的藏書中，還有一些象雄文和藏文對照的經文，及兩種文字對照的詞彙。

實際上，許多學者的研究成果表明，**在正式的藏文文字創立之前，已存在一種近似藏文的文字，即象雄文字**。據見過有關珍藏品的邊多、張鷹撰文介紹，札達（rtsamd）縣一位著名的藏醫藏有斯文、象雄文、藏文和梵文相對照的古書。一些國外學者已發表這方面的研究成果：一九六五年出版了《藏語象雄語辭典》；法國的斯坦爾在《苯教的象雄語》一文中聲稱，藏文就是根據象雄文而創造的。

十世紀以後，吐蕃王室後裔統治象雄，佛教興起、苯教衰落。後期的苯教徒，改穿黃教袈裟，移居牧區和康區的邊鄙地方。但他們似乎沒有放棄他們的信仰，還會偷偷的在黃教（佛教的一支）統治的區域之內傳道布教，發展自己的教眾。之後，苯教在與佛教抗爭中逐漸融合。經過長達數百年的融合和抗爭，**如今，完全純粹的苯教已不復存在，但是苯教在藏族社會生活中的影響，是根深蒂固、不可磨滅的。**

隨著吐蕃帝國的逐漸強大，根據藏族語言創制的藏文，大量應用於政府文書和佛教經典，並加以廣泛傳播，藏文遂成為藏族的通行文字而流傳至今。

▲吐蕃王松贊干布娶了文成公主，征服象雄

象雄王妃後宮不得寵，當內奸幫敵國滅掉象雄

象雄在吐蕃王朝建立前，為青藏高原最古老的大國，文化發達、人口眾多，並早於吐蕃

與唐朝建立關係。

貞觀五年十二月，象雄朝貢使至唐，受到唐朝皇帝極為禮遇的厚待。此後，在貞觀十五年，象雄的國王再次遣使遠赴中原朝貢，雙方又展開了一場友好的交流。

與此同時，吐蕃的國王（當時是著名的松贊干布為贊普），將吐蕃公主（松贊干布的妹妹）賽瑪噶嫁於象雄王，吐蕃與象雄結成聯盟。

可是，這種聯盟都是基於雙方的利益需求，一旦不能滿足利益需求，雙方就會撕破偽善的面具、露出兇狠的獠牙。吐蕃勢力增強後，就顯示出這種本性，而聯盟關係逐漸破裂，雄才大略的松贊干布開始發動對象雄的戰爭。

松贊干布治軍有方，大軍一到，使得象雄上下手足無措，最終殺死了象雄王李聶秀，將所有象雄部落均收為吐蕃治下。至此，松

▲《步輦圖》唐太宗見吐蕃使者

贊干布完成了統一青藏高原的宏圖，而象雄也在吐蕃勢力的籠罩下漸漸消失。

然而，象雄人並不安於吐蕃人的統治，雖然國家已經成為屬國，但是一些忠於自己祖國的人還在暗地裡默默抗戰。直到八世紀中葉（約一百年後），赤松德贊時期，吐蕃才完全消滅象雄。**據說赤松德贊強攻象雄不克，於是用計巧取**。

當時，象雄王共有三妃，最小的名叫故茹妃朗准來，年方十八。吐蕃法臣派拉朗來珠，帶一野牛角沙金，獻給朗准來，說道：「朗准來，妳只做了象雄王最小的妾，按理當為王妃、王后，對此，吐蕃王也為妳不服氣，妳是否有挽救的辦法？若有，待事成後，妳可做吐蕃王的正妃，吐蕃王定會將所轄土地的三分之二，賜予妳作為酬謝。」朗准來回答道：「象雄王有遮天蓋地的重兵，如果面對面攻打，必然不克，只有巧取才是。」接著又說：「象雄王五個半月後，會與王室眾眷屬前往黃牛部蘇毗靜雪地區，可在途中等候殺之。一切內應由我承擔。」根據朗准來的計策，吐蕃軍隊埋伏在色窮和洞窮兩地之間（即今臘倉地區的色普和同普地方），待兩王相會時，吐蕃兵突然襲擊，殺了象雄王。吐蕃僅以一萬之軍，戰勝象雄十萬之眾。這場漂亮的以少勝多之戰，使得象雄完全消失在歷史的舞臺上。

09 庸國是中華文化的源頭，比春秋五霸還強

對於中華文明的起源地，長期以來，人們的認識集中於黃河流域。然而，隨著近年考古學的發展，人們在更廣闊的領域，發現了中華先民的活動足跡，這些足跡不但遍布黃河流域以外的土地，而且在某些地區達到空前的文明高度，長江中上游地區發現的古庸國，就是一個顯例。

那裡有神祕的歷史與文化。有人說，**庸國是中華文化的源頭**；也有人說，庸國是華夏文明的發祥地，這是真的嗎？庸國還有著獨特的飲食文化、服裝文化、婚姻文化、語言文化、巫文化以及神祕莫測的喪葬文化，而**喪葬文化中令人匪夷所思的「懸棺」、「崖葬」到底隱藏著什麼不為人知的祕密呢？**

▲ 武陵山脈

盛極一時的古庸國：精通鑄鐘、築城，還發明圍棋

古庸國是中國古代文明的發祥地之一，與黃河流域的古殷商之地一樣，同是中華文化的搖籃。在輝煌文明的推動下，古庸國曾經盛極一時。

夏商時期，庸國的科學技術達到相當高的程度，這一點，從「庸人」二字的變化上，就可以得出。古庸國人掌握著先進的青銅技術，國內又盛產金屬，**是鑄鐘大國**，因此又被稱為「鏞人」，夏商時期許多鼎器都是庸人的傑作；此外，**庸人還掌握先進的修造技術**，**善於築城**、**建房**而被稱為「墉人」，周朝時周人就曾請庸人在洛邑建造都城，竹山縣古庸方城遺址的城牆歷經三千餘年風雨侵蝕，仍然屹立不倒，這足以證明庸人的建築技藝的高超；庸人的生活已經有了相當的水準，史書中記載「茶風源於巴山楚水間」，庸人是最早飲茶的先民；庸人還追求生活的藝術，注重娛樂，史料記載**庸人是圍棋的**

▲ 庸國遺址

發明者，堵河流域的上庸是堯統治時期，堯長子丹朱的封地，丹朱在此發明了棋類博弈遊戲，史稱「堯時庸人善弈，性狂放狡黠」。

庸國的疆土，比早期的秦及周宗姬封侯國及巴國還大，與南方崛起的楚國不相上下。周武王在分封土地時，最大的宗姬國不過百里，小者僅五十里，秦在春秋周平王時只有一個趙城，周早期的巴國疆土限於四川的東、北部及重慶的東、西、北部，楚國疆土限於江漢平原至鄂東，南及湖南北部一帶。而**古庸國，則是一個橫跨長江至漢水**、地域遼闊的大國。

長期以來，人們對庸國都不是很了解，以為庸國是楚國的附屬國。實際上，庸國征服了麇、鰷、魚、夔等附屬小國，其東部含古麇屬地，東南部含鄂西及湖南張家界市及慈利、桑植等縣，今巴東、興山、秭歸、建始等縣，是古代夔國的領地，也是庸國所屬。歷史上著名的**屈原就是秭歸人，其先祖就是庸國的國君伯庸**。

史書記載中提供庸國疆土豐富的資料。《讀史方輿紀要》記載：「四川首州府，周庸國地。大寧、奉節、雲陽、萬縣、開縣、梁山皆其地也。」《華陽國志．漢中志》說：「（漢中）本附庸國，屬蜀。」《太平寰宇記》、《輿地紀勝》記載：「於周為庸國之地。」《魏書》記載：「皇興四年置東上洛，永平四年改為上庸郡。轄商、豐陽二縣。」上庸郡就是商洛東部丹鳳、商南、山陽一帶，名為庸郡，可能與曾經是庸國屬地有直接的關係。

庸國疆土如此之大，在春秋前期少有。而疆域廣大的庸國並非徒有其表，其國力也非常強大。商朝時期，庸是群蠻之首，「百濮」（編按：中國古代南方的民族）都歸集在庸國麾下。春秋時期，庸國稱雄於楚、巴、秦之間，曾打退楚國的幾次入侵，甚至帶給楚國必須遷都的威脅。

庸國的爵位也很高。《禮記．王制》載：「王者之制祿爵，公侯伯子男，凡五等。」《儀禮》說：「同姓大國則曰伯父，其異姓則曰伯舅。同姓小邦則曰叔父，其異姓小邦則曰叔舅。」、「其在東夷、北狄、西戎、南蠻，雖大曰『子』。」庸國國君世代為侯伯，其他諸侯國「雖大，爵不過子，故吳、楚及巴皆曰子」。周時的分封制度非常嚴格，非伯者不能稱其為諸侯，故楚子威逼周王室給其封號，「欲觀中國之政，請王室尊吾號」。庸既為伯，說明其地位很高，也充分證明庸國的強盛。

庸國是中華文化的源頭、人類的搖籃？

早在春秋之前，庸國就是一個橫跨江漢中西部地區的泱泱大國。按照今天的行政區劃，古庸國的領土分布在今重慶大部、陝西南部、湖北西部以及湖南西北部地區，面積可謂遼闊。根據考古資料顯示，古庸國存在的時間應當在秦之前，或與巴、蜀同代。《詩經》曰：「江漢朝宗於海。」又曰：「滔滔江漢，南國之紀。」可以說，**古庸國是與殷商一樣的中華文明搖籃地**。

考古學和歷史文獻學，證明了古庸國境內人類早期文明的發展。現今湖北省鄖縣，出土著名的「鄖陽人」古人類化石，這是人類進化史上的重要一環，據推測鄖陽人和庸人存在著血緣上的延承關係。《太平寰宇記》、《輿地紀勝》等記載的女媧煉石補天的取材之處「女嬀山」，位於陝西省平利縣，屬於古庸國範圍之內；《帝王世紀》、《史記》中記載堯的長子丹朱生於房地，舜出生在姚墟，都在古庸國的範圍之內，據此而論，中華文明早期的著名人物，有很多和庸國有關。

由於庸國在戰國之前就已經滅亡，史書上有關庸國的記載很有限，很難引起人們的注意，以至於人們逐漸遺忘古庸國的存在。而據三峽地區和陝西省最新的考古發現證明，早在**六千多年前，庸國地區的人們就已經發明了文字**，並形成源遠流長的古庸國文化。此一文化，後來進一步融合演化，**成為今日陝西「秦文化」、湖北「楚文化」、重慶「巴文化」的源頭，是中華文明萌芽產生和發展豐富的重要源頭**。

在肯定古庸國文化對中華文明的巨大貢獻的同時，一個疑問油然而生，古庸國文化從何而來？

關於庸國的起源，古往今來眾說紛紜，目前較流行以下幾種說法：

第一種說法是「容成氏」之說。對於容成氏的身分，又有兩種不同的看法。一種看法認為，容成氏是「黃帝之臣」，《博物志》載：「容成，黃帝之臣。」《後漢書》對此觀點持肯定態度。另外一種看法認為，容成氏是古代諸皇之一。《莊子．胠篋》載：「昔者容成氏、大庭氏、伯皇氏、中央氏、栗陸氏、驪畜氏、軒轅氏、赫胥氏、尊盧氏、祝融氏，神農氏，當是時也，民結繩而用之。」對於《莊子》的記載，有學者曾表示懷疑，但上海地區出土的簡牘中，對容成氏進行了記載。上古時期，「容」與「庸」通用，因此**有人說容成氏就是庸成氏，容成氏就是庸國的先君**。

第二種說法是「祝融」說。對於祝融的身分，也有多種說法。一說祝融是上古三皇之一，《禮》中說：「伏羲、神農、祝融，三皇也。」又說：「祝者，屬也；融者，續也，言能延續三皇之道而行之，故祝融也。」《莊子》中記載，在神農之前祝融就已經存在。還有一種觀點，祝融就是上古三皇中的燧人氏，因為他發明了鑽木取火的辦法，為人間帶來溫暖，因此人們尊稱其為祝融。也有人說，祝融是黃帝的大臣，《通典》稱黃帝「得祝融而辨南方，得蚩尤而明元道，得太常而察地理，得蒼龍而辨東方，得風而辨西方，得后土而辨北方，謂之六相」。祝融是黃帝的六相之一。

還有人說，祝和融是帝嚳管理火正（火種）的兩位大臣，即顓頊的兩個兒子重黎和吳回。《史記．楚世家》記載：「重黎為帝嚳高辛居火正，甚有功，能光融天下，帝嚳命曰祝融。共工氏作亂，帝嚳使重黎誅之而不盡。帝乃以庚寅日誅重黎，而以其弟吳回為重黎後，復居火正，為祝融。」《山海經》載：「炎帝之妻，赤水之子聽訞（讀作夭，意同妖），生炎居，炎居生節並，節並生戲器，戲器生祝融，祝融降處於江水，生共工……洪水滔天，鯀竊帝之息壤以堙洪水，不待帝命。帝令祝融殺鯀於羽郊。」又載：「南方祝融，獸身人面，乘兩龍。」有學者研究認為，**「融」與「庸」音近，「庸」即「融」演化而來，因此，庸人就是祝融氏的後代**。

綜合諸多文獻來看，古庸人應該是顓頊苗裔的分支，但對於其國君的祖先到底是誰，就根本無從考證了。

對庸國國君祖先的爭論雖然難以平息，但爭論的人物卻都在夏禹之前。夏禹的兒子啟建立了夏朝，因此，**庸國的起源應該比夏朝更早**，這一點毋庸置疑。

庸國的都城名為上庸，此名本身也表現出庸國的古老。「庸」有「城」的意思，上庸的意思既是上古之城，也可以理解為天子之城。《樂府詩集·鼓吹曲辭一》載：「上邪！我欲與君相知，長命無絕衰。」意思就是說：「蒼天啊，我要與君相知相守，還要使這種相知永遠不停止。」這裡，「上」就是天的意思，上庸中的「上」字也就是天、天子的意思了。

從古人類學來看，庸人活動的長江流域中下游地區，早已有遠古人類的足跡。迄今為止發現的化石中，有距今約四千五百萬年的古猿化石、距今兩百萬年的巫山人、五十萬年以前的長陽人，以及五萬年以前的漢陽人。

▲上庸長闕

進一步縮小到古庸國的國境之內，**在原古庸國屬地的堵河入口處，發現了比北京猿人早一百五十萬年以上的古代猿人頭骨**、十萬至六萬年的「鄖西晚期智人」牙齒，而以**霍山坡、**

黃土凸等為代表的堵河流域的新舊石器時代遺址，表明庸國地區確實是人類的搖籃。有人就大膽推測，認為**庸國是中華文明的源頭**。

亡國後庸人大舉遷徙，開闢「桃花源」

西元前六一一年，楚國遇上嚴重災荒，楚國的鄰國乘其危難，群起攻楚。庸國國君也起兵東進，率領南蠻附庸各國的軍隊匯聚到選（今枝江），大舉伐楚。

楚莊王火速派使者聯合巴國、秦國，從腹背攻打庸國。不久，楚與秦、巴三國聯軍大舉破庸，庸都方城被敵人攻破，庸國滅亡。

庸國占有逐鹿中原的最佳位置和最強實力，但伐楚未成反被楚國滅亡。庸國滅亡後，秦、楚兩國疆域相連，在**兩大強國近四百年的戰亂中，故庸舊地朝秦而暮楚**，昔日的古都方城不斷變換著兩國戰旗，陷入水深火熱之中。

早在滅國之時，庸人就展開悲壯的遷徙，他們的遷徙路線沒有更多的選擇，只有沿著武陵山脈過峽江，進入到清江、酉水、澧水流域，而這些區域，正是現在土家族（編按：一支擁有一千多年歷史的古老民族，列第八大民族）的主要分布地。

庸人就在逃亡的遷徙中從歷史中消失蹤跡。從流傳於今的張家界、湘西的地名中可以看到，從遙遠的庸國遷徙而來的是一個龐大的族群，在與當地族群經過最初的衝突後，他們融入土家族的先民中，並為我們留下一系列地名：庸州、大庸溪、大庸灘、大庸坪、大庸口、庸水、武陵江……在**鄂西、張家界、湘西更為廣大的山林中，庸人與當地族群和諧共處，並將大庸開發成為避秦遺世的武陵仙境**，隱逸文化成為此時期大庸文化的特質。歷朝歷代，此隱逸文化吸引著許多人到此歸隱。

庸國為何流行「懸棺」這種喪葬文化

在中國，自有文字紀錄以來，庸國便是記載中最古老的國家之一，其建國具有連續性、穩定性的特點，長期以來形成獨具特色的文化特徵，如飲食文化、服裝文化、婚姻文化、語言文化、娛樂文化、巫文化等，其中，最為獨特的是其喪葬文化。

喪葬文化的特色之一是岩葬，一般稱其為「懸棺文化」（編按：關於為何採取此種葬法，有一說是在古代，人們非常懼怕兇死者的惡魂，比如「吊死鬼」、「淹死鬼」等非正常死亡的人，古人就是透過懸棺這種特殊葬法，來處理兇死者的屍體，以斷絕兇魂與活人的聯繫）。中國長江三峽以及漢水流域、重慶、四川、湖南、江西、福建等地的懸棺，一直是史學家研究的重要課題，有些謎底長期無人揭開。有人認為這是巴人祖先的一種喪葬文化，有人稱其為「僰人棺」，也有認為是楚人的風俗，還有人說這種喪葬文化源於福建，後傳入長江、漢水流域。長期以來，莫衷一是。

其實，三峽地區的懸棺屬於古庸國的岩葬文化。古庸國人有岩葬文化的傳統，有岩屋的地方直接把棺木放進岩屋內，沒岩屋的地方就在崖上鑿個洞穴放進去。在竹溪河流域，兩岸懸崖上至今仍保留著一些洞穴，當地人稱之為「老人洞」（編按：據說古時用來寄放失去勞動能力的老人，並只給三天的飯糧，此點證明中國曾有「棄老」習俗），即為古人喪葬之用。

古庸人最初風行岩葬，後來變為人造洞穴，再後來逐漸演化為土葬。而岩葬的棺木、屍體大多年長月久風化湮滅。岩葬文化一直延續到明、清時代，甚至到現代其風俗仍未完全破滅。庸人有岩葬的風俗，就不難理解為何庸國立國千年，卻未發現古庸人王室墓穴的疑團。

庸國喪葬文化的另一個獨特之處是「打夜鑼鼓」，又叫「唱孝歌」。打夜鑼鼓一般有兩人或三人，一人繫鼓，一人提鑼，圍著靈柩邁著慢慢舞步，邊走邊唱，一應一對，或後隨一人跟唱。發現於神農架林區的《黑暗傳》，現被稱之為漢民族第一部敘事史詩，實際上是流行於江漢中西部地區民間的打夜鑼鼓歌詞唱本。《黑暗傳》不是出自某人、某時或某地，而是古庸國人世代文化延續的結晶。

獨特的喪葬文化使得庸國人更加神祕莫測、更加富於傳奇性，這也正是庸國至今仍未被人們遺忘的原因吧！

▲懸棺

第3章

馬背上的帝國，問鼎中原也消失在中原

稱雄大漠的匈奴、建立強大遼朝的契丹、為隋唐盛世奠基的鮮卑族……這些在馬背上打天下的游牧民族，逐鹿中原的同時，也漸漸與漢人交相融合。

01 取代月氏稱雄大漠，匈奴敗給自己而絕跡

在廣袤的草原上，有個像雄鷹一樣的民族，他們能征善戰，被稱為「馬背上的王者」；他們是草原文明的締造者和傳承者；他們的鐵騎不斷踏入農業文明的領地，透過掠奪資源，來延續著自己的存在。**他們一批批從蒙古高原衝出去，征服許多亞洲帝國，一度成為半個歐洲的統治者**。這個民族有著一個讓人敬畏的名字——匈奴！

匈奴人用自己的剽悍和勇武，建立當時亞洲大陸上最強大、幅員最遼闊的大帝國——匈奴帝國，並與漢帝國連年征戰。雖然漢帝國在與匈奴的征戰中取得巨大勝

▲ 布達佩斯英雄廣場上的匈奴人雕像

利，但也損耗了巨大的國力，導致逐漸衰落。匈奴則在漢帝國的壓力下，分裂為南北匈奴，**南匈奴與漢族交往頻繁，逐漸與漢族融為一體，北匈奴則在西遷以後銷聲匿跡。**

蒙古高原上的戰鬥民族——匈奴崛起

相傳，匈奴人是夏人的後代（該地區許多種族的合稱），經過千百年的生息繁衍，匈奴逐漸成為中國北方的古老民族。匈奴於西元前三世紀興起於河套地帶（今內蒙古、山西一帶），游牧於大漠南北。

「匈奴」這個名字很早就出現在史冊當中，《逸周書．王會篇》、《山海經．海內南經》、《戰國策．燕策三》等史書中都有記載。匈奴，據說是鬼方、混夷、獯鬻（ㄒㄩㄣˋ ㄩˋ）、葷粥、獫狁（ㄒㄧㄢˇ ㄩㄣˇ）、胡等的異譯。中國近代的大學者王國維先生則認為，「匈奴」二字快速連讀，就發「胡」字的音，而胡這個字在匈奴人心目中即為「天之驕子也」。匈奴一詞，漢語的意思直譯為「人」，意義為「天帝之子」、「上天之子」。

匈奴族早在西元前七、八世紀時就已在中國北方的廣大地區繁衍生息，建立起氏族和部落聯盟。比起中原的政權體系，匈奴的政權體系要簡單得多，他們的首領被稱為單于，單于就相當於中原的國王、君主。《漢書》中記載：「單于姓攣鞮（ㄉㄧ），其國民稱之為「嶠黎孤塗單于」。匈奴語把天叫做「嶠黎」，把子叫作「孤塗」，單于就是天子的意思。在單于之下，則有左、右二賢王，各率領一大部落。

匈奴人最初的政治、經濟中心在今內蒙古自治區的河套及大青山一帶，後始逐步移居漠北。相對於中原穩定的政權結構來說，匈奴的政權結構相對靈活散漫。據《史記》記載：「自淳維（傳說為匈奴人始祖，夏桀之子，夏亡後入北方建國）以至於頭曼千有餘歲，時大時小，別散分離。」匈奴涵蓋各氏族和部落，彼此間並沒有永久性的盟約關係，只是根據共同的利害關係隨時聚合離散。

匈奴於西元前三世紀時進入鐵器時代，由於鐵器的普遍應用，使得匈奴的軍事實力得到相應加強。軍事實力加強以後，軍事活動就相對頻繁了起來。匈奴

▲ 河套地區的風沙區

的鐵騎，經常馳驅於樓煩（今山西省寧武縣一帶），騷擾當地的居民。不久，匈奴又逐步推進，將勢力擴至戰國七雄中的秦、趙、燕邊境，並不時給燕、趙二國以威脅。西元前二六五年，匈奴騎兵被趙將李牧擊敗。雖然在李牧擊敗匈奴騎兵以後，匈奴鐵騎騷擾北方人民的事情得到緩解，但是沒過多久，匈奴的兵馬又捲土重來，使得北方邊境上的人們又受到極大的損失。

秦朝成立以後，秦始皇嬴政派遣大將蒙恬出兵攻擊匈奴，於此同時，還派遣自己的大兒子扶蘇為監軍，與蒙恬一起打擊匈奴。由於這二人治軍有方，使得匈奴鐵騎連連失敗。匈奴戰敗後，「不敢南下而牧馬，士不敢彎弓而報怨」。但是到了秦朝末年，匈奴卻又乘機向南發展，逐漸傍近秦朝的邊塞。此時，秦朝已經搖搖欲墜，也就無暇顧及匈奴鐵騎了。

根據《漢書》的記載，在大約西元前二一五年時，匈奴部落的大本營所在地不在外蒙古，而是在內蒙古一帶。匈奴的興起，與匈奴國家的創立者頭曼密不可分；頭曼是匈奴的首領，也就是單于（頭曼未必是夏朝淳維後

▲ 蒙恬像

代）。秦滅亡之後，頭曼趁著中國內亂、無暇北顧，於是發兵南下，一舉取得蒙古地區，氣焰之盛，不可一世。

白登之圍，這回輪到劉邦四面「胡」歌

冒頓——這位戰功赫赫、剽悍英武的單于，可謂叱吒風雲的人物，他的出現改變了匈奴，也改變了世界。

冒頓是匈奴單于頭曼的長子，依例成為匈奴太子。但是，有一年，頭曼一名愛妾為頭曼生了一個小兒子，頭曼單于愛屋及烏，竟然想讓小兒子做單于太子，於是，頭曼單于做了個匪夷所思的舉動，那就是將冒頓送給當時另一支強大的游牧部落——月氏國充作人質。更不可思議的是，在冒頓充作月氏國人質後，頭曼單于突然下令發動對月氏國的進攻。冒頓在這性命攸關的時刻，連夜偷了匹月氏寶馬，奪營而出，歷盡各種艱險，成功返回匈奴部落。頭曼單于覺得冒頓能幹，於是就給了他一萬名控弦騎兵，

▲冒頓單于像

讓他在外訓練征戰。

胸懷壯志的冒頓對於父親的舉動深感憤怒，但他沒有表現出來，率領著他的騎兵日夜訓練，並利用忠於他的部隊將自己的父親頭曼射殺，接著把他的後母、弟弟和不服從的大臣全部殺死。冒頓自立為單于，這就是冒頓單于。

冒頓殺父自立後，以優異的軍事才能，指揮匈奴鐵騎東擊東胡，西攻月氏，南吞樓煩，並征服北方諸國。冒頓單于作為全國最高首領，總攬軍政及一切對外大權，下設各個機構，組織完整的統治體系。此時的匈奴帝國，疆域東盡遼河，西逾蔥嶺，南達長城，北抵貝加爾湖一帶，匈奴帝國達到頂峰時期。

當兩個強大的帝國比足而立時，或許，戰爭才是這兩個巨人最好的交流方式。

漢初，匈奴貴族經常率領騎兵南下，掠奪漢朝北部邊郡的人口、牲畜和財物。西元前二〇一年，被漢朝封到馬邑的前韓國貴族韓王信，在冒頓單于四十萬大軍的圍困壓力下向匈奴投降，這直接導致漢帝國的門戶大開，冒頓單于率匈奴主力越過句注山，直逼晉陽（今山西太原）。

在這種情況下，西元前二〇〇年冬天，漢高祖劉邦率三十二萬大軍御駕親征，與匈奴主力決戰。此時，正遇上冬天嚴寒下雪的天氣，戰士凍掉手指的有十之二、三。冒頓覺得如果正面衝突不一定戰勝，於是**用計假裝失敗逃跑**，**引誘漢軍**。剛剛打完勝仗的漢軍鬥志昂揚，毫無顧忌的追趕匈奴大軍。冒頓見漢軍認為他們有機可乘，就把他的精銳軍隊隱藏起來，只擺出一些老弱殘兵誤導漢軍。於是，漢軍出動全部軍隊，多半是步兵，共三十餘萬，向北追擊匈奴。**當滿懷希望的漢軍到達平城時，冒頓立即指揮他的四十萬精銳騎兵，在白登山把劉邦包圍起來。**

七天之內，漢軍內外不能相互救助，軍糧短缺，人心浮動。冒頓單于的騎兵，在西方的全是白馬，在東方的全是青馬，在北方的全是黑馬，在南方的全是赤馬，威風無比。

為了解圍，漢高祖只得採納大臣陳平的建議，向冒頓的一名愛妾閼氏行賄，生活在草原上的女子被眼前的金銀珠寶深深吸引，於是就對冒頓說：「兩方的君王不能相互圍困，如果得到漢朝的土地，單于終究是不能在那裡居住的，而且漢王也有神的幫助，希望單于認真考慮這件事。」

同時，由於冒頓與韓王信的將軍王黃和趙利約定的會師出了點問題，王黃與趙利的軍隊沒按時到來，冒頓疑心他們與漢軍有預謀，就採納了閼氏的建議，解除包圍圈的一角。接著，劉邦急忙率兵歸還，同時派使者送給冒頓單于一位公主，並奉送匈奴一定數量的棉絮、繒、酒、米和食物，**相互結為兄弟，實行和親。這便是歷史上的「白登之圍」**。

▲白登山

從冒頓單于情書求歡，到昭君出塞和蕃

後來，在冒頓單于執政時期，有一次匈奴還直接挑釁中原。

漢高祖劉邦死後，漢惠帝繼位，呂后（呂雉）垂簾聽政，並且大肆封賞呂氏一族，弄得西漢朝廷烏煙瘴氣。冒頓單于覺得西漢正是孤兒寡母執政之時，有機可乘，於是，命人寫了封信給呂后。呂后拆開一看，信中寫道：「我現在是個枕邊寂寞的君王，生活在北方草原如此荒涼的地方。我最擅長騎馬打仗，麾下擁有精兵猛士三十萬。現在，我來到邊境，很想深入你們中原腹地一遊。聽說妳的丈夫不久前死了，想必妳也是空閨難守。我們兩人，一個孤男，一個寡女，都是寂寞之人。妳何不來與我相見呢？咱們結秦晉之好、行魚水之歡，這一定會是讓妳我都高興的事！」

呂后是個母儀天下的皇太后，也是國家的象徵，豈能如此受辱，於是就有大將怒髮衝冠，想要請命率領大軍十萬掃平匈奴，為大漢朝雪恥。可是，立即有人當頭棒喝，抑制這個魯莽的想法，說：「當年高帝（指劉邦）統領四十萬大軍北伐匈奴，被匈奴圍困七天七夜。那時候，叫天天不應、叫地地不靈，險些使先皇命喪於此。當時百姓還作了歌謠，說『平城之下亦誠苦，七日不食，不能彀（ㄍㄡˋ，拉滿弓）弩』。先皇文韜武略可謂無人可比，可是仍舊敗在匈奴人手裡，可見匈奴人之兇險狠毒。而且，匈奴本是沒有受過教化之地，人民愚昧無知、禽獸不如，還是不和他們做正面衝突為好。」

劉邦白登之圍的事人盡皆知，**連劉邦帶的四十萬大軍都差點全軍覆沒，現在朝廷實力不**

如當時，誰還能與匈奴抗衡？呂后也明白這個道理，只好忍氣吞聲、曲意逢迎。

然而，風水輪流轉，隨著漢初休養生息政策效果的顯現，西漢王朝逐漸強大起來；反觀匈奴，逐漸沉迷於聲色犬馬之中，逐漸喪失當年高昂的鬥志。即便如此，雄才大略的漢武帝即位後的十二年間，為未來對匈奴的反擊進行各方面的準備時，仍然相當謹慎。西元前一三三年，漢武帝下達開戰的旨意。漢匈五十多年的脆弱和平終於破裂，兩大強國的全面戰爭展開了。之後，**漢武帝一連對匈奴發動三次大規模的戰役。在西漢王朝厲兵秣馬之際，匈奴帝國陷入內亂之中**，西元前一二六年，匈奴帝國最後一個偉大的單于——軍臣單于，因病去世。軍臣單于的弟弟伊稚斜自立為單于，並和軍臣單于的兒子於單爆發爭奪大單于的戰爭。經過一系列的戰爭，伊稚斜獲得勝利，成為匈奴的大單于。但是，這場王位爭奪戰，大大消耗了匈奴帝國的實力。伊稚斜和他之後的繼承者，基本上沒有為匈奴帝國再現輝煌，相反，他們多短命。從西元前一四一年到西元前八十二年，漢武帝劉徹在位的這段時間，匈奴換了七個單于，而漢王朝只有劉徹一人。劉徹依

▲ 霍去病像

靠軍事天才衛青和霍去病發動的三次大戰役，使得匈奴元氣大傷，逐漸衰弱下去。

在西漢的打擊下，匈奴很快衰落，不久又再度陷入內亂。西元前六十二年，虛閭權渠單于死後，匈奴統治集團內部發生分裂和內訌，出現五單于爭立的局面，匈奴幾乎陷入絕境。最終，**呼韓邪單于**稽侯狦取得優勢，占據了單于王庭，並歸降漢朝為藩臣。在漢元帝時，呼韓邪單于向漢朝**請求和親，漢朝應允，並讓王昭君以公主的身分遠嫁匈奴**。由於王昭君的作用，保持匈奴和漢朝之間近半個世紀的和平相處。於此同時，與呼韓邪單于對抗的郅支單于，見漢朝大力支持呼韓邪單于，懼於強大漢朝的威勢，只好漸漸率眾西遷。

西元四十八年，統管匈奴南八部的呼韓邪單于之孫——右日逐王（編按：地位次於左賢王，往往以單于的子弟充當）自立為單于，仍以呼韓邪為號，效法祖宗歸附中原，他率部南遷，歸降漢朝，東漢政府封他為南單于。從此，留在中國境內的匈奴分裂為南北兩部。東漢政府打擊實力較強的北匈奴，使得北匈奴不得不全面退守漠北和西域北部一帶。

東漢時代，北匈奴內部出現極大的矛盾，而且屋漏偏逢連夜雨，自然災害也開始找上這個部落。這一切對於北匈奴來說，可說是天災人禍通通來，可是對於漢朝政府來說，可算是個絕好的機會。於是，漢朝立刻與南匈奴等聯兵出擊北匈奴。北匈奴的單于受到兩面夾擊，接連大敗，於是只好率部分族人西遷（沒有證據顯示西遷的匈奴人後來橫掃歐洲，匈人是種族集團而非單一種族），至此，北匈奴政權全面瓦解。

漠北地區被西進的鮮卑族占據，而留在草原東部的匈奴尚有十餘萬人。他們**歸順鮮卑，成為鮮卑族中的一個部落**。

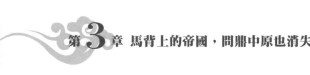

02 遼朝有多強？歐洲至今仍稱中國為契丹

中華民族是神州大地上多個民族歷經幾千年融合而成的，在這幾千年的歷史長卷中，曾有一個民族扶搖而起，又神祕消失，這就是契丹族。

契丹的本意是「鑌鐵」，即堅固之意。**這個剽悍勇猛、好戰威武的民族，在兩百多年的時間裡曾經揮斥長城內外、飲馬黃河**（編按：典出自春秋時期，楚莊王稱霸中原後，將軍隊開到了黃河邊，向周天子和天下諸侯示威，昭示自己有統一天下的野心。此詞和逐鹿中原、問鼎中原同意）。契丹有著無比神祕的文化，考古人員發現的一塊刻滿怪異符號的石碑，究竟有何用意？自明代

▲ 契丹人形象

以來，契丹人就集體失蹤，人們再也聽不到關於他們的消息，這又是為什麼？

「馬背上的民族」雄霸中國大半江山

據《魏書》記載，早在一千四百多年前，契丹這個中國北方民族就已經出現了。契丹最早分為八個部落，部落首領每三年推舉一名盟主作為頭領。據說這個習俗還有著一個故事：有一位男子騎著一匹白馬自湟河（今西拉木倫河）而來，一位女子則乘青牛自上河（今老哈河）而來。二者相遇，結為配偶，生了八個兒子。後來，他們的八個兒子分別繁衍為八個部落，逐漸發展成後來的契丹。這即是契丹民族的「羅曼史」。

▲耶律阿保機像

唐太宗時，契丹首領大賀窟哥率領部族向唐朝稱臣，唐朝在那裡設置松漠都督府，並把這一地區分為十州管轄，封窟哥為都督，賜姓李。此後，契丹定期向唐政府繳納貢品，並從那裡得到所需的日用品、兵器等。

後來，唐朝走向衰落，北方草原上的突厥稱雄，實力較弱的契丹只得臣服於突厥，之後很長時間在唐朝與突厥間擺盪。到了西元九世紀中期，契丹部落逐漸發展壯大，開始稱霸草原。他們兵強馬壯、驍勇善戰。部落首領耶律阿保機統一了契丹各部，於西元九一六年建立契丹國，九四七年改國號為遼。

大遼王朝最強盛時期，曾經雄霸中國北部半壁江山，疆域北到外興安嶺、貝加爾湖一線，東臨庫頁島，西跨阿爾泰山，南抵河北和山西北部。契丹王朝在中國延續存在了兩百多年，與宋朝形成南北對峙的格局，差點就將宋朝滅亡而統一全國。家喻戶曉的《楊家將》，講的就是一千年前，宋朝軍隊在楊家將率領下，與強大的契丹軍隊激戰沙場的故事。在此期間，**中原地區通往西方的絲綢之路被阻斷，以致許多西方國家誤以為整個中國都在契丹的統治之下。於是，契丹成了全中國的代稱**。馬可・波羅在他的遊記裡第一次向西方介紹東方時，就以契丹來命名中國，直到今天，在斯拉夫語國家中，仍然稱中國為「契丹」。

之後，遼國曾多次易名。西元九八三年，改國號遼為大契丹。西元一〇六六年，又恢復大遼的國號。遼國共經歷九位帝王，統治時間長達兩百一十年。遼聖宗之後的幾代帝王日益腐敗，他們崇拜佛教，為此不惜大興土木，耗費大量的人力、物力修建廟宇，國勢因此而日漸衰落，民不聊生。與此同時，統治集團內部也因爭權奪利而互相殘殺，造成各部落間互相傾軋，遼國的軍事實力大為削弱。

遼朝皇帝的腐敗使國力大大受損，而遼朝下屬女真族的一支卻悄悄發展起來。西元一一二四年，在中京決戰中，遼國敗給女真國建立的金國，耶律大石率所屬部下逃往西部，另一支契丹部族在八剌黑的率領下逃到伊朗。一一二五年，遼國滅亡。八剌黑在伊朗建立了起兒漫王朝，並改信伊斯蘭教，與當地人漸漸融合，不再具備契丹族的特徵。一一三二年，耶律大石在葉密立城稱帝，建年號延慶，哈剌契丹國正式建立，史稱「西遼」或「西契丹」、「後契丹」。一二一八年，西遼被蒙古大軍消滅，契丹從此正式滅亡。

「契丹」，被西方世界誤認為是中國的代稱

中國在英語中的名稱為「China」，來源於中國的瓷器名稱，然而卻有很多其他的外國語言並不這樣稱呼中國。**在俄語、希臘語，以及中古英語中，整個中國均被稱為「契丹」**。如現在在俄語中，中國的發音是「Kitay」。

那麼，為什麼中國的稱呼在不同的國度、不同的時期會呈現出這樣的差異呢？「Kitay」、「Cathay」這兩個詞又是源自哪裡，代表著什麼意思？

其實，俄語中對中國的稱呼來源於契丹。「Kitay」就是契丹的音譯。「契丹」在古代還被翻譯成「Kitala」或「Cathala」、「Cathay」，是遼朝建立者的族名。法國人雷納・格魯塞在《草原帝國》中說：「契丹（漢名），阿拉伯－波斯語（Khitai），蒙古語（Kital）。」《劍橋中國遼西夏金元史》：「**契丹在整個歐亞大陸成為中國的代稱**。在俄羅斯和整個斯拉夫語世界中，至今還用這個稱呼來稱中國。」現在俄羅斯等眾多國家稱呼中國直譯過來是「契

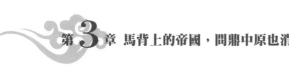

丹」，俄國人到目前為止仍然稱中國為「Kitay」，稱中國人為「Kitanyes」。在穆斯林文獻中常把北中國稱為「Khita」、「Khata」，這都是從契丹演變而來的。既然契丹是一個消失了的少數民族，為什麼會用它來代表整個中華民族呢？

契丹原意為鑌鐵，它作為民族稱號，象徵契丹人頑強的意志和堅不可摧的民族精神。歷史文獻最早記載契丹族，開始於西元三八九年，柔然部戰敗於鮮卑拓跋氏的北魏。其中北柔然退到外興安嶺一帶，成為蒙古人的祖先室韋。而**南柔然**避居今內蒙古的西拉木倫河以南、老哈河以北地區，以聚族分部的組織形式，過著游牧和漁獵的氏族社會生活。此時**八個部落**的名稱分別為悉萬丹、何大何、伏弗郁、羽陵、匹吉、黎、土六於、日連。在戰事動盪的歲月中，各部**走向聯合，形成契丹民族**，先後經過大賀氏和遙輦氏兩個部落聯盟時代，後建立遼朝。

西元九一六年，契丹國建立，九四七年改國號為大遼。遼自太宗耶律阿保機至九世帝耶律延禧，歷時兩百一十九年。耶律阿保機在位期間，任用漢人韓延徽等改革習俗、建立城郭、創制契丹文字、發展農商，年號也仿中原，並任用大量漢人官吏管理國家。遼在政治、經濟、科技、文化諸多方面多有建樹。遼文化即以根植本土的游牧文化為主體，吸收中原文化，構

▲ 契丹錢幣

成自己的契丹文化。契丹王朝在中國北部持續存在了兩百多年，與西夏和宋朝形成對峙的格局。在此期間，中國中原地區通往西方的絲綢之路被阻斷（當然，民間意義上的絲綢之路從未中斷），以致歐亞大陸中西部國家，誤以為整個中國都在契丹的統治之下。

契丹不僅在對外聯繫上發揮著重要的作用，它本身的經濟、文化、宗教等方面由於受到中原文明的影響，也十分發達，它還把自身的文化等向外傳輸，影響著外界對中國的印象。外國甚至認為契丹就代表著整個中華民族，於是，契丹成了全中國的代稱，時至今日。

後來，雖然契丹衰落了，繁盛的文明也隨著消失，但是那些歐洲國家仍然沒有改變這種以契丹國名、族名稱呼中國的習慣，這種習慣在這些國家中一直延續到今天。儘管它的原意已經被人們遺忘，但從這個詞彙中，我們仍然可以看出契丹繁盛時是何等景象。

契丹雞冠壺、鞍具，誰是天下四大精品

契丹民族有自己獨特的文化

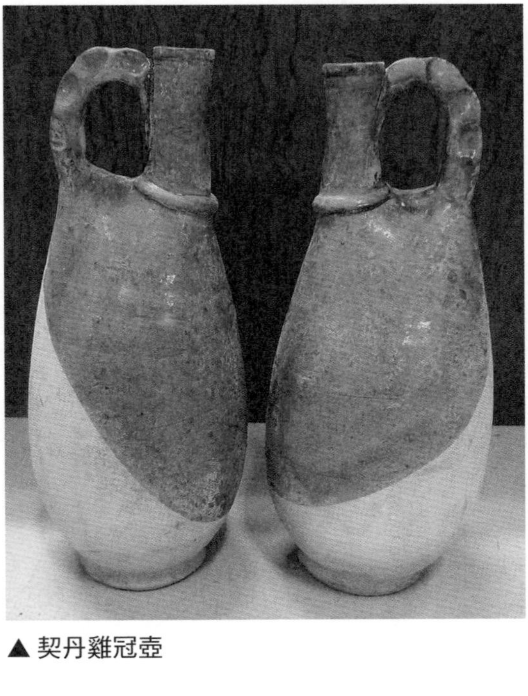

▲ 契丹雞冠壺

和燦爛的文明。**在契丹的各種工藝製品中，尤其以雞冠壺和馬鞍為著名。**

雞冠壺亦稱「馬鐙壺」、「皮囊壺」，是模仿契丹族皮囊容器的樣式，燒製而成的陶或瓷壺，為裝水或盛酒的器皿。呈扁體，下腹部肥碩，上腹部一端有向上直立的管式短流，餘部邊緣呈板平的一半雲頭形或滿弓式提柄，與短流連接，形狀很像公雞的頂冠，所以叫作雞冠壺。雞冠壺大體上可分為扁身單孔式、扁身雙孔式、扁身環梁式、圓身環梁式、矮身橫梁式等幾種。

雞冠壺造型別緻、製作精美，堪稱國之瑰寶。遼寧省朝陽地區遼代墓中，出土了一把遼代仿皮囊式雞冠壺，壺通體褐胎黃釉，由於釉層較薄且年代久遠，多已脫落。這把雞冠壺高二十一公分，筒狀小口，鼓腹下垂，小平底略內凹。上部兩側緩收合為雞冠狀，冠上中部有一凹槽，凹槽處加飾仿縫合皮囊的榫狀物，凹槽兩側各有一圓形穿孔。腹中部有兩條凸弦紋曲弧向上，共承起一火焰狀物。在邊緣處還加飾一條上窄下寬的帶狀邊飾，似仿皮囊為防止洩漏而加飾的邊飾。上加複層臺狀小蓋，蓋上有螺旋狀小鈕。

雞冠壺的顏色又有單色釉、三彩陶器之分。三彩釉陶雞冠壺的釉色以綠色為多，白釉、黃釉等級不高，醬釉和茶葉墨綠釉最為稀少，一般都是赤峰「缸瓦窯」官窯燒製的。有的雞冠壺壺底刻有「官」字，表明是政府負責燒製的。近年，在赤峰市松山區發現松州窯，又稱「缸瓦窯」。

雞冠壺的發明和使用，與契丹族的生活習慣有著密切的關係。四處游牧是契丹最為重要的生活方式，而在游牧時如何攜帶水，就成了重要問題。普通的瓷壺都是圓形或方形的，不便於攜帶。因此，扁體弧底、適於懸掛在馬鞍上的皮囊壺，成了他們必備的生活用具。可是，從一九五四年遼寧赤峰遼駙馬墓出土的白釉雞冠壺，和遼寧博物館收藏的白釉刻花提梁壺來看，皮囊壺的特徵已經不明顯。這是為什麼？很可能是因這種皮囊壺不美觀，而漸漸被人們淘汰。契丹人對外部美觀、但不實用的傳統瓷壺進行改造，把水壺設計成皮囊壺的樣式，使**瓷壺與皮囊壺的優點充分結合起來**。雞冠壺的造型完全模仿皮囊壺，連皮革的接縫和細密的針腳都模仿得唯妙唯肖，初看者很難分辨出是皮囊壺還是瓷壺。隨著時間的發展，仿皮囊雞冠壺開始漸漸脫離皮囊的原形。

透過雞冠壺，可以看出遼國製瓷業的興旺發達。遼代製瓷業在當時手工業部門中占有重要地位。在沒有陶瓷業生產之前，契丹人日常生活用的器皿皆用木、皮囊及粗陋的泥陶製成。有了陶瓷業後，所燒造的陶瓷器和釉陶瓷器，即成為日常生活主要用品，一改過去的簡陋。從遼國的陶瓷業中，還可以看出其與周邊民族的文化交流。遼國瓷器的造型可分為中原式和契丹式兩類，中原式仿造中原的風格燒造，有碗、盤、杯、碟、盂、盒、壺、瓶等，**遼三彩器仿唐三彩而來，釉色較唐三彩器更為濃豔**，海棠長盤則為模仿波斯式金銀八曲盤形製作成。這些都反映了契丹對周邊文化的吸納。

除此之外，**有「馬背上的民族」之稱的契丹人，還十分擅長製造馬鞍**。馬鞍是游牧民族生活中必備的生活用品。同時，契丹人也是世界上最早製造、使用馬鞍具的民族之一。宋文忠公歐陽修出使遼朝時，見到契丹人騎馬打獵的生活，曾寫道：「兒童能走馬，婦女亦腰弓。」這正是對當時契丹人生活場景的真實寫照。在常年的游牧射獵生活中，為了更好的駕馭戰馬，使其既舒適、適用，又能保護馬匹，且最大限度的發揮其奔跑能力，契丹進一步提高馬鞍的製造工藝，政府還專門設置製造馬鞍、馬具的部門。經過多年的改造，**契丹人不斷對馬鞍製作工藝進行改進，使之有了「契丹鞍具甲天下」的美譽**。

一九七七年，考古工作者在內蒙古赤峰市敖漢旗，發現一個大規模的遼代墓葬，在這個墓葬中發掘出兩幅精美的《契丹人引馬圖》。第一幅圖描繪一位留著鬍鬚的契丹引馬人，左手執棍，右手執轡，戴帽，著長袍、穿短靴，身向前衝，左腿弓，右腿蹬，右足尖點地。左邊一人右手執細鼓棰，擊鼓而舞，戴樸頭，著長袍、尖頭靴，兩腿半蹲，隨著鼓的節奏在起舞。兩人中間有一匹駿馬正奮蹄前奔。第二幅圖描繪一位契丹牽馬者披髡髮（編按：契丹人的髮式，是古代北方許多民族的共同特徵），執棍，棍上有鐵環，著長袍、長氈靴，馬揚後右蹄。右面站著另一個人，戴黑色帽，著長袍、長靴，尖頭朝上，兩足同時向左，似為移步，擊長鼓而舞。

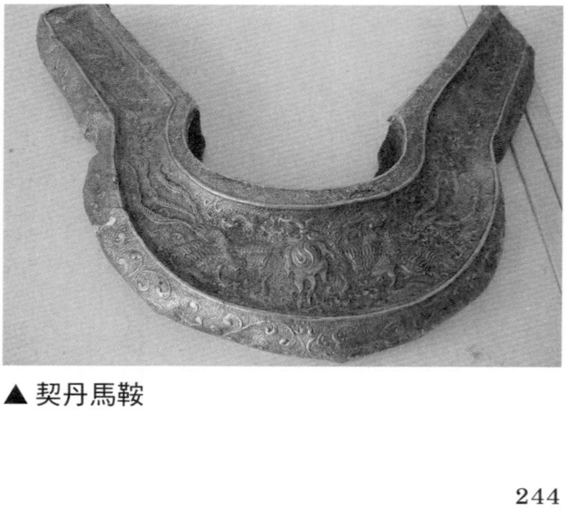
▲ 契丹馬鞍

在這兩幅圖中，馬背上那精緻的馬鞍十分絢麗多姿，引人注目。自古以來，契丹民族所製造的馬鞍就受到許多騎兵、將領的青睞，甚至追捧。因為這種馬鞍不但具有鮮明的民族特色，而且十分適合用於戰場上，另外，它的造型製作精美、講究，也使得它名揚天下。據史料記載，**北宋時契丹鞍與中原地區的端硯、蜀錦、定瓷並稱為「天下第一」的物品**。契丹鞍也是遼代墓葬最為普遍、最為重要的陪葬品之一。在赤峰市大營子發現的遼駙馬贈衛國王墓中，出土了製作極為精美、奢華的銅鎏金馬鞍具，多達一百六十四件，以及全套馬飾具，充分反映當時遼國馬鞍具的先進與興盛。

▲《契丹人引馬圖》（局部）

在遼國的歷史上，馬扮演著不可替代的角色。契丹人長期生活在草原上，以放牧馬匹獲得食物、生活用品。馬還是契丹人最為重要的交通工具，他們騎著馬在大草原上往來馳騁，放牧馬群、牛羊。馬還是戰場上不可缺少的作戰工具。戰馬在那個冷兵器時代（編按：純用物理性攻擊，而不使用火藥等化學燃爆的武器）的戰爭中起著至關重要的作用。一名大將若沒有一匹與之相匹配的戰馬，即使武功再高，也很難在戰鬥中取得勝利。正是因為契丹有著數量眾多的強壯戰馬，才能在草原上征戰馳騁，征服周邊許多鄰國、部落，並帶給中原的漢族政權致命的打擊，由此獲得中原地區的大片領土和大量人口。也正因為獲得戰爭的勝利，契丹國才不斷發展壯大。因此，戰馬在契丹國的發展歷程中，起著重要的作用。契丹人喜愛馬匹，也最敬重馬匹，把馬當成自己的朋友。在契丹貴族墓葬中，均有馬或馬具隨葬，還有打馬球圖（編按：一種騎在馬上，用馬球桿擊球入門的體育活動，馬球在中國古代叫「擊鞠」）、引馬圖等壁畫。

擅長騎射的契丹把鐵、皮革和木器原料用於製作契丹鞍。契丹貴族所用的馬鞍十分考究，從遼太祖的兒子東丹國王耶律倍所畫的《牽黃臂蒼》、《鞍勒率皆瑰奇》的契丹貴族形象中，都可以看出馬鞍的精美。中原的宋朝對契丹馬鞍的製作工藝十分讚賞，稱「契丹鞍，夏國劍……皆天下第一，他處雖效之，終不及」。契丹鞍還被作為禮品送給契丹周邊的國家，中國歷史中記載的遼饋贈宋朝、高麗國的物品中就有契丹鞍，且種類繁多，精緻至極。契丹馬鞍不僅實用性高，而且契丹人還十分注重其他馬具的裝飾。許多契丹貴族的馬鞍上都用黃金包裹，上面鑲有各種名貴的寶石，刻著精美的花紋。在遼寧省建平縣張家營子遼墓，出土的鎏金銀鞍橋外包鑲鏨花鎏金飾件，呈拱形，正面有展翅雙鳳及牡丹紋，異常精美。

契丹民族為何會集體失蹤，契丹族的後裔又是誰？

契丹民族不但創造了強大的軍事王國，而且創造了燦爛的文化。**至今在黃河以北地區保存下來的古佛寺和佛塔，巍峨雄偉，歷經千年風雨依然堅固挺拔**。尤其是山西省應縣的釋迦塔，是現今全世界保存得最高、最古老的木結構塔式建築，歷經多次地震而不毀。

從中不難看出，創造如此輝煌文明的民族，一定有著相當的經濟基礎和雄厚的工程技術力量。同時，也可以看出契丹王朝對各種文化兼收並蓄，除了大量重用中原漢族人才以外，還透過與宋朝的交流，獲得先進的生產技術。契丹民族，確實在中國北方開創過繁華的時代。然而，如此強大的民族，為什麼會突然消失呢？契丹人究竟去了哪裡？他們還有沒有後裔？這個失蹤的民族，成為一個誘人的歷史之謎。

據《遼史》記載，遼滅亡後，至少還有兩大部分契丹人留了下來。一部分是契丹末代皇帝的追隨者，另一部分是聚居在遼國南部的契丹人，還有一些散居各地的契丹軍民。黃河流域不斷出土的文物，表明有的契丹人被女真人降服，有的向北回遷到契丹的發祥地，也有人和北方其他民族逐漸融合為一體。事實上，在金朝統治時期，契丹人不斷舉行起義。當蒙古族興起後，契丹人紛紛投靠，想借助成吉思汗恢復本民族的地位。這也從側面證明，到元代初期，契丹人的勢力仍然十分強大。

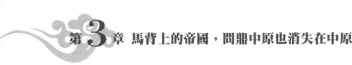

那麼，**幾百萬契丹人到哪裡去了？史學界推測大致有三種可能**：第一種可能，居住在契丹祖地的契丹人漸漸忘記了自己的族源，與其他民族融合在一起。第二種可能，西遼滅亡後，大部分漠北契丹人向西遷移到伊朗克爾曼地區，完全伊斯蘭化，演化為其他民族。第三種可能，金蒙戰爭爆發後，部分契丹人投靠了蒙古，並在隨蒙古軍隊東征西討時，散落到全國各地。這幾種可能雖然不同，但是都表明契丹民族作為一個民族，已經不復存在了，他們已經融合到其他民族之中，永遠消失了。

當然，**也有幾種版本傳說契丹民族沒有被融合，他們作為一個民族仍然存在**。一種說法認為，生活在大興安嶺、嫩江和呼倫貝爾草原交匯處的達斡爾人，就是契丹人的後裔。達斡爾的意思是「原來的地方」，也就是故鄉。幾百年來，達斡爾人就在這裡游牧，但究竟哪裡才是他們的故鄉，達斡爾人自己也不知道，因為他們沒有自己的文字，只能靠口述來傳承歷史，清朝以前的事就沒有人知道了。學者透過比較研究契丹族和達斡爾族的生產、生活、習俗、宗教、語言、歷史等，找到大量證據證明，達斡爾人是繼承契丹人傳統最多的民族。但這些只是間接的證據，具體定論尚待進一步證明。

還有一種說法認為，契丹部落最後流落到雲南地區。此種說法的根據是，在雲南施甸縣，發現一個仍在自己祖先的墳墓上使用契丹文字的特殊族群，統稱「本人」。在施甸縣由旺鎮的一座宗祠裡，還發現一塊上面篆刻著「耶律」二字的牌匾。據「本人」介紹，這是為了紀念他們的先祖阿蘇魯，此點表明他們的契丹後裔身分。歷史上確有記載，阿蘇魯是投靠蒙古的契丹後裔，他的先祖曾參加西南平叛戰爭。但這並不能

▲ 契丹文物

▲鑄有契丹文字的銅器

證明這些「本人」就是阿蘇魯的後代。畢竟漠北和雲南相隔萬里，在沒有確切證據之前，學術界始終未能給這個自稱契丹後裔的族群正名。

最近，中國社會科學院的劉鳳翥教授聲稱利用DNA技術，揭開了這個千古之謎。他率領的專家們先在四川樂山，取到契丹女屍的腕骨；從內蒙古自治區赤峰，取到有墓誌為證的契丹人牙齒、頭骨；在雲南保山、施甸等地採集到「本人」的血樣；從內蒙古自治區莫力達瓦旗和其他幾個旗，提取到達斡爾、鄂溫克、蒙古族和漢族等人群的血樣。完成從古標本的牙髓和骨髓中用矽法提取的線粒體DNA可變區比較後，得出如下結論：**達斡爾族與契丹有最相近的遺傳關係，為契丹人後裔；雲南「本人」與達斡爾族有相似的父系起源，很可能是蒙古軍隊中契丹官兵的後裔。**

但是這項測驗的最大難題，是要證明實驗所獲得並以此進行分析的古代契丹人DNA，的確是古DNA，而不是汙染物。因為古生物遺存中的有機物經長期降解，已保存無幾。實驗只能在有限的DNA中複製擴增並排除汙染。雖然這次分子考古（Molecular Archaeology）的實驗，每一步都進行了陰陽性對比，可還是沒能嚴格按照國際上權威的分子考古——尼安德塔人的分子考古法來執行實驗。

這項測驗還有待進一步驗證。其實，即使最終證明這項測驗結果準確無誤，也不能過於簡單的看待民族源流問題，因為契丹族一千多年來一直保持著外婚制（編按：早期部落時代的婚姻規定，人們只被允許在自身氏族、文化或者社會團體之外選擇配偶），所以純粹意義上的契丹人已經不存在了。

03 烏桓突騎殺翻漢匈，曹操收編稱霸三國

大約在西元前二世紀，烏桓部落就曾出現於中國的科爾沁草原上。他們在這裡創造了燦爛的民族文化，但也留下許多的謎團。他們的稱謂從何而來？這是一個怎樣的部落？他們與中原的漢族有交往嗎？他們最終又怎樣消失？現在，就讓我們來了解一下這個民族的歷史……。

一九五六年，東北博物館文物工作隊在遼寧省西豐縣西岔溝，發掘了六十三座墓葬。這些墓葬屬於早、中期烏桓墓葬，考古工作者從中清理、發掘出數以萬計的文物，從而使這個古國的輪廓漸次清晰的展現在世人面前。

畜牧業發達的烏桓，以牛、馬與他國換取商品

烏桓，是東胡系統的古代民族之一，也有人稱之為「烏丸」、「古丸」、「烏延」等。**烏桓的語言與鮮卑相同**，同屬東胡語言的分支。在中原王朝的秦漢之際，烏桓人主要活動於饒樂水（今西拉木倫河）一帶。東鄰挹婁、扶餘、高句麗等，西連匈奴，南與幽州刺史所部相接，北與鮮卑相望。《史記．貨殖列傳》記載：「夫燕亦勃、碣之間一都會也……北鄰烏

桓、扶餘，東縮穢貉、朝鮮、真番之利。」《後漢書．烏桓傳》也記載：「烏桓者，本東胡也。漢初，匈奴**冒頓滅其國，餘類保烏桓山，因以為號焉**。」

西元前二〇六年，匈奴王冒頓單于消滅了東胡人聯盟，東胡人中的一支向北敗退，來到科爾沁草原中心地帶的烏桓山下定居，於是，烏桓人就在這片土地上生息繁衍，形成他們特有的文化和歷史，為中華民族乃至世界民族注入新鮮的血液。

一九五六年，東北博物館文物工作隊在遼寧省西豐縣西岔溝，發掘了六十三座早、中期烏桓墓葬，從中清理、發掘出數以萬計的文物，其中有大量鐵馬銜及其他馬上用具，許多飾牌都繪有雙牛、雙羊、雙駝、犬馬、犬鹿、鷹虎等圖案，或用各種獸角、獸首、獸足構成的圖案，在三面銅飾牌上並有「騎士出獵」的場面。墓葬中還發現許多零散的馬牙和牛牙，反映出**烏桓人的經濟生活，主要是從事畜牧業和狩獵業**，畜群中既有供日常食用的牛羊，也有供騎乘、戰陣、交通用的馬和駱駝，還有供捕捉飛禽走獸用的獵鷹和獵犬等。

烏桓人不但擅長畜牧業和

▲ 烏桓人形象

狩獵業，還對農業有一定的發展。史書的介紹說這裡「俗識鳥獸孕乳，時以四節，耕種常用布穀鳴為候。地宜青穄、東牆，東牆似蓬草，實如葵子，至十月熟。能作白酒，而不知作麴糱（發酵劑）。米常仰中國」。

除此之外，烏桓的手工業也有一定發展，其中較為重要的有鑄銅、冶鐵、製陶、紡織等。王沈《魏書》稱烏桓「大人能作弓矢鞍勒，鍛金鐵為兵器，能刺韋作文繡、織縷氈」。而范曄《後漢書．烏桓傳》則說：「男子能作弓矢鞍勒、婦人能刺韋作文繡，織氀毼。」這都說明了烏桓手工業的發展情況。

烏桓有著十分發達的畜牧業和狩獵業，為了彌補在其他方面的不足，就以牛、馬等牲畜與漢族、匈奴進行商品交換。大量的牛、馬等牲畜換來許多生活必需品之外，還有貴族從中原交換而來的各種金銀首飾、寶石玉器、綾羅綢緞等等。

烏桓在由原始社會末期轉向階級社會的過程，還來不及建立本民族的奴隸制國家政權，便為曹操征服。雖然烏桓人沒有建立國家，但部落大人（編按：烏桓稱其首領、強者為「大人」）擁有無上的權威，「違大人言者，罪至死」。而且，這些人掌握著大量牛、馬等牲畜、金銀細軟、男女奴僕等，所以這些人才是金銀首飾、寶石玉器、綾羅綢緞等這些中原奢侈品的享受者。這些人被稱作大人或小帥。而那些窮苦人的生活依然相對艱苦，有些淪為奴隸的人，過著極為淒慘的生活，他們拾撿糞草、牧養幼畜……所有髒活、累活都得一力承當。

匈奴消滅東胡政權以後，烏桓以及投靠烏桓的東胡其他部落臣服於匈奴。在匈奴被西漢擊敗後，烏桓脫離了匈奴的嚴密控制，附屬於西漢，但也時常與匈奴往來。東漢時期中原王朝與烏桓之間關係密切，光武帝以大量的金錢和絲綢，使烏桓徹底臣服，**主動要求成為東漢的內屬**。東漢設立了烏桓校尉府，負責處理烏桓、鮮卑事務。這個機構使東漢與烏桓之間的和平關係，保持了半個世紀。漢獻帝時期，烏桓與袁紹勾結，共同對抗曹操。

為了排除烏桓侵擾的威脅，西元二〇七年，曹操親率大軍遠征烏桓。大軍直搗烏桓的統治中心，殺掉了烏桓首領蹋頓，平服烏桓各郡。他把烏桓的一萬餘部眾遷至內地，把烏桓的精兵編為騎兵部隊。這支部隊英勇善戰，在曹操統一北方及與劉備、孫權角力的戰爭中，起了巨大的作用。

遷入內地的烏桓人，因與中原聯繫加深，開始從事農業，並被編入中原王朝的戶籍，逐漸與漢族融合。至於留居在塞外的烏桓人到兩晉時期仍很活躍，並先後歸附於前燕、前秦、後燕、鮮卑。魏晉以後，塞外烏桓與其他諸族錯居雜處，民族成分發生了變化，形成所謂的「雜胡」。久處中原的烏桓人逐漸被漢族同化，烏桓姓氏相繼有郝氏、劉氏、張氏、王氏、魯氏等出現；而另一部分隨著鮮卑發展壯大而加入其中，**先與鮮卑融合，最終隨鮮卑漢化**。

烏桓鐵騎被譽為「天下名騎」，幫曹操統一北方

烏桓人最初形成於科爾沁草原，勢力弱小，受匈奴人控制。後來漢武帝打敗匈奴後，將烏桓人南遷到遼西、遼東、右北平、上谷、漁陽塞外五郡，接受西漢王朝的庇護。自此，烏桓人不斷發展壯大，到東漢時已經發展成遼西、遼東、右北平、漁陽、上谷、廣陽、代、雁

門、太原、朔方邊塞十郡，尤其是遼西、遼東、右北平三郡，烏桓實力更強，他們被曹操打敗後內遷中原，編入曹魏大軍之中。他們騎馬彎弓，馳騁在中原大地，創造出一個個動人的故事，成為華夏大家庭的重要成員。

烏桓人是東胡部落聯盟中的一支，具有東胡人的生活特徵，隨水草放牧，居無常處，勇猛善戰。烏桓人最初生活的地方，史籍中稱作「烏丸川」，即西起西拉木倫河以東，烏力吉木倫河、新開河以南，洮兒河以西，西遼河以北的狹長草原地帶。此時期的烏桓人作為匈奴人的奴隸，他們「歲輸牛、馬、羊皮，過時不具（不繳），輒沒其妻、子（為奴婢）」，因此，烏桓人經常反抗匈奴人的奴役和壓迫，但都被匈奴人殘酷的鎮壓下去。西漢擊敗匈奴後，匈奴人敗逃入漠北，烏桓人自此才從匈奴人的壓迫中解放出來。

烏桓人在西漢王朝的庇護下，部族逐漸強大起來，烏桓人因恃有強大的漢朝作後盾，為報滅族之仇（指襲滅東胡），挖了匈奴人的祖墳。匈奴單于大怒，遣兵二萬騎進擊烏桓，同時又動用三千餘騎入侵漢塞，擄掠漢朝邊民。西漢於是以中郎將范明友為渡遼將軍，率領二萬騎兵出遼東追擊匈奴，匈奴人得到消息，搶先迅速撤離。漢兵遵照大將軍霍光「兵不空出」的原則，轉而對烏桓進行攻擊。烏桓剛受到匈奴重挫，部眾疲弊，在漢軍的攻擊下損失慘重，三位大人被殺，六千餘人被斬首。烏桓無力與漢朝為敵，開始時而歸附西漢、時而與匈奴聯合，實行雙重政治策略。漢朝則以軍事征服為主要手段，不斷打擊烏桓人的勢力。

到了東漢初年，王莽執政時期對烏桓人採取歧視、壓迫和奴役政策，強迫烏桓人參加反匈奴人的戰爭，還扣押參戰人員的妻子、兒女為人質，逼迫烏桓人與匈奴人打仗。烏桓人不堪忍受，遂自亡叛，沿途抄盜漢地郡縣，王莽令郡縣殺光所有扣押的烏桓人質，烏桓人自此與王莽結下仇怨。他們騎著快馬，輕裝簡從，早晨從草原出發，傍晚即可抵達東漢邊城。此時期，不僅**東漢軍隊屢屢被烏桓擊敗，就連匈奴人也被烏桓殺得北徙千里**。因為難以戰勝烏桓鐵騎，光武帝劉秀就以財物賄賂烏桓，讓烏桓歸附。於是，烏桓部族中，以勢力最強大的遼西烏桓大人郝旦為首的各郡烏桓首領九百餘人歸附東漢。

他們這次南遷更加深入中原地區，不僅外長城東段以北，而且外長城中段以北的烏桓人也都進入了長城以南。分布地區也越向西擴展到內蒙河套一帶。此後，烏桓部眾與東漢王朝基本上保持著「邊塞無事」的平衡狀態。

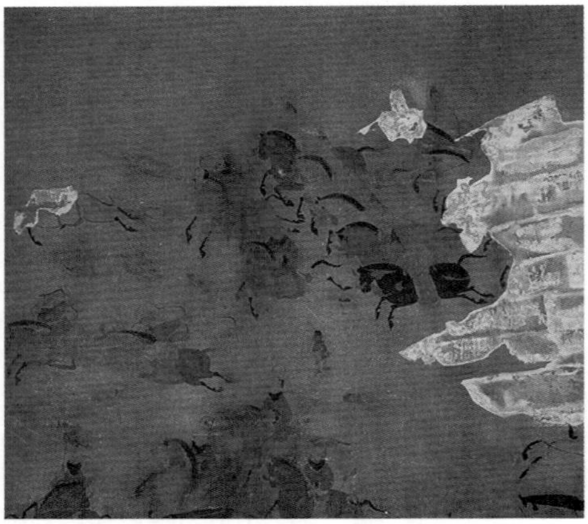
▲烏桓鐵騎

東漢中期入居塞內十郡的烏桓人，精騎善射、能征慣戰。他們選出精良的烏桓騎兵，組成隊伍，為東漢作戰，被稱為「烏桓突騎」。當時，**烏桓突騎在作戰中起著衝鋒、突擊和摧陷敵人陣地的作用，各郡突騎三千至五千不等，人數雖然不多，戰鬥力卻很強**。當時幽州各郡都有突騎，其中的漁陽、上谷的突騎在國內最享有盛名。

黃巾起義爆發後，群雄並起，戰亂頻頻。烏桓被曹操平定，他把烏桓人全部遷入中原，將所獲的烏桓戰士透過精選和整編，改編成精良的騎兵部隊，仍由烏桓的王、侯、大人率領，隨同曹操轉戰南北。後來，曹操屢征西羌，與馬超開戰。西羌人勇猛善戰，曹操屢屢戰敗。最終還是靠**無可匹敵的烏桓騎兵，才打敗了同樣以騎射聞名的西羌騎兵**。自此，烏桓騎兵終在史書中留下「由是三郡烏桓為天下名騎」的評價。**這支來自蒙古草原的「天下名騎」，幫助曹操完成了統一北方的戰爭**。後來與吳、蜀對峙時，吳蜀聯軍聯合進攻曹操都不能成功，而曹操卻屢屢在進攻中取得戰果，烏桓鐵騎在其中起了非常大的作用。

曹操大戰烏桓軍，解決北方政權憂患

東臨碣石，以觀滄海。
水何澹澹，山島竦峙。
樹木叢生，百草豐茂。
秋風蕭瑟，洪波湧起。
日月之行，若出其中。
星漢燦爛，若出其里。
幸甚至哉，歌以詠志。

▲ 晉修丸歸義侯金印

▲ 曹操像（明人繪）

這是三國時代的軍事家、政治家、詩人曹操在北伐烏桓勝利而歸之時，路過碣石時寫下的歷史名篇《觀滄海》。詩文汪洋恣肆，頗顯一代雄主威風凜凜、不可一世的雄風。**這次北伐烏桓的成功，奠定曹操成為一大霸主的基礎，使得曹操北方沒有了後顧之憂**。從這首詩中，即可看出曹操當時的心境。

西元二〇〇年，曹操在官渡擊敗袁紹軍。此後，袁紹一蹶不振。西元二〇五年，袁紹之子袁尚、袁熙投奔北方的烏桓部落，曾經得到袁紹善待的烏桓人收留了這兩個人，並且出兵攻擊曹操的部下鮮于輔，號稱要為袁紹報仇。其實，早在曹操進攻困守南皮的袁紹長子袁譚時，烏桓就有攻擊曹軍的意圖，曹操對此非常忌恨。而烏桓對袁紹之子的收容，就成了曹操討伐烏桓的導火線。

西元二〇七年，曹操親統大軍，北征烏桓。五月，曹操大軍到達右北平的無終縣。無終是通往遼西的要衝所在，得知消息的烏桓軍隊也到達這裡，但時值盛夏，正趕上雨季，由於地勢低下，又靠近海，道路被滂沱大雨沖得泥濘不通，曹操大軍一時無法前行，而烏桓的軍隊也暗守山中小路和險要之處，隨時注意著曹軍的動向。這種局面一直持續到七月，依然沒有任何進展。

這時，投靠曹操的田疇告訴曹操，曾經有一條從盧龍塞出發、途經平岡通往柳城的路，這條路已經斷絕兩百年之久了，但從山中還能找到小路，他建議曹操假裝退兵，使烏桓軍隊鬆懈警覺，然後趁機進入徐無山，再向北出盧龍塞，經平崗，從敵人防備空虛的地方進軍，直逼柳城。這個建議立即被曹操採納。

經過艱難的跋涉之後，曹操大軍終於出現在遼西的大地上。直到他們行至距柳城兩百里的地方，烏桓才終於有所察覺，雙方均急於搶占有利地形，西元二〇七年八月，雙方的軍隊在白狼山相遇。曹軍一路上翻山越嶺，兵士大都輕裝簡行，所以當時曹操「車重在後，被甲者少」，而烏桓軍隊數量眾多，以至於曹操左右皆懼。

滄海橫流，方顯英雄本色。正當眾人驚恐之時，蕩寇將軍張遼力勸曹操，要求主動出擊。曹操登上高處觀察敵情，發現烏桓軍隊也是倉促應戰，陣式並不齊整，所謂「狹路相逢勇者勝」，於是果斷的命張遼、張郃為先鋒，趁敵人立足未穩，衝殺敵陣。立足未穩的烏桓軍頓時陷入混亂，而此時曹軍的第二波攻勢又接踵而至，這一舉擊潰了烏桓的親衛部隊，烏桓軍徹底崩潰。曹軍一路追奔，直取柳城。這一戰，殺得屍橫遍野、血流成河，史書記載：「虜眾大崩，斬蹋頓及名王已下，胡、漢降者二十餘萬口。遼東單于速僕丸及遼西、北平諸豪，棄其種人，與尚、熙奔遼東。」至此，三郡遂平。

曹操此次征伐，一舉解決三郡烏桓之患，穩定了河北局勢，而且對其他烏桓、鮮卑部落和盤踞遼東的公孫康勢力，起了極大的震撼作用。

04 東胡是商湯親戚，後代鮮卑中原稱帝

中國北部有一片美麗的草原——科爾沁草原（現今興安、通遼和赤峰），從商周到戰國後期，在它的胸懷中，養育了一支精騎善射、民風古樸而剽悍的游牧民族。這個古老的民族在這裡孕育、出生、發展壯大，譜寫了胡服騎射（編按：胡服騎射是戰國時期趙武靈王所採取的軍事和服飾改革，騎兵不再穿笨重的鎧甲裝備，而是改穿胡人的輕便裝束，挽弓騎馬練習射箭）、秦開質胡（編按：秦開是中國戰國時代燕國將領，早年在東胡做人質，很受東胡的信任，趁機觀察其軍政運作與民情風俗，回國後領兵攻打東胡）、屢辱匈奴等許多精彩的傳奇故事，

▲科爾沁草原

也創造了冶煉、青銅鑄造、造酒等燦爛文化。這個民族還在通古斯語系的基礎之上，創立相對獨立的部落語言，並在宗教、文化、音樂、舞蹈、飲食、農業等多方面創建輝煌的文明。但是，這個民族在大浪淘沙的歷史長河中卻漸漸衰落、分解、消亡了，給後人留下無盡的遺憾和猜測。

這個民族，就是東胡族，它從哪裡來？又去向何方？它還留下了哪些神祕的未知之事？

居於匈奴東邊的民族：殷商後裔東胡

東胡，是中國春秋戰國時期強盛一時的北方民族，**因居匈奴以東而得名**。它是中國東北部的古老游牧民族，**是一個部落聯盟**，包括當時族屬相同而名號不一的大小部落。

東胡，並非東胡族人自命之名，因匈奴人自稱胡人，所以中原人便把活動在匈奴之東的部族，皆稱為「東胡」。由此代代沿傳，東胡便成為活動在那個地區的部族之名。

有學者考證，東胡族的祖先源自殷商氏族。據《詩經》記載：「天命玄鳥，降而生商。」這個以玄鳥為圖騰的部落，最初居住在燕山以北的廣闊地域。《荀子．成相篇》記載：「契玄王，生昭明，居於砥石，

▲ 玄鳥圖騰

遷於商。」《史記．殷本紀》稱：「成湯，自契王至湯八遷，湯始居亳，從先王居，作《帝誥》。」《世本．居篇》更把商族居住地指明：「契居蕃（亳），昭明居砥石。」蕃（亳）和砥石，即今老哈河、西拉木倫河流域，是**殷商氏族興起之地**，而這個地域正是後來東胡族活動的地區。

據《史記．殷本紀》索引說：「北殷氏秦寧公所伐亳王，湯王之後也。」《通志略．民族略》的注釋：「成湯之後，有北殷氏。」殷商氏族自契至湯十四世共**八次向南遷移**，最後到達殷地（今河南安陽）。在這一次次遷移中，有些人因為各種各樣的原因，仍然留居蕃（亳）與「砥石」之故地。他們本來不稱「北殷」，直到商族遷至殷地以殷作為國都後，才有北殷之稱。形成與南殷相對應的北殷。

殷商覆亡後，周武王對殷商奴隸主貴族採取寬容和籠絡政策，封紂王之子武庚於朝歌，利用他統治商之遺民。後來，武庚發動聲勢浩大的武裝叛亂，周公「內弭父兄，外扶諸侯」，率師東征。在強大攻勢下，武庚叛亂失敗，率殘餘部眾逃至北殷氏之地，並在北殷之地建立北殷王國，企圖以此與周王朝對峙抗衡。經過三年苦戰後，周王朝終於平定叛亂，殺死武庚，北殷王國從此消失。從此，**北殷氏族人再不敢稱自己為北殷人**，外部人不知其名，因其位於匈奴之東，漸漸的，北殷氏後人**便被稱為東胡**。

五胡十六國時期，由東胡分裂而來的鮮卑慕容氏和鮮卑拓跋氏進入中原建立政權後，鮮卑慕容氏自認為「其先有熊氏之苗裔，世居北夷，邑於紫蒙之野」，鮮卑拓跋氏也自認為是黃帝的後裔，並將拓跋氏的姓氏源於「黃帝以土德王，北俗謂土為托，謂後為跋，因以為氏」。他們敢於認祖，必然有其歷史根據，並都追根於黃帝集團，也絕非偶然。

據史料記載，黃帝集團的顓頊高陽氏族和帝嚳商辛氏族，早期均活動在蕃（亳）和砥石一帶，即今灤河源以北、老哈河流域。著名的涿鹿之戰和阪泉之戰，就發生在今河北省涿鹿縣東南。阪泉之戰後，炎帝集團接受黃帝為中原盟主，之後的夏、商、周三代都尊祖黃帝。由此便可得知東胡族是殷商的後裔了。

然而，對於東胡族是殷商的後裔這種說法，有些學者也提出了不同的意見。

有人則認為，春秋時的山戎是東胡的前身。到了戰國時期，山戎改稱為東胡。根據這種觀點，有學者也提

▲ 現在的老哈河

出了反駁，因為「東胡」這個名字，最早應該是從戰國時期開始出現的。但東胡之稱在周朝建立之初就已經出現，《山海經》也記載了東胡的出現，時間早於戰國時期。無獨有偶，《史記·匈奴列傳》及《逸周書》更將東胡與山戎並列提及。由此看來，東胡與山戎也應該是同時存在於中華大地上的兩個不同的部族，而並非是一個部族的兩個不同的名字。而且，據考證，山戎的活動範圍在今天的大凌河流域上游，東胡則在今天的西拉木倫河流域，兩者相去甚遠，是不可混為一談的。

此外，有人認為東胡祖源與武庚建立的北殷有關；有人認為東胡的祖先是土方民族（編按：商代的方國部落）。但是，這些觀點不是沒有較為詳實可靠的歷史資料，就是沒有考古證據，所以沒有得到學界廣泛的認可。

這樣一來，**東胡族是殷商後裔的觀點，也就成了最為合理的答案**。

戰國兵工廠東胡人也懂樂器，發明二胡

東胡是有文字記載以來，最早生活在科爾沁草原的民族。春秋戰國時期，因為不斷的發展、兼併，東胡族已經不是單一的民族，而是一個部落聯合體，其中有活躍於東北部、以漁獵為主的民族，有活躍於中部的游牧民族，有活躍於西部和南部游牧、農耕兼有的民族。勢力發展到今天的黑龍江、吉林、遼寧的西部以及內蒙古東部的部分地區。

不知何時開始，游牧民族在人們心目中形成衣著簡陋、靠燒殺擄掠生存的野蠻印象。實

際上，早在幾千年前，東胡民族就創造了燦爛的民族文化，生活在二十一世紀的我們，至今還享受著這個民族的遺澤。讓我們把目光聚焦到兩千五百年前，重新審視一下這個民族創造的文明。

科爾沁大草原的胸懷，使得東胡人崇尚自然，崇拜日月、星辰、水、火等自然萬物。東胡人在與大自然的接觸中，感懷於熊的巨大力量，於是他們以熊為圖騰，希望在狩獵中能夠借助熊的力量，獲取更多的獵物。在游牧生活和祭祀活動中，東胡人還創造出以「旋轉」為主要動作的舞蹈體系，這種舞蹈被後人稱作「胡旋」。游牧生活使得東胡人擅長製作烤製食品，特別是烤肉、烤餅等食品，自古一直流傳至今。

由於其主體是游牧民族，在與獵物的搏鬥中鍛煉了東胡人的體魄，他們民風剽悍，崇尚武力和戰爭，經常透過戰爭掠搶財富和奴隸。讓人們想不到的是，主宰大草原的東胡人，竟然在戰國前期就掌握了高超的青銅冶煉技術。他們鑄造的銅劍、銅鏃、銅刀、銅戈、銅盔，不但外形美觀，而且非常鋒利、實用，特別是銅製雙側曲刃青銅短劍和長劍，跟中原地區的青銅器比較，有著極其明顯的地域特徵。

▲二胡

東胡人精騎善射，利用碩大的牛角和牛筋、鹿筋，製造出既短小又強硬有力、殺傷力極強的角弓，他們還用雕翎、紅柳杆、青銅鏃製成羽箭，配以角弓，既輕便又靈活，而且非常實用。這種角弓羽箭，一直到唐、宋戰爭中都是較為先進的武器之一，唐朝詩人岑參在《白雪歌送武判官歸京》這首耳熟能詳的名作中，就有「將軍角弓不得控，都護鐵衣冷難著」的詩句。

長期的游牧和狩獵，使得東胡人衣著簡練，他們在日常生活中多以緊領的袍服為主，穿著時，內穿緊身，中衽緊領、緊袖內衣、下穿窄腿，緊檔長褲，外罩上述袍服，並用長寬布帶將腰部束緊，布帶上飾以多種形態的獸面形銅帶勾。《戰國策》中記載的齊國民謠，形容東胡人的形象說：「大冠若箕，修劍過頤。」可見，當時東胡人的帽子很大，像個簸箕，使用的青銅劍，豎在地上長度可以頂到下頦。當時，東胡人帶著這種可以遮風擋雨的箕形大帽，騎著高頭大馬，手揮長劍，腰懸牛角製成的短弓，經常襲擊燕、趙、齊等國，向中原人展示他們的騎兵和騎兵戰術。強悍的兵種和有效的戰術立即被中原人學習、推廣，靈活的馬戰就這樣取代笨拙的車戰。

中國傳統樂器二胡也源於東胡族。東胡人在游牧生活中，因地制宜，就地取材，他們把圓楊木敦掏空，蒙上蟒蛇之皮，製成二胡的琴箱，用獸筋做弦，用柳木杆做杆，用柳枝、馬尾做弓弦，滴以松脂，在草原上創製出弦樂的祖先——二胡，當時及以後很長時期內，二胡都被人們稱作「胡琴」，並在此基礎上發展成馬頭琴等許多弦樂。

東胡人的語言屬於通古斯語，後來淪為匈奴人的種族奴隸後，匈奴人使用的阿爾泰語系，才逐步滲入到東胡語中，直到契丹人出現，阿爾泰語才在東部草原逐步通行。東胡人雖然沒有文字，卻以刻木和結繩記事，他們在游牧過程中，創造大量內容豐富的岩畫，現存於扎旗查布嘎圖鎮大黑山的岩畫，就反映了這些內容。東胡人在戰國後期還發展農業和手工業，著名的**「胡麻」就是東胡人培育出的農業品種**，此外東胡人還用剩餘的糧食釀製出白酒。

一個游牧民族竟能在兩千多年前，創造出如此輝煌的民族文化，真是令人驚嘆。在我們驚嘆之餘，當我們把目光轉向中原政權時，我們發現一幕幕精彩的歷史故事，在他們的交往中展開……。

漢人學胡人：秦開質胡與胡服騎射

隨著東胡的日益強盛和發展，主體為游牧民族的東胡，供應給各成員的日常生活用品不足，使得東胡軍隊不斷南下侵入中原。

西元前三二六年至西元前三〇一年間，東胡不斷從現在的東北地區北部及熱河一帶入侵遼東（今遼陽一帶），侵犯燕國的領土。東胡軍隊強大的戰鬥力，使得燕國軍隊屢戰屢敗。為了挽回敗勢，更為長遠考慮，燕王派大將軍秦開到東胡做人質。秦開為人精明、有計謀，**他表面上對東胡人百依百順，取得東胡人的賞識和信任後，便大膽的觀察、研究東胡的政治、軍事、禮俗及山川地勢，對諸方情況了然於胸**。後來，他回歸燕國，在燕王的命令下，帶大軍來遼東，一舉打敗東胡部族，迫使他們向北逃遁一千多里。

這次戰役燕國軍隊俘虜了眾多胡人。秦開是個仁義之人，在東胡做人質期間，東胡人並沒有虐待他，於是秦開請示燕昭王，僅留下馬匹供軍用，將婦女、兒童和其他物資送還。這次燕國用兵，是遼陽地區軍事史上，漢民族與兄弟民族發生的第一次軍事衝突，也是遼陽地區的首次戰事。戰爭結束後，為防備周邊游牧民族來犯，**燕國從造陽（今河北易縣）到遼東襄平（今遼陽市）沿邊修築了一道長城**，設置上谷、漁陽、右北平、遼西、遼東郡。遼東郡郡府設於現在的遼陽市。從此，初具規模的城邑在東北大地上出現，這也就是最早的遼陽城。

東胡除了與燕國發生軍事衝突外，還經常與趙國發生軍事摩擦。趙武靈王即位時，趙國正處在國勢衰落時期，東胡軍隊不斷騷擾趙國邊境。由於胡人都是身穿短衣、長褲，作戰時騎在馬上，動作十分靈活方便。開弓射箭，運用自如，往來奔跑，迅速敏捷。而趙國軍隊雖然武器比胡人精良，但多為步兵和兵車混合編制，加上官兵都身穿長袍，甲冑笨重，騎馬很不方便。因此，在交戰中常常處於不利地位。鑒於這種情況，**趙武靈王決定向胡人學習騎馬射箭。要學習騎射，首先必須改革服裝，採取胡人的短衣、長褲服式**。

▲胡服騎射雕塑

於是，趙武靈王於西元前三〇二年開始改革。他的做法雖然遭到國內墨守成規的大臣反對，但在趙武靈王的親自教習下，這項改革還是開展起來。經過改革，趙國的生產能力和軍事能力大大提高，在與北方民族及中原諸侯的抗爭中起了很大的作用。後來趙國不但打敗經常侵擾趙國的中山國，而且奪取林胡、樓煩之地，向北方開闢上千里的疆域，並設置雲中、雁門、代郡行政區，管轄範圍達到今河套地區。**趙武靈王「胡服騎射」是中國古代軍事史上的一次大變革，被歷代史學家傳為佳話**。

要寶馬要美女還要得寸進尺，慘遭匈奴滅國

歷史的車輪滾滾向前，不管是多麼偉大的民族，只要安於享樂的生活、失去了憂患意識，必將被歷史的滾滾車輪碾得粉碎。弱肉強食的自然規律，再次體現在曾經創造燦爛文明的東胡族身上，曾經主宰草原的東胡族，最終在安樂中被草原上另一支鐵騎踐踏得支離破碎。

漢高帝元年（西元二〇六年），統治蒙古高原西部的匈奴部落，發生冒頓殺其父頭曼、自立為單于的事件。冒頓登位後，正是東胡強盛時期，**東胡首領聽說冒頓弒父自立，便派使者前來索要頭曼的乘騎千里馬**。冒頓向群臣詢問對策，群臣都認為千里馬是匈奴的寶馬，不能交出。冒頓搖搖頭說：「為睦鄰友好，怎能愛惜一匹馬呢？不能因小失大啊！」於是將千里馬交予來使帶回。不久，東朝又派使者前來：「**我們大王想要單于的愛妾**。」冒頓又詢問群臣，大家義憤填膺的說：「東胡仗勢欺人，又來強求美女，看來得用武力教訓他們了！」

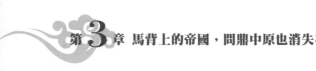

冒頓還是搖搖頭說：「我怎能為了一個女人而破壞與強鄰的友誼呢？」於是將自己的一名愛妾交予來使帶回。

東胡首領兩次無理索求都輕易得手，便認為冒頓膽怯、匈奴勢弱，越發驕傲起來，不把匈奴放在眼裡。東胡與匈奴之間，有一塊方圓千里、無人居住的土地，東胡派人前來說：「**我們想獨占這塊土地。**」冒頓依舊詢問眾臣，一些人因前例在先，認為冒頓這次還會答應，於是贊成把這塊地交給東胡。哪知冒頓聞言勃然大怒：「土地是國家的根本，怎能輕易送人！」立即將那些人與來使一起推出去處死，然後集合兵馬，突襲東胡。

▲蒙格罕山

東胡國王得到匈奴的良馬、美人之後，認為冒頓畏懼東胡勢力強大，這次出兵只是做做樣子，不足為慮，因此毫不戒備。冒頓下令全國士兵，後退者皆斬。匈奴兵在冒頓的指揮下，個個奮勇爭先，大敗東胡軍，東胡部族被擊散，牲畜及財產被擄掠一空，大量被俘虜的東胡人變成匈奴人的奴隸。**東胡餘部分成兩支，分別逃至烏桓山**（現今赤峰市阿魯科爾沁旗西北西罕山）**和鮮卑山**（興安盟科右中旗西北蒙格罕山），此後這兩部人各自以所居之山為部族之名，自稱為烏桓族和鮮卑族。至此，東胡人徹底分化為兩個不同的部落聯盟，繼續活動在科爾沁草原之上。

在兩漢三國期間，烏桓一直處於頻繁的遷徙之中。西漢時，霍去病擊敗匈奴後，遷烏桓於上谷、漁陽、右北平、遼西、遼東五郡塞外的匈奴故地。東漢時，烏桓又被迫遷至五郡塞內，更接近於華夏族。三國時，曹操破烏桓後，又遷烏桓「餘眾萬餘落於中原」。此後，遷居中原的烏桓族漸漸融入華夏族中，而留居原地者也分別融入到其他游牧民族中。

據《後漢書》記載：「鮮卑者，亦東胡之支也。別依鮮卑山，故因號焉。」西漢時，隨著烏桓的入塞，東部鮮卑也大批南遷至漢長城以北地區。東漢時，進入匈奴故地的鮮卑人，與當地的匈奴人逐漸融合。魏晉南北朝時期，這些部落已遍布大半個北中國，按其居地分布，大致可以分成三個區域：西部是居於今陝西、甘肅一帶的乞伏、禿髮等部；中部是居於今河北、山西一帶的拓跋等部；東部是居於今河北東部、遼寧西部的慕容、宇文、段等部。在這個動亂的年代，段部鮮卑的勢力最弱，因此很快就融入到華夏族中；慕容鮮卑發展起來後，建立了北燕政權；宇文鮮卑發展起來後，建立了北周政權；拓跋鮮卑發展起來後，建立了北魏政權。

東胡人在近八百多年的過程中，始終生存在科爾沁草原為中心的廣大地域上。雖然他們經常透過戰爭兼併形式，與中原各國發生摩擦，但正是在這種相互的衝突當中，雙方更加深了瞭解，同時也加快相互融合的過程；民族互補性和地域互補性充分得到體現，為廣泛意義上的中華文明形成，做出不可磨滅的貢獻。

05 鮮卑族走出嘎仙洞，為隋唐盛世奠基

鮮卑是東胡族的一支。秦漢時，在今天的西拉木倫河與洮兒河一帶，過著逐水草而生的游牧生活。後來又附屬於匈奴，在北匈奴西遷後，**進入匈奴故地，併其餘眾**，勢力強盛。漢朝桓帝時，首領檀石槐建庭立制，組成軍事行政聯合體。分為東、中、西三部，各置大人率領。兩晉南北朝時，有慕容、乞伏、禿髮、宇文、拓跋等部先後在今華北及西北地方建立政權。內遷的鮮卑人多轉向農業生產，漸與漢族及其他各族相融合。

在大鮮卑山的峭壁之上，有一處天然形成的巨大洞穴——嘎仙洞。這裡曾經居住過一個傳奇式的偉大民族——鮮卑部

▲嘎仙洞

落。站在嘎仙洞口，面對著拓跋鮮卑先帝舊墟，一些大大小小的問題引起我們的好奇，這個茹毛飲血的部落群體，是如何在大鮮卑山的群峰密林之中繁衍生息？是如何在歷經上千年的遊獵生活後走出叢林？又是如何經歷千難萬險輾轉中原建立偉業？

鮮卑國消失，但鮮卑的血仍流在漢民族之中

鮮卑族是中國北方阿爾泰語系游牧民族，是東胡部落的一支，興起於大興安嶺山脈。在秦漢文獻中，鮮卑也常常被寫作師比、犀比、胥紕。

鮮卑人由於生活在相對艱苦落後又閉塞的地區，加之鮮卑人骨子裡的一種氣質，使得他們勇敢勤勞，極為兇悍。而且，他們天性自然，會在結婚前把四周的頭髮剃光，只留頭頂一撮，這可能是基於一種原始宗教信仰的結果。他們的婚配似乎也與他們日常接觸的牛、羊發情期有關，春天是動物的發情交配期，歷史上的鮮卑人也有一個交配期；在暮春時節，平常四處游牧的鮮卑人都陸續來到饒樂水畔（在遼寧營州北部），跳舞唱歌、飲酒作樂，在狂歡中尋找對眼的男人或女人性交。當夏季來臨時，他們就又四處分散到草原深處，與羊群、白雲為伴。

「敕勒川，陰山下，天似穹廬，籠蓋四野。天蒼蒼，野茫茫，風吹草低見牛羊。」這首《敕勒歌》可謂膾炙人口、家喻戶曉。鮮卑民歌內容豐富、形式多樣，有牧歌、思鄉曲、敘事歌、戰歌等體裁。其風格剛健清新、粗獷豪放，富有濃郁的草原生活氣息。北魏統一蒙古高原後，

太武帝從漠北遷來三十餘萬敕勒人（漢稱丁零，亦稱高車）。五世紀中葉，生活在陰山一帶的敕勒人大都已鮮卑化，著名的《敕勒歌》是北齊時敕勒人的草牧歌，其歌本為鮮卑語，後被翻譯成漢語，已成為千古絕唱，耳熟能詳。

東漢和帝時，漢大將竇憲擊敗匈奴，鮮卑趁虛占領匈奴舊地，十多萬戶匈奴人自號鮮卑，加入鮮卑族，同時也把匈奴的文化和原始崇拜帶入鮮卑族，因此，**鮮卑族也是東胡與匈奴的融合民族**。

到**東漢桓帝時，檀石槐統一了鮮卑各部**，他在高柳建立王庭，聯合諸部組成軍事行政聯合體，分為東、中、西三部，各置大人率領。這個聯盟所控制的地域極為遼闊，東部管轄地包括今西拉木倫河、老哈河流域、科爾沁草原和呼倫貝爾草原，由彌加、闕機、槐頭等鮮卑大人統領，共二十多個邑；中部包括今錫林郭勒草原，由慕容、柯最等鮮卑大人統領，共有十多邑；西部轄地包括今陰山以北的烏蘭察布高原、巴彥淖爾高原、阿拉善盟境內的沙漠地區和額濟納河流域等地，由日律、推寅等鮮卑大人統領，共二十多個邑。檀石槐還用漢人制定法律，從中原輸入鐵器，促進鮮卑社會的發展。

但是在檀石槐死後，各部落的大人就各自為政，鮮卑族再次陷於四分五裂的狀態中，再也沒有統一過。在之後的歷史長河中，長期的合縱連橫，有**三個家族脫穎而出：東部的宇文氏、西部的拓跋氏和中部的慕容氏**。這三個姓氏首先登上中國歷史舞臺的是慕容氏，他們建立了前燕、西燕、後燕和南燕，緊跟著拓跋氏滅掉慕容氏，建立了北魏、東魏和西魏，最後宇文氏取而代之，建立了北周，之後就是隋唐盛世了。

除了向西南遷徙，到達河套及大青山一帶，並在首領拓跋力微率領下，建立強大國家的鮮卑族以外，還有一支鮮卑部族人留守鮮卑山。他們安土重遷，沒有遷徙出來，當然也就沒有那繁盛一時的鮮卑國了，可是老子說得好「禍兮福之所倚，福兮禍之所伏」，這支鮮卑族人也就**沒有被其他民族所融合**、最終消失在歷史的舞臺上的苦惱。他們保持自己的特有的文化、習俗，並**逐漸演變成一個有特色文化的民族——錫伯族**。錫伯族人現在主要居住在遼寧、內蒙古部分地區，新疆伊犁地區也有一部分錫伯族。當然，後者是因為清王朝政府由盛京徵調錫伯官兵及家屬三千餘人，前往新疆伊黎河南岸駐防的後裔發展起來的。

隋唐以來，鮮卑漸漸不再作為政治實體和民族實體存在，但他們的後裔卻在這兩個朝代居於重要地位。隋唐的建國者楊氏、李氏家族就都是鮮卑化的漢人，而他們的母親、妻子又是漢化的鮮卑人。**到後來，幾乎所有的鮮卑人都融入了漢民族。今天，他們的血脈仍然在我們的身上延續著。所以從這個方面來講，鮮卑族並沒有消失。**

馮太后、獨孤皇后，兩個女人替隋唐盛世奠基

在中國歷史上，北魏是一個對中華民族的發展有重要意義的朝代。而在北魏的歷史上，**一個擁有鮮卑血統的女人，是北魏真正崛起的最大功臣，她就是北魏王朝的馮太后**。

馮太后本是漢族人，祖父馮宏是北燕最後一位皇帝。北燕被北魏太武帝拓跋燾所滅後，馮宏跑到高麗，被高麗國王所殺。她的父親馮朗歸附北魏，被封為西域郡公，當過秦州和雍

▲馮太后墓

州刺史，後因牽連案件被殺。因為父親犯了罪，馮太后五歲時就被掠入北魏宮中。

西元四五二年，文成帝即位後，封十四歲的馮氏為貴人，十八歲立為皇后。同年，文成帝立兩歲的兒子拓跋弘為皇太子。北魏皇室有一條殘忍的規定：**皇子被立為太子後，其生母必須被處死，以防太子年幼，生母與外戚干政、篡位**。按照「立子殺母」的規矩，拓跋弘生母李貴人被賜死。馮皇后撫養拓跋弘，待太子如同親生。

文成帝死後，獻文帝拓跋弘即位時，年僅十二歲，尊馮皇后為皇太后，由丞相乙渾總攬朝政。乙渾圖謀篡位，馮太后用計把他逮捕殺死。從此，朝政由馮太后一人裁決。隨著獻文帝慢慢長大，母子間的矛盾越來越深。西元四七一年，十八歲的獻文帝被迫禪位於五歲的兒子拓跋宏（即孝文帝），自己做了太上皇，但他仍統兵南征北伐，讓馮太后備感威脅，而且他還殺了太后的男寵李奕。於是，馮太后於西元四七六年，將年僅二十三歲的獻文帝毒死。

獻文帝死後，馮太后以太皇太后身分再次臨朝聽政。她重用一批有改革思想的人，進行一系列改革：頒行班祿制（編按：北魏初年，官俸制度沿用「掠奪制」，官員俸祿乃從戰爭中掠奪他人財物，後來因貪汙成風，於是仿效漢人的班祿制，官員每季定時發薪）、整頓吏治、統一度量衡、推行三長制（編按：設鄰長、里長、黨長，負責檢查戶口、徵收租調、徵發兵役與徭役）、實行均田制。馮太后的改革措施，改變了鮮卑族的落後局面，為後來孝文帝的改革打下基礎，也對孝文帝產生了影響。**僅就這一點來說，馮太后就足以稱為中國歷史上最了不起的女性**。

不僅在鮮卑政權中存在著漢族皇后，而且在之後的漢族政權中，竟然也存在著鮮卑族的皇后。

西元五八一年，北周大丞相楊堅廢掉周靜帝，篡奪鮮卑北周王朝而建立隋朝，因此，隋朝實際上是建立在鮮卑國的基礎之上。由於楊堅篡周建隋，所以鮮卑北周的統治集團基本上也被保留下來，**隋朝朝廷充滿鮮卑族官員，連隋文帝的獨孤皇后都是鮮卑人**。因此，從隋朝的國家政權組成和民族構成來說，鮮卑族的比重極大，**從民族成分來講，隋朝是鮮卑族和漢族共同創造的偉大朝代**。

獨孤皇后名字叫獨孤伽羅，是北周大司馬獨孤信的女兒。獨孤氏十四歲嫁給楊堅之時，要楊堅保證此生不納妾，楊堅立下誓言：「不和第二個女人生孩子。」獨孤氏通曉書史、謙卑自守、恭孝，是楊堅的積極支持者。西元五八一年，楊堅稱帝，建立隋朝，是為文帝，立獨孤氏為皇后，長子楊勇為皇太子。

隋文帝是中國歷史上第三位統一中國的皇帝，在《影響世界歷史一百位名人》（麥克．哈特著）排行榜上位居前列，這與獨孤氏有很大關係。早在楊堅在北周當官時，周宣帝幾次要殺他，都是獨孤氏幫他躲過劫難，後來的篡位也是獨孤氏出的主意。獨孤皇后不僅不許自己的丈夫納妾，也容不得別人納妾。史書上說，她每「見朝士及諸王有妾孕者，必勸上斥之」，不得重用。

隋文帝上朝，獨孤皇后同輦送行，退朝，她也一同乘輦回寢宮，緊緊看著文帝，不許他接觸其他女人。獨孤皇后崇尚節儉、不喜奢華，幽州總管陰壽曾獻給皇后一匣珠寶，皇后卻讓人將其換成金錢，分給邊疆將士。獨孤皇后對外戚要求尤為嚴格。她表弟崔長仁，姦淫婦女，被拿在案，文帝看在皇后面上，本要免去其罪，而皇后卻不徇私情，把崔長仁處以死刑。**宮中上下都十分敬重她，把她與文帝稱為「二聖」**。

中國人引以為豪和驕傲的大唐朝，實際上也是鮮卑族和漢族共同創造的偉大王朝。獨孤皇后的家族，連她自己在內，先後出過三位皇后和一位皇太后。她的姊姊是北周周明帝的皇后；她的大女兒是周宣帝的皇后；她的妹妹是唐朝唐高祖李淵的生母。**她的鮮卑家族性格剛勇、勢力強大，深深影響了北周、大隋和大唐三個朝代**。

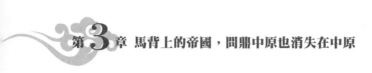

雕刻在石頭上的王朝——雲岡石窟

北魏是鮮卑族拓跋部建立起來的少數民族政權，共歷時七位皇帝、一百七十一年。北魏諸帝，除太武帝拓跋燾滅佛外，其餘多奉佛。北魏政權與佛教的關係，我們可以從雲岡石窟窺探出來。從山西大同西行十六公里，便到了東西綿延一公里的雲岡石窟。山西大同是遼代五京之一的西京，北魏也曾定都於此，並在此建造雲岡石窟，因其建在大同市武周山最高處雲岡，故取名雲岡石窟。

北魏拓跋氏王朝從道武帝建都平城，直到孝文帝遷都洛陽，曾經在大同盤踞近一百年。雲岡石窟即此一時期的產物。此間北魏國力強盛，先後在軍事上打敗後秦、北涼等國，擄掠能工巧匠及宗族僧徒數萬名，**隨之也將佛教及石窟造像藝術引介進來，從而形成中國佛教傳播史上的第一個高峰期，鑿崖造寺之風遍及全國。**

▲ 雲岡石窟

道武帝是北魏的開國皇帝，鮮卑族本來對佛教不大了解，《魏書．釋老志》載：「與西域殊絕，莫能往來，故浮圖之教，未之得聞，或聞而未信也。」道武帝在征戰過程中，接觸諸地的佛寺和僧侶，他本人好黃老，但也讀過一些佛典。對於佛教，他還沒有來得及興建寺廟、延請僧侶，只聽說過泰山僧朗的名聲，他派人給僧朗送去一封信，以及一些禮品，稱僧朗「德同海嶽，神算遐長」，希望他「助威謀」，使他能夠平定天下（見《北代魏天子拓跋書》，《廣弘明集》卷二十八）。天興元年（西元三九八年）他下詔在京城建寺，使信眾有所居止，於是，「始作五級佛圖、耆闍山及須彌殿山殿，加以繢飾，別構講堂、禪堂及沙門座，莫不嚴具焉」（《魏書．釋老志》）。皇始（西元三九六至三九七年）年中，他詔沙門道果進京，令其擔任僧官沙門統，統管僧徒。

到了北魏太武帝拓跋燾統治時期，道教天師寇謙之輔佐太武帝，以道教、儒教實施統治，此時道教獲得極大的發展。司徒崔浩手握重權，也信奉道教，並多次在太武帝跟前抨擊佛教。佛教此前在北魏十分盛行，教徒氾濫，使大量的勞動力流失。

太武帝崇武強兵，大量徵調青壯年入伍，但是人力卻不夠。泰延四年（西元四三八年），太武下詔征沙門五十歲以下強壯者還俗服役。第二年，太武帝攻涼州，大量僧徒頑強抵抗，太武想殺盡抵抗的三千僧眾，因寇謙之等請求，這才赦免。

太武帝宣導儒學，主張整飾風化。太平真君五年（西元四四四年），太武帝頒布滅佛詔，限期所有師巫、沙門還俗，否則處死。沙門玄高、慧崇等違詔，雖有太子晃和尚書韓萬德庇護，但最後還是被處死。兩年後，太武帝第二次大規模滅佛，佛教至此遭受沉重的打擊。

文成帝所面對的，是太武帝毀佛的殘局，他在太武帝的廢佛之後大力興佛，他下令，各州、郡、縣都建造佛寺一所，凡是想出家的人，不論其年齡大小，一律聽任出家。他想用佛教來化惡就善，於是，以往所毀的佛寺又都恢復運作，佛像經論又得以流傳，著名的雲岡石窟，就是在文成帝時開鑿的。

雲岡石窟對每個人來說，都是個可以產生夢想的地方。不僅僅是因為它規模宏大，也不僅僅是因為它雕刻精美，而是因為它在武周山腳下巍然屹立了一千五百多年，目睹過一個個王朝的更替，經歷了一個個民族的興起與滅亡。**雲岡石窟可說是雕刻在石頭上的王朝**。北魏——鮮卑人的世界，就這樣在歷史的寒風裡淡然消失，而它創造的文明卻永久保留下來。以我們現代人的眼光來看，**雲岡石窟是一部北魏王朝的斷代史，館藏著北魏王朝的歷史；它更是一冊鮮卑民族的文化史，濃縮著鮮卑民族的文化**。

遷都洛陽後，西元五〇〇年，北魏開始開鑿龍門石窟，但鮮卑貴族認為，那些基本上都已漢化的佛像已經不再屬於鮮卑人了。於是，留在平城的鮮卑遺族們繼續以己之力，營造著鮮卑人自己的精神家園——雲岡石窟。西元五二三年，北魏發生「六鎮起義」。承平日久，再加上佛教祥和慈悲教義的耳濡目染，草原部落的血性沉寂了，鮮卑人曾經引以為驕傲的殺伐武功也隨之沒落。在北魏政權風雨飄搖的情況下，雲岡石窟停建。西元五三三年，鮮卑人政權北魏王朝滅亡。**隋唐以後，作為民族的鮮卑已不再存在**。

李世民是鮮卑後裔？唐朝流行的亂倫行為是胡人習俗？

唐太宗李世民堪稱一代明君賢主，然而，他的身世之謎卻永遠湮沒在簡略的正史記載之中。有考古學家根據《步輦圖》這幅唐太宗李世民最早的畫像推測，**一代英明的君主李世民，是鮮卑人的後裔**。此言一出，立刻引起人們的議論，李世民是鮮卑人嗎？

李世民一家祖籍在今河北省趙縣，而李淵生於關隴，自稱祖居關隴，是西涼王李皓的後代。唐朝時，少數民族與漢族的界線劃分不嚴明，唐朝之前，北方各民族大融合現象廣泛存在，如在隋煬帝時，突厥人就曾強制改穿漢裝；北魏孝文帝推行民族之間友好往來的政策，同一個等級的人可以被允許通婚。因此，出現皇室是少數民族的情況，大臣中也有許多是少數民族。李世民是鮮卑族的後裔，這也是有可能的。然而，這裡有幾個疑點：一是唐朝開國皇帝李淵一門在此之前到底如何，無法從歷史上考究得知；二是李淵自稱為西涼王李皓後代，到底是事實，還是自抬身價？

根據可考證的歷史資料證明，**唐太宗李世民的祖母，即唐高宗李淵的母親獨孤氏，是隋文帝的皇后的姊妹，屬於非漢族，所以李世民和隋煬帝之間還有著姨表關係**。唐太宗李世民的**母親竇氏也是鮮卑族人**。而李淵一方的血統，還沒有足夠的歷史證據進行論證。歷史上有以下幾種說法：賜姓大野部、河南破落李姓、老子李耳的後代等。其中最有可能性的說法，是李世民為受胡人影響比較深的漢族人。現在一般的習慣說法是，唐太宗李世民是各民族的混血兒、民族大融合的產物。然而，再進一步的研究卻步履維艱，主要是由於唐太宗李世民乃一代明君，可以稱為帝王的楷模，後世人們想盡可能模糊其民族的概念。因此，許多學者對考證唐太宗李世民的身世問題並不積極，不過倒也取得了一定的成績。認為李世民為鮮卑族後裔的觀點，主要有以下論據：

第一，**立武則天為后，印證了唐朝的胡俗**。唐朝人對肥碩豐腴的女子情有獨鍾。這與唐代的民族融合大有關係，帶有明顯的少數民族傾向。**在胡人的風俗中，有父死子娶母為妻的習俗，也有一家的男人共用一妻的故事。唐太宗李世民、武則天與唐高宗李治之間的關係，近乎亂倫**。楊貴妃本是唐玄宗之子壽王的妻子，卻被身為公公的唐玄宗討來做妃子。這些為李唐王朝大臣們所不齒的關係，是不是李氏家族身體裡流淌的胡人血液在作怪呢？

第二，從唐太宗的性格來判斷他的血統。李世民性格兇殘、野心勃勃，為李唐天下立下赫赫戰功，晚年時，唐太宗戰志猶存。唐太宗善騎射，一生過著不倦的戎馬生涯。這些都可以作為質疑他的血統問題的證據。在他的一生中，最大的政治風波，莫過於使他得以登上王位的「玄武門之變」。從這段歷史中，我們可以看到一個性格兇殘、充滿野心的唐太宗李世民，與「貞觀之治」中的李世民判若兩人。

第三，**李世民的唐昭陵獨特的墓葬，顯示出少數民族習俗**。昭陵為唐太宗李世民的墳墓，有內外兩城。外城遺址已難以考證，門內當年建有獻殿，存放李世民生前服用的器物。北門稱為玄武門，又稱司馬門，原有十四個「蕃酋」的石雕像，現在已不知位在何處，這些石雕像到底有些什麼來歷，現在已是無人知曉。但是馳名中外的「昭陵六駿」浮雕，還保存在西安碑林博物館石刻藝術陳列室裡。

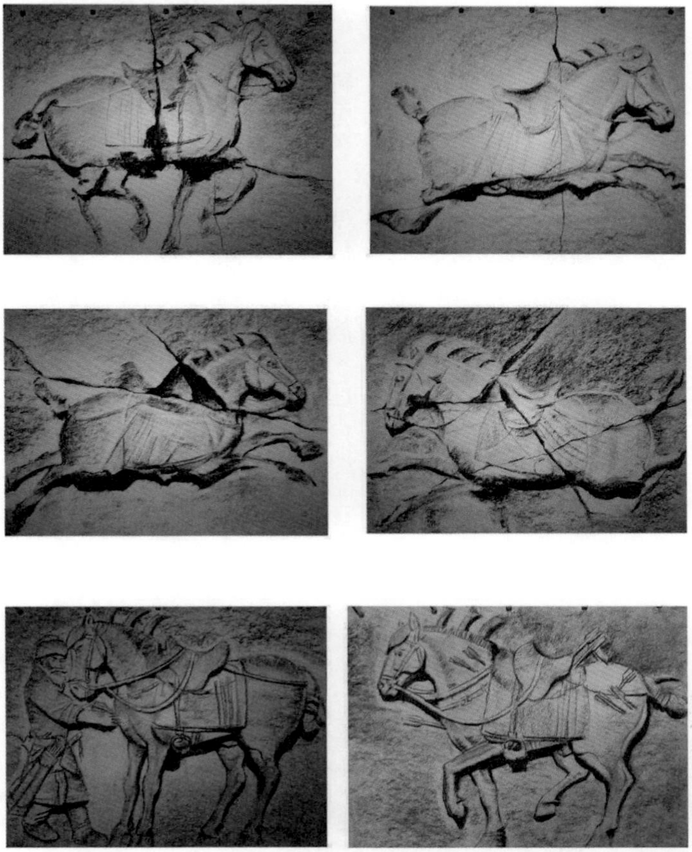

▲ 昭陵六駿

昭陵六駿有一個疑點：**中國所有帝陵中，為什麼只有李世民的昭陵裡有戰馬石刻**？唐太宗獨特的墓葬形式，是否真的顯示了鮮卑的習俗？**李世民的墳墓昭陵至今未被打開，據稱也未被盜過**，所以裡面到底有什麼陪葬品，現在也只能全憑猜測，或許若干年後，我們可以從沉睡在昭陵裡的李世民那兒得到最真實的答案。

06 滅遼宋明，通古斯是東北戰鬥民族

「通古斯」這個詞出現於近代，在學術界，它大體上代表著三種含義：通古斯民族、通古斯語系、通古斯地區。不用做過於深刻的研究，通古斯本身就是個謎團，即使許多學有所成的專家，也說不清楚通古斯到底是個什麼樣的民族、涵蓋了多大地方的區域。對於普通人來說，通古斯從淵源到發展，直到今日仍無從可考。

那麼，「通古斯大爆炸」是什麼意思？通古斯為何要起這樣的名字？通古斯國家中，又有著怎樣的奇聞逸事？

▲ 通古斯大爆炸

通古斯大爆炸：隕石、核爆還是外星人入侵？

二十世紀初，俄國西伯利亞森林的通古斯河畔，突然爆發出一聲巨響。隨之，一個巨大的蘑菇雲騰空而起，天空出現強烈的白光，氣溫瞬間竄升、足以把人烤熟，這次爆炸釋放了一千五百萬噸級的能量。

這奇特的景象後來被人們記載下來，從這些語言中還依稀可以看出當年的場景：「爆炸形成的衝擊波將房子和樹木掀向空中，西伯利亞虎、馴鹿、麅子（編按：又稱矮鹿、野羊，是中國東北林區最常見的野生動物之一）在天空中亂飛……。」、「倫敦人甚至能在夜空下看報紙。」在距離大爆炸一千五百公里外的伊爾庫次克，地震感測器對這次事件的紀錄是：「一次大地震，震級達到驚人的程度。」

全世界的目光一下子集中到通古斯河畔流域——這個千萬年來一直沒沒無聞的地區，人們不禁發出探問，這裡到底發生了什麼事？

究竟是什麼原因引起所謂的「通古斯大爆炸」，數十年來眾說紛紜、莫衷一是。

有人認為這是隕石空中爆炸，而且還有人推斷出，這是一枚隕石在大約離地六至十公里的上空爆炸。從外太空進入地球的隕石，速度可達每秒十公里。其在通過大氣層時摩擦所產生的熱十分巨大，大部分的隕石在到達地面時，便已燃燒殆盡或爆炸。根據美國空軍國防支援計畫的資料顯示，通古斯大爆炸這種當量類型的爆炸非常罕見，大約三百年才會發生一次。在科學界，這一觀點是比較為大家所接受的說法。

另外，**還有許多人認為是核爆**。據說，在通古斯爆炸時，在爆炸中心正下方的樹被脫去樹枝、樹皮，而稍遠的樹則因為爆炸波而傾倒，這種現象也可以在核武試爆中發現。二十世紀六〇年代中期，蘇聯使用模型樹跟小型炸藥做實驗，尋找哪種爆炸方式可以產生像通古斯爆炸那樣的蝴蝶型爆炸。實驗顯示，這個物體是以大約與地面夾角三十度、與北方夾角約一百一十五度接近地面，然後在空中爆炸。

除此之外，還有一些人針對通古斯大爆炸提出許多原因：隕石爆炸氣化學說、彗星彗核爆炸學說、宇宙塵埃與地球相撞說、彗尾撞擊地球說、外星太空船發生核爆炸說、火星人飛船爆炸說、反物質隕石湮滅說、行星內核碎片撞地學說、易燃氣體爆炸及水分解說、宇宙間反物質彗星墜落說、外星飛碟解體說、流星引起地球電離層破壞說、反物質進入地球大氣引起爆炸的假說、碳球隕石撞地爆炸說、小行星墜落說、外星智慧文明利用宇宙鐳射探測地球生命說、外星雪人飛船入侵地球假說、白矮星的恒星超密度碎片隕落撞地假說、自然閃電引起甲烷氣體爆炸說、冰隕石墜落假說、鈦含量極高的行星撞地學說等等。這就使得通古斯大爆炸，成為無數科學家投入研究的二十世紀最大的不解之謎之一。

發源於貝加爾湖的古老民族——通古斯

除了通古斯大爆炸撲朔迷離、令人不解之外，「通古斯」這個名詞也充滿神祕色彩。當然，如同通古斯大爆炸一樣，通古斯的含義也有著不同的解釋，受較多人認同的看法是指

「畜豬之民」和「東方的人」這兩種說法。

通古斯大爆炸因為發生在今天俄羅斯境內的通古斯河流域而得名，在地理學上，通古斯地區指亞洲東北部地區，大體範圍包括南起北緯四十度，北至北極海，西至葉尼塞河，東迄太平洋地區。**有人說通古斯是一個國家，但歷史上從來沒有出現過一個以通古斯命名的政權，所以，史學界不承認通古斯王國的存在。**

通古斯民族和滿語民族，是古老的民族共同體，發源於古貝加爾湖附近，現在屬於這個語族的，包括生活在中國境內的滿族與錫伯族、鄂倫春族、赫哲族、鄂溫克族，以及生活在俄羅斯境內的奧羅奇

▲貝加爾湖（俄境內）

人、烏底蓋人、烏爾奇人、雅庫特人、那乃人等。人口大約在一千萬，其中的**主幹為現在居住在中國境內的滿族，有九百多萬人**。

數萬年以前，通古斯－滿語族的祖先居住、生活在貝加爾湖南部的草原地區。在漫長的歷史演化過程中，他們在水草豐沃的貝加爾湖地區，完成了從舊石器時代到新石器時代的過渡。在新石器時代末期，通古斯－滿語族中的一部分人離開了原生活地，來到東部黑龍江上中游和牡丹江、烏蘇里江流域，後來**發展成女真族和滿族**。沒有遷徙的通古斯－滿語族則在當地繼續生活，後來被說突厥語的外來民族逐漸融合。

源於同一祖先族群的通古斯－滿語族人在分支之後，在不同的環境中逐漸演變成南北兩支，即北通古斯族群和南通古斯族群。滿族人是南通古斯人，赫哲人體質特徵介於南北通古斯人之間，其餘的通古斯人皆屬於北通古斯人。南北通古斯人雖然出自同一原始族群，但在外表上還是有一定的區別；南通古斯人的外表具有長面、直鼻、眼距較近、眼瞼較小和上眼瞼無皺褶或不明顯皺褶的面部特徵，比較接近蒙古人，而北通古斯人具有臉形較寬、皮膚顏色發藍等特徵。但是，南北通古斯人畢竟同屬於一個原始族群，並且一直存在通婚的現象，所以各方的特徵都是相對的。

通古斯人的後裔建立渤海國、金、大清

雖然史學家已經證明，歷史上並不存在「通古斯國」，但通古斯人的國家還真是不少，

有些甚至赫赫有名。

早在有文字記載以前，通古斯人建立的國家就活躍在歷史的舞臺上，在不同的歷史時期，留下不同的紀錄。中國商周時期，通古斯人建立肅慎國；春秋戰國時期，通古斯人建立挹婁國；南北朝時期，通古斯人建立勿吉（音：莫吉）；隋唐時代，通古斯的靺鞨部落建立渤海國；從宋代開始，**通古斯族演化出的一支女真，開始入住中國內地，一直到滿族時期，清朝成為中國封建王朝中的最後一個大一統王朝**。

可以看出，歷史上，通古斯人建立的國家和中國中原地區的政權，存在著同樣的延續關係，它們甚至比中原政權更有著一脈相承的血緣繼承關係，由同一個古老的民族演化出來的旁支血緣民族，陸續建立國家。

按照嚴格政治上的國家定義，通古斯建立的第一個部落國家是**渤海國。這是個和唐代並存的地方民族政權**，始建於西元六九八年，初稱「震國」，由北方的游牧民族靺鞨族建立。唐帝國時期，對周邊民族政權奉行羈縻政策（編按：對其統治下的少數民族地區採取籠絡控制，委任部族首領進行統治），西元七〇五年，渤海國歸附於唐王朝。

十五年後，唐帝國為渤海國冊封，時人謂之為北郘國，與唐帝國南面的南詔國相呼應。

渤海國的疆域，初限於靺鞨故地，至第十代宣王大仁秀時，大體上在今東北大部、朝鮮半島北部及俄國沿日本海的部分地區等廣大地域。渤海國全盛時期，其疆域北至黑龍江中下游兩岸，韃靼海峽沿岸及庫頁島，東至日本海，西到吉林與內蒙古交界的白城、大安附近，南至朝鮮之咸興附近。

全國設有五京十五府，六十二州，一百三十餘縣，是當時東北地區幅員遼闊的強國。渤海居民以靺鞨人最多，還有漢人以及少量的突厥、契丹、室韋人，靺鞨中又以粟末靺鞨為主。

受當時強大的唐帝國影響，渤海國全面效法唐朝封建文明，依靠渤海人的聰明智慧和勤勞勇敢，**繁育了發達的民族經濟和燦爛的渤海文化，促進東北邊陲的進一步開發，豐富中華大統一的歷史含量，創造「海東盛國」的輝煌**。

渤海國共傳國十五世，歷時兩百二十九年。在長達兩千多年的發展過程中，在中原文明的影響下，渤海政權迅速完成封建化的進程，各項制度仿效唐朝，社會經濟有了顯著的發展和進步，農業已成為最主要的生產部門，各項手工業的生產也達到較高的水準，湧現出一批新興城市，其中，上京城形制模仿長安，在當時已經超過隆州府，成為東北最大的城市。渤海國交通相當發達，與內地的就市交易及互市（編按：指兩國之間可以往來做生意）歲歲不絕，與日本的海上貿易也相當活躍。此外，文化教育也有很大發展，渤海不斷派遣諸生到長安太學「習識古今制度」，**使用漢字**，在五京周圍等發達區域，以中原教育為模式，自上而下建立較為系統化的教育體制。儒學、宗教、文學、音樂、歌舞、繪畫、雕塑以及科學技術等，都取得一定的成就，湧現出一批著名學者、文學家、藝術家、航海家。

西元九二六年，契丹國興起後，**渤海被契丹所滅**。

通古斯建立的另一個著名國家是金國。金國始建於西元一一一五年，是中國歷史上以女真為主體建立的王朝。女真族的祖先很早就生活在長白山和黑龍江流域。**五代時，女真之名始見於史籍，並受契丹所統治**。女真完顏部為首的部落聯盟建立後，很快統一了女真各部。

此後，女真族的發展進入新的時期。

西元一一一四年九月，女真族領袖完顏阿骨打率部會師於淶流河（今黑龍江與吉林省間拉林河）畔，向遼朝的契丹統治者宣戰。他在取得寧江大捷和出河店之戰的勝利後，於西元一一一五年稱帝建國，國號大金。

金朝建國後，在護步達岡之戰中大敗遼軍，隨後展開以遼五京為戰略目標的滅遼之戰。攻取五京的前後順序是東京（今遼寧遼陽）、上京（今內蒙古巴林左旗南）、中京（今內蒙古寧城西大名城）、西京（今山西大同）、南京（今北京）。五京一下，遼朝隨即滅亡。

▲金朝錢幣

金國先建都會寧府（今黑龍江阿城南白城鎮），後遷都燕京（今北京），再遷都至汴京（今河南開封）。金滅遼後，與北宋遂成敵國。金太宗完顏晟即位後，挾滅遼之威，很快席捲南下，於西元一一二七年滅亡北宋。此後金與南宋多次交兵，南攻與北伐，均無力改變南北對峙的局面。西元一二三四年，蒙古興起後，金國被蒙古滅亡（編按：臺灣彰化福興鄉粘厝莊是生女真族粘罕後代，金國時南遷，最後到臺灣）。

關於通古斯人，有個被世人所忽略的事實：**建立中國歷史上的最後一個封建王朝的滿族，其實是通古斯人（女真）的後裔**。也就是說，清朝是由女真人建立，是中國歷史上第二個，也是最後一個由少數民族建立的政權，統治者為出身建州女真的愛新覺羅氏。

清朝初期，透過剃髮、易服來抑制廣大漢族人民，尤其是上層人士的民族精神，以保持滿族的統治地位。清統治者對內採取民族分治的民族政策，在文化上行文字獄，壓抑漢族的思想；對外實行海禁，閉關鎖國，拒絕外國先進思想和技術輸入。這些政策維護了清朝的疆域擴張和社會穩定，卻導致其統治時期內此起彼伏的民族問題，和末期的極度貧弱。

清朝後期，它成為西方殖民國家侵略擴張的新對象。以英國為首的西方國家，先後發動兩次鴉片戰爭，清政府被迫與之簽訂一系列的不平等條約。為維護其統治，晚清政府開展「師夷長技以制夷」的洋務運動，奠定近代中國民族工業的基礎。一八九八年，光緒帝實行戊戌變法，但遭到保守勢力的阻撓，變法失敗。宣統三年辛亥革命爆發後，各省紛紛宣布獨立。一九一二年，溥儀退位，清朝結束。

隨著清朝的滅亡，通古斯這一古老民族建立國家的歷史也就結束了。新中國成立後，滿族人民成為中華民族中平等的一員，在民主、平等和共同繁榮的民族政策下，根據民族區域自治制度，在滿族的聚居區建立自治縣、自治鄉，讓滿族人民行使自治權。透過民主選舉，滿族人民與其他各族人民代表共同參與國事，行使管理國家大事的權力。

從遙遠的貝加爾湖地區一度入住中國，從西元前兩千多年就開始建立國家，並一直持續到近代，神奇的通古斯在人類歷史上演繹了一段不朽的傳說。

第4章

煙瘴深處的文明古國

后羿就是徐國國君，嫦娥也真有此人！斷髮、紋身、鑿齒，閩越人為何有這些奇特習俗？南越的豪華古墓，有絲縷玉衣還有舶來品，墓主是什麼來頭？

01 東夷徐國受排擠，強到沒把周朝看眼裡

江西靖安縣水口鄉的一座東周古墓的發現純屬偶然，如果不是盜墓被舉報，這座輝煌的藝術寶庫，可能還將沉眠地下而無緣顯露真身。這是典型的「一坑多棺」的奇特葬式，充滿重重懸念：四十七口東周時期的杉木棺材，同時葬在一個墓穴中，但主棺裡空蕩蕩。這裡是否曾被盜墓賊光顧過？為什麼一座古墓中埋有四十七位死者，他們之間是什麼關係？除了八號棺裡發現一副完整的人骨架外，其他幾個棺中僅發現六組腦組織，令人吃驚的是，**在人腦組織縫隙中，竟然長出晶瑩剔透的綠色晶體**，這究竟為何物？但是更大的懸念在後面：這座千年古墓，是否與一度消失的古徐國有所關聯？

▲ 古徐國兵馬俑

根據北京大學文博考古學院的李伯謙教授介紹，靖安從清代末年就出土過徐國銅器，一九七九年在挖地基修路時，更是挖出過名為「盧盤」的徐國青銅器。**當年的徐國在今天的蘇北一帶**，而**千里之外的靖安竟然出土徐國的文物**，這裡面隱藏著什麼玄機？（編按：這個墓很可能是徐國被滅後渡江落腳處）徐國早已湮滅史籍多年，不曾有過詳細記載，這座開啟的千年古墓，或許能找到關於這個古國遷徙的蛛絲馬跡。

后羿就是徐國國君，嫦娥也真有此人

徐國屬於東夷諸國之一，它最早的起源可以追溯至夏禹時期。

據說在舜統治時，天下發了大水，災禍累及百姓。舜派鯀去治水，鯀採用圍堵的方法，不但沒有治理好橫流的洪水，反而勞民傷財，毫無功效。因為治水無功，舜將鯀處死，並派鯀的兒子禹去治理洪水。禹採用和他父親不同的方法，即用疏導之術引導洪水順河入海，取得了成功。從此，大禹就受到舜的賞識，舜年老後，就將王位禪讓給治水有功的禹。在禹治水的過程中，東夷族領袖伯益率領部眾追隨禹，對於治水發揮巨大的作用。禹年老後，按照禪讓制度，將王位禪讓給伯益。可伯益看禹的兒子啟年輕而賢明，堅持讓賢，只在啟的守喪期間代攝了三年政事，等到喪滿，立刻跑到箕山（在今河南省）之南隱居起來。啟感念伯益禪讓歸隱的高義，便把伯益的次子若木封在徐國，即**今山東中南部一帶**、**安徽省泗縣以北**的地方。從此，伯益的子孫就世世代代，在這片叫作徐國的土地上繁衍生息，但受到魯、齊、

▲ 古徐國遺址壁畫

周人排擠。

這就是關於徐國來源的傳說。除此之外，還有些人們耳熟能詳的故事也與徐國有關。

「后羿射日」、「嫦娥奔月」的神話傳說上至八旬老叟、下到三歲孩童，都十分熟悉。后羿和妻子嫦娥是堯帝時代的神人。當時，天帝有十個兒子，也就是十個太陽，天帝安排他們輪流照耀人間。然而十個太陽貪玩，一起溜出來，天上同時出現了十個太陽。於是，天帝命善於射箭的后羿到人間管教自己的兒子。后羿看到人間的苦難怒不可遏，一口氣射掉九個太陽，最後一個太陽藏起來得以保命。后羿救助了百姓，卻殺掉天帝的九個兒子，天帝一怒之下把后羿永遠貶斥到人間。後來，后羿到西王母那裡去求來幾顆長生不死之藥，誰知，嫦娥竟然趁后羿不在，把全部的靈藥都偷吃下去，然後飛到月亮上的廣寒宮中去。

故事終歸傳說，**歷史上卻真有后羿其人，**

他的妻子也確實叫嫦娥。這個后羿，就是徐國國君。可是這個英雄光輝形象十足的故事，卻和史實有著較大的出入。

據說，當年夏啟死後，他的兒子太康即位。太康愛好打獵，有一次出去打獵，一百天對朝政不聞不問。**后羿雖然只是小小徐國的國君，卻有著極大的政治野心**，他看到太康出去打獵認為是個機會，就帶兵進駐洛水北岸，將太康的歸路斷絕。太康歸路被斷，只好在洛水南面流亡。后羿乘機把持夏朝大權，另立太康的兄弟仲康為王，獨攬朝政大權。仲康死後，后羿更加肆無忌憚，堂而皇之的奪了夏朝的王位。夏王后羿窮奢極侈，他依仗自身武力高強四處打獵，把國家政事交給親信寒浞處理。寒浞也是個有野心的人，他羽翼豐滿後，就趁后羿打獵歸來時把他殺了。

寒浞奪得王位後，派人到處追殺仲康的兒子相。相四處逃亡，最後被寒浞捉住殺死。相死時，他的妻子已經懷有身孕。相的妻子無以為計，只好逃到娘家有仍氏，生下兒子少康。少康為有仍氏部落放牧牲口，日漸長大。寒浞聽說相有個遺腹子後，四處發兵追討，意欲斬草除根。少康成人後投奔有虞氏，有虞氏國君見少康年輕有為，就把自己的兩個女兒嫁給他，為他修建綸邑讓他居住。綸邑西有嵩山，北有具茨山，南臨潁水，土地肥沃，氣候宜人，有田一成（方圓十里），有眾一旅（五百人），少康從此有了安身之地。少康便以綸邑為根據地，撫恤招納散亡的夏遺民舊部，發展生產，積蓄力量，又糾集自己的親信氏族及對寒浞不滿的部族，合力消滅了寒浞及其餘黨，「整威儀東南行，求陽翟夏王之故都」，葺宮室，修鈞台，視九鼎，天下諸侯紛紛擁戴。夏帝太康失國數十年後，少康終於「坐鈞台而朝諸侯」，重登天子之位，勵精圖治的治理國家。

在遠古的神話傳說中，后羿是個敢於犧牲、甘於奉獻並且武藝出眾的英雄；然而，現實中的后羿卻是政治野心極大的野心家。兩者有著如此明顯的差別，可說是歷史和人們開的一個大玩笑。

敢比周天子還大，穆王親征亡國

唐代韓愈做《衢州徐偃王廟碑》云：「徐與秦俱出伯翳（伯益），而秦處西偏，而秦以武勝，虎吞諸國為雄，諸國皆入秦為臣，秦無所利，上下相害，卒債其國而沈其宗。徐得處地中，文德為治，及偃王誕當國，除刑爭末事，待四方以仁義。得朱弓銅矢之瑞，穆王聞之，恐遂稱受命，令造父合楚伐之。徐不忍鬥其民，故走死其國。偃王之後，自秦至今，名公巨人，繼跡史書；而秦後，茲無聞家。非偏有厚，施仁與暴之報，自然異也。」

這是韓愈對徐偃王一片肯定的文字，也是對其仁義之心的褒獎之詞。

徐偃王誕生於周昭王三十六年，他全名嬴誕，關於他的出生還頗有一番神祕色彩。他生

▲ 徐國春秋鼎

下來時是個肉球，胞衣沒有破開，家人以為怪物不祥，就把他拋棄在河水邊上（「生而胞不坼，以為不祥，棄諸水濱」）。可是，徐偃王命不該絕，有獨孤姓的老人，養了一隻名為「鵠倉」的狗，發現了嬴誕。老婆婆看到肉球裡面有東西蠕動，剖開一看居然是個嬰孩，哭聲洪亮、面色圓潤，如獲至寶，以為是上天的恩賜。偃王左右手上各有一團複雜紋理，一字像「偃」，一字像「王」，故名為徐偃王。

不但如此，徐偃王小時候還有一些極為特殊的地方。據《屍子》載，徐偃王剛出生時「有筋而無骨」，身體極度柔韌。偃王小時，「喜入深水而得怪魚，入深山而得怪獸」。《荀子·非相》載：「徐偃王之狀，目可瞻馬。」意思是偃王的眼睛比馬眼還大。「王生有異相，目不能視細，望遠乃見。」由於有雙特殊的眼睛，徐偃王只能看較遠的東西，近的、細小的東西則看不清楚。當然，這都是傳說，至於事實為何，恐怕沒人能說清楚了。

後來，徐偃王重新回到王宮中，繼承了王位。從此，徐偃王勵精圖治、廢寢忘食的治理國家。為了治理好徐國，徐偃王「弛戈甲之備，墜城池之險，修行仁義，被服慈漫，視物如傷，以懷諸侯」。他裁省軍費用於發展民生的諸項事業，以仁義治理民眾，以誠信對待諸侯，在他的治理下，徐國人民安居樂業。

後來，東南諸侯有人作亂，周天子令徐偃王率領東方諸侯平定叛亂，同時賜封他為伯。東方各諸侯「贄玉帛死生之物，朝於徐」，徐偃王得意忘形，正式稱「王」。**他是西周諸侯國中第一個向周天子稱王的諸侯**。

依照周禮，王要有王的禮制。於是，徐偃王開始營建徐國國都。《地理志》載，「故徐國，其城周十二里」，而周天子的都城也不過九里。國都建好後，徐偃王有了「欲霸上國」的野心。這時候，有個徐國人在挖水渠時，得到「朱弓銅矢，以為天瑞」的祥物，獻於徐偃王。當時只有周天子才有征伐的許可權，而弓矢是征伐之物，這次祥物顯示出上帝把征伐之權授予偃王。這時，東方大小三十六國諸侯自願割地獻徐，有些諸侯國甚至自願併入徐國聯邦，徐國從一個百里小國，變成數百里的中等諸侯國。徐偃王因而以為自己有了雄霸天下的實力。但是，**徐偃王想的是仁霸天下、文霸天下，而不是武霸天下**。

這時，周天子穆王正在派兵征西，討伐游離在周朝邊境線上的少數民族犬戎族。凱旋後，他命令工匠製造八駿車駕，然後帶著儀仗隊巡遊天下。當周天子遊歷到崑崙山時，碰到西王母，他與西王母「宴於瑤池，歌謳忘歸」。西王母居崑崙之巔，是神話裡專管天下災難的神仙，與周天子相識後，演繹出人神之戀的佳話。

周穆王聽說徐偃王逾制建都後，勃然大怒。於是發雄兵來攻打徐國。當浩浩蕩蕩的大軍兵臨城下時，徐國的老百姓們知道大難將至，於是奔走哭號，滿城悲聲。

面對攻打徐國的兵士們，徐偃王嘆息說：「聖人不可殺人以呈己欲，君子不處危邦，楚患者，誕一人而已，我去，則刀兵可息。」之後徐偃王棄城而走。可是，敵軍緊追不捨，徐偃王無奈之下跳海自殺，臨終之前嘆息說：「吾賴於文德，不明武務，以至於此。」就這樣，這個喜歡談論文明教化的仁德之君，葬送在茫茫的大海中。

02 良渚文化傳承蚩尤九黎，無奈的氣候難民

南依人間天堂杭州，北接魚米之鄉湖州，西有連綿起伏的山丘，東有一望無際的沃野，這片土地，在著名考古學家夏鼐先生眼中，真是美好的水陸天堂。

夏鼐稱此處為良渚，「良」即「佳、美、好」的意思，「渚」即為「水中的陸地」。這個杭州市餘杭區轄下的鎮，這片江南水鄉中最好的一塊風水寶地，在無限風光的背後，隱藏一段輝煌的歷史、一段消失的記憶。

信奉鳥、獸圖騰的良渚人屬於哪個部族？

一九五九年，著名考古學家夏鼐正式提出「良渚文化」這一名詞，這個響亮的名稱很快被接受並沿用至今。

良渚文化分布範圍寬廣，影響面北至魯、豫，西進兩湖，南抵閩、粵、臺，**中心地區則在太湖流域**。良渚鎮、湖州錢山漾、上海馬橋、江蘇吳江龍南、張家港鹿苑鄉，都是著名的良渚文化遺址。

關於良渚文化的發現，有著一個曲折的故事：一九三六年十一月三日，南方的天氣猶如以往一樣陰冷潮濕，一切都一如平常，毫無特殊徵兆。西湖博物館一位年僅二十四歲、名不見經傳的小青年施昕更，正在田埂的泥土中進行田野考古。施昕更祖籍餘杭良渚，他生於斯、長於斯，自小就耳聞當地常會出產一些玉石，長大後，他來到西湖博物館工作，正式接觸考古工作。剛參加工作的施昕更滿懷著求知欲，他相信自己的家鄉肯定有著豐富的考古遺存。施昕更學歷不高，在考古界也沒有名氣，可是他卻有著對考古事業的一腔熱愛。皇天不負有心人，終於，施昕更在考古中有了驚奇的發現，他發現一件有孔石斧。而且，他發現這石斧和他在鄰居家看到的石斧相仿，難道這片土地裡掩埋著一段悠久的歷史？施昕更心生疑問，於是更加廢寢忘食的對這片土地進行地毯式搜索，在得到第一把石斧後，施昕更又相繼挖出較完整的陶壺、陶豆，有為數眾多的石刀、石錘，還有精美絕倫的玉琮、玉璧等等。

▲良渚文化遺址

施昕更的發現一石激起千層浪，猶如陣陣的春雷，轟動考古界。至此，埋藏幾千年的良渚文化終於得以揭開面紗，呈現於世人面前。施昕更對良渚文化做出的卓越貢獻，深深刻在人們的心中。

後來，備受關注的良渚文化遺址，展開科學的挖掘。對於這些遺址，有專家學者將良渚遺址分為三類：中心遺址、次中心遺址和普通遺址。

良渚文化的中心遺址之一就是反山，在杭州市區西北方向。杭州至南京公路，經良渚、長命到瓶窯路邊的一片不大的土地上，有一座高約五公尺、東西九十公尺，南北寬三十公尺的土墩，當地人稱為「反山」。

反山是一座良渚大墓，有學者大膽推測，**反山大墓正是古良渚國的皇陵所在**。一九七一年，考古隊員開始在此進行考古發掘，但是頭幾天一無所獲，到了第四天時，考古隊員們在此發掘出一件玉琮。玉琮是大型的玉製禮器，在一般的墓葬裡很難見到，由此，考古學家斷定反山遺址的重要地位。隨著發掘的深入進行，考古人員在五個月內共發掘出十一座大墓，各種隨葬品達到一千兩百多件，其價值之高、意義之大，震驚世人。

良渚考古文化證明了史前某支人類群體活動的遺存，考古學家們稱良渚文化社會群體活動遺存的創造者們為良渚人，良渚文化即是由良渚人創造的。可是，關於良渚人源於哪個部族，考古界仍眾說紛紜。

有的考古學者認為，與良渚文化時期在時間與空間上吻合的部族有蚩尤、防風氏、羽民國等部族。從這個意義上來講，良渚人可能屬於蚩尤、防風氏、羽民國等任何一個部族。

可是，由於史料的不足、文物的稀缺，想要證明良渚到底是上述哪一個部族，還得經過一番極為艱難的考證。

因此，有人提出另一個考證良渚人部族問題的方法：從良渚玉器圖案來考證。在良渚文化玉器上，有個類似一尊英武戰神的圖案，反覆出現在各種玉器上。有學者推斷說，這個類似戰神的圖案指的是蚩尤。因為在古代傳說中，蚩尤是中國東南方的蠻夷，非常英勇好戰，為了擴大勢力範圍，不斷與其他部族發生地盤爭奪戰，屢戰屢勝，被尊為戰神。可惜的是，不可一世的蚩尤在與中原南下的黃帝部族發生戰爭時，被更為強大的黃帝部族打敗，從此一蹶不振。

良渚文化中，石鉞（形制似斧而較大）非常發達，表明良渚人也好勇強悍；**蚩尤戰爭節節勝利之時，也正是良渚文化非常發達之時**；而蚩尤最終被黃帝打敗時，又正是良渚文化衰敗的時候。傳說中，蚩尤其他的幾個部落聯盟同屬東夷集團，居於山東和長江三角洲一帶，而蚩尤部族中有一支首領叫九黎的大部落聯盟，它的分布範圍包括良渚文化的所有地域，因此，**強悍的良渚人應該就是九黎族中的一支。九黎族中有一支叫羽人或羽民，他們信奉鳥、獸，把牠們當作祖先，因而信仰崇拜鳥、獸圖騰**，而良渚文化中玉器上的神祕圖案，下部分似乎也像鳥、獸，也是良渚人崇拜的圖騰，所以**良渚人很有可能就是羽人或羽民**。

良渚人的玉料從哪裡來，用什麼工具加工？

今天莫角山聚落東北五公里遠處，就是著名良渚文化的瑤山遺址。良渚人在這個看上去毫不起眼的地方，修建祭壇祭祀神靈，因此為後人留下大量的考古資料。此處共埋有十三座墓葬，發掘出隨葬器物七百餘件，有陶器、石器、玉器、漆器。其中，玉器共六百餘件，種類繁多、雕琢技法之高超，令人嘆為觀止。因此，有學者提出了「玉器時代」的說法。

既然此地出土如此多的玉器，那麼此地或附近區域一定有豐富的玉礦。而**在良渚文化範圍內，人們尋找了很長一段時間都沒有發現玉礦**。因此，有人認為良渚玉料是從盛產玉的地區，甚至是新疆輾轉運來的。可是，在那個相對閉塞的時代，從遙遠的新疆運來玉料的說法，有些牽強。為此，有專家執著的認為，在良渚文化的區域，必定存放著被人們遺忘的古代玉石礦藏。

直到一九八二年，考古人員終於在江蘇省溧陽小梅嶺，發現透閃石軟玉礦藏。經取樣鑒定，此礦玉石質地細膩，色澤呈白色和青綠色，呈蠟狀光澤，與良渚文化玉器所用玉料相似。這一發現使考古學術界非常興奮，專家們普遍認為，**良渚文化的玉料來源可以確定是就地取材，而非遠地轉運**。

解決了玉料來源的問題後，又有一個新的問題出現了。玉器的質地十分堅硬，即使在當今社會，用一些金屬工具也不能妥當的切割玉料，那麼**在沒有發明金屬工具的良渚時代，良渚人是怎樣切割玉料的呢？**

專家學者依據出土玉器上遺留的加工痕跡和棄留的邊角玉料，推測當時玉料的切割可能有三種方法。

第一種是線切割法，這種方法是用馬尾和馬鬃繩充當鋸條，不斷加砂和水，來回往復的拉動鋸條摩擦拉鋸，便可將玉料慢慢的剖成兩面平整的玉片。但是，這種方法有明顯的不足，線切割法耗時耗力，可是在良渚文化遺址上又出土如此多的玉器，這些玉器都是用這種方法來切割的嗎？

第二種是片切割法，這是根據良渚玉器上出現的呈V字形的切割痕來推測的。這種方法是用石片或木片等摩擦切割，來加工玉器。

第三種是砣切割法，砣切割法就是在一個水準軸上安裝圓盤，然後將纏在圓盤上的帶子連接在腳踏板上，製玉工匠用腳交替踏踩腳踏板，旋轉帶動圓盤轉動，透過摩擦來加工玉器。

良渚文化的許多玉器上都有孔，有大有小，有深有淺，如玉琮、玉璧、玉錐形器等。在沒有金屬工具的時期，良渚先民又是如何在玉器上鑽孔呢？

對此，學術界爭論至今，有人說除了傳統的細石器外，別無他物能刻畫出那麼繁縟的圖案；有人則認為良渚文化玉器紋飾，是用鯊魚牙刻畫出來的，良渚墓葬中亦曾有鯊魚牙的出土；還有人認為良渚玉器大部分採用過焚燒加熱的辦法，使玉器表面硬度降低後再進行加

▲良渚玉琮

工。日本著名學者林巳奈夫則認為，良渚玉器上的刻畫紋飾的刻刀是鑽石。

鑽石的硬度足以用來雕刻玉器，可是目前還不清楚史前的先民是否已對鑽石有所認識，同時太湖流域也不見有發現鑽石的報導，況且鑽石鑽具又是用什麼工具或方法製成的呢？這些疑團都是探究良渚人用什麼工具加工玉料的攔路虎。但是，相信在科學昌明、考古發達的今天，不久人們定會找到答案的！

海平面上升、洪水、戰爭……良渚文化消失的真正原因

▲良渚玉器上的族徽

良渚先民用勤勞的雙手、智慧的心靈創造了輝煌的時代，可是這個時代就像絢麗多彩的流星，在令人目眩神迷一陣後，突然神祕消失，只留下待世人解開的千古之謎。

良渚文化是如何消失的？對於這個問題，人們仍持續反覆爭論、探討著，始終沒有得出一致的答案。

有學者認為是**海侵摧毀了良渚文化**。在西元前三千年良渚文化晚期，全球氣候變遷，氣溫升高、冰川融化、海平面上升，太湖平原除了少數

高地和丘陵外，全部沒入汪洋之中，造成大規模的海侵。這次海侵毀滅了良渚文化，經歷千餘年才發展起來的良渚文化毀於一旦。

也有的學者提出，**良渚文化的消失是洪澇災害造成的**。良渚文化晚期，太湖地區氣候由寒冷變得溫暖濕潤，平均溫度比現在高攝氏二度，雨量明顯增多。由於當時的**海平面比以前高出兩公尺左右**，留於內陸的水宣洩不暢，勢必會造成很大的水患。因此山洪爆發，江河水漲，洪水氾濫，陸地被淹，黃河、長江的下游，尤其是長江三角洲之地一片汪洋，人們只能向高處躲避或逃奔外地。頃刻間，良渚文化各種設施被摧毀，而其農耕地更是常年淹沒，再也無法以農為生。特大洪水災難延續了若干年，良渚人已無法生存，殘存的人們，在相當時間之內只能勉強維持生活。於是他們只能離鄉背井，有的南下，有的北上，被迫大規模舉族遷徙、長途跋涉，輾轉漂流。

還有一些學者認為，**造成良渚文化消失的原因是戰爭**。良渚社會時期，在黃河、長江流域地區，類似的部落方國為數不少。隨著各古國政治的加強，擁有王權、軍權、神權於一體的統治者，對內實行血腥的統治，對外為了聚斂更多的財富、擴大地盤和人口，與周鄰部落古國進行著激烈的掠奪性戰爭。在當時，良渚部族本來是最發達、最強悍的一支，但由於貴族首領日漸奢靡，普遍追求享樂型的社會生活，非生產性的勞動支出占相當大的比重，社會基層越來越不堪重負，導致社會矛盾激烈，內訌和各立山頭的局面產生，危機四伏。整個社會越來越缺乏控制力，國力日益削弱，這種情況下，在頻繁的戰爭中也就逐漸失去取勝的優勢，造成良渚的消失。

03 福州本是閩越國首都，漢武帝也忌憚

一九五八年，中國考古工作者在**福建省武夷山市興田鎮**城村西南進行考古工作時，突然發現一些以前從未出土過的器物。器物普遍具有漢代文物的特徵，而且源源不斷。長期以來，人們普遍以為福建地區長期處於開發遲緩的階段，與中原地區相比，進入文明社會的時間較晚。考古工作者十分詫異：這些**漢代特徵的器物怎麼會在此地發祥**？

第二年，福建省文化管理委員會派駐到這裡，進行更大規模的考古發掘，一座在長達兩千多年的時間裡，掩埋在歷史塵埃下的古王城驚現於世。自二十世紀八〇年代起，福建省博物館考古隊進駐城村，進行更大規模的持久發掘，一座占地一萬多平方公尺、規模宏偉的古代宮殿建築群遺址，就此展示在世人面前。隨著發掘工作的進展，一個新的王國**閩越國進入了專家們的視線，許多難解的歷史之謎迎刃而解**，但更多的疑問也隨之而出。《史記》中記載的「閩中故地」，《漢書》中的「閩越君東海王府」在層層的黃土之下得到印證，也留下更多的懸疑。武夷山閩越王城遺址，在為人們打開一扇透視福建上古文明的窗口之時，又留下了一個個難解之謎，閩越國是個怎樣的國家？國王是誰？建都在何處？它又是如何走向滅亡的？

閩越人傳承幾千年的奇特習俗：斷髮、紋身、鑿齒

閩越族是中國上古時代的少數民族之一，中國南方百越族群中的一支，自古居住在浙江南部、福建、臺灣的土地上，也是中華民族的來源之一。閩越族主要生活在福建武夷山至臺灣海峽一帶，先秦時期，他們邁入了青銅時代門檻。

由於閩越族民生活在浙江、福建一帶，這裡水網縱橫，多山多水又靠海，造就閩越人頭髮棕紅、眼睛深邃靈敏的相貌特徵。另外，又因為受地理環境多水潮濕、氣候溫和等因素影響，他們以魚、山獸、黍之類為主食。

閩越族除了一些普通意義上和其他民族不同的風俗習慣以外，**還有著許多駭人聽聞的風俗習慣**。

斷髮，就是閩越人的一種特殊的風俗。「斷髮」，是剪斷頭髮之意，它與「椎髻」、「披

▲閩越王城遺址

髮」類似，都是古代閩越人流行的髮式。古代中原人認為身體髮膚受之父母，不敢毀傷，所以無論男女都留長髮，終身不剪。因此，斷髮在儒家統治的中原內地人看來，簡直是一種不可理喻、極其野蠻的行為。

紋身，就是在身體上刻畫圖案，並塗上顏色，以便留下永久的標誌。這在「正統」的中原人看來也是大逆不道的行為。《漢書．地理志》說：「紋身斷髮，被創流血，至難矣，然越為之，以求榮也。」閩越人為什麼喜歡紋身？他們又常在身上紋些什麼樣的圖案？

原來，蛇圖騰是族民們的信仰之一，在原始社會中就有了這種信仰。原始人相信，各氏族分別淵源於各種特定環境的特定物類，與動物、植物或其他物種有著特殊關係，因而作為本氏族的象徵和庇護者，加以崇拜和保護。上古時代各圖騰部落所屬的人們，在成年時必舉行一種保證永遠不失信於圖騰的榮譽儀式，而紋身就是此儀式中的一個程序。最初，閩越人紋身，使自己與蛟龍相似，以求避免蛟龍的侵害。漸漸的，由於將自己裝成像蛟龍的樣子，他們逐漸相信蛟龍就是自己的保護神，是自己的祖先，因而產生圖騰觀念，承認蛟龍是自己的圖騰。從此，紋身多了層神祕的意味，人們已不再是為了蒙蔽蛟龍而沿襲這種習俗，而主要是借助這種圖騰威靈的保佑庇護。直到最後，圖騰的意義漸漸淡逝，但紋身的習俗仍保留了下來。

閩越人還有一個特殊的習俗——**拔齒**。有學者指出，在舊時文獻中，這種風俗習慣被稱作「鑿齒」、「打牙」。這是一種採用人工方法，拔除（或打、或敲）某些健康前位齒的行為，在《山海經》、《淮南子》中都有記載。另外，在《博物志》說：「既長，拔去上齒牙各一，以其身飾。」意思是說，閩越人把拔齒作為成年儀式中的一道程序。《黔書》說：「女子將嫁，必折其二齒，恐防害夫家也。」也就是說，閩越女子出嫁之前，必須拔掉兩顆牙（犬齒），以免妨害夫家。《雲南志略》則說：「男子十四、五，則左右擊青兩齒，然後婚娶。」這顯然屬於婚姻拔牙。古越族的後代——近現代的臺灣高山族，還或多或少保留著拔牙的習俗。在廣東珠江三角洲，環珠江口的貝丘、沙丘遺址，目前已經發現數十例與拔牙相關的考古遺跡。這些拔牙遺跡的人類體質特徵相同，所拔牙齒位基本相同。它們的年代均在距今四千年以內的先秦時期。此外，越人中還有漆牙的習俗，稱為「黑齒」。對於鑿齒的習俗，學界普遍有數種說法，一是認為是青春期、成丁禮或結婚所需的儀式；二是認為其表示一種美的觀念，具有裝飾意義；三是認為這是為了表示崇信的紀念性行為。但不論哪種說法更接近古人「鑿齒」的深意，有一點不可忽略，即這種看似奇怪的習俗，是古代嶺南先民豐富多彩的生活的一部分。

閩越人除了有這些怪異的習俗之外，在建築上也有著和中原人不同的建築風格。「干欄」建築就是閩越人習居的主要建築形式。干欄又稱為「交欄」、「閣蘭」、「葛欄」等，在木柱（或竹柱）底架上建築高出地面的房屋。由於當時閩越地區地面潮濕、草木茂密，所以滋生出許多蛇蟲猛獸，這些蛇蟲猛獸常會在深夜人們熟睡時，侵擾閩越的百姓，造成極大的損失。為了避免潮氣的影響和蛇蟲野獸的侵襲，聰明的閩越人就居住在樹上，營建鳥巢式的住所。由於這種「巢居」給日常生活帶來極大的不便，所以後來，人們到地面上營建住所，但為了隔絕潮濕和防止猛獸侵擾，閩越人將房屋架空，逐步演變成這種干欄式的建築。

閩越一共有多少王，仍是未解之謎

西元前三三四年，**楚國滅掉越國，越國貴族四散出逃**，有一部分王室子孫向南進入福建地區，**與福建當地的原生居民閩族融合**，形成閩越族。後來，無諸成為閩越族的首領，帶領閩越人逐步發展自己的實力，最終建立政權，**無諸也成為第一代閩越王**。

秦朝統一全國後，秦始皇在福建設立閩中郡。《史記》中記載：「秦已並天下，皆廢為君長，以其地為閩中郡。」這樣一來，一方的人王地主——閩越王無諸就成了郡長。但是，秦朝並沒有在閩越地區派駐軍隊，閩越郡實際上仍保持閩越國的地位。

秦朝後期，由於政治黑暗，各地義軍紛紛揭竿而起，無諸也加入了反秦的行列。然而，項羽在分封諸侯後，並沒有封無諸為王，於是在楚漢戰爭爆發後，無諸投入劉邦陣營。由於無諸以及他手下的士兵作戰英勇，為劉邦建立大漢王朝立下汗馬功勞，所以劉邦仍以無諸為閩越王。西元前二〇二年，**無諸建都城在東冶，也就是現在的福州**。《史記·東越列傳》記載，劉邦「復立無諸為閩越王，王閩中故地，都東冶」。

秦朝成立後，秦始皇立閩中郡，對各地的王侯「皆廢為郡長」。閩越稱王由來已久，歷經百數年，除了無諸之外，一定還會有其他閩越王，可是他們都是誰呢？

跟無諸一起率領閩越將士與各路諸侯一道反秦助漢的，還有一位閩越首領——搖。搖的地位僅次於無諸，當無諸為閩越王時，搖稱「閩君」、「閩越君」，其領地在今浙江溫、臺、處州一帶。據《史記》記載，漢惠帝三年，漢朝中央政府重新褒獎閩越的戰功，並特地指出閩君搖的功勞特別多，**立搖為東海王，都東甌，世俗號為東甌王。東甌在今浙江溫州。**《漢書》中記載：「夏五月，立閩越君為東海王。」立東甌王後，閩越國的國土僅剩下福建全境和江西的鉛山縣，勢力受到削弱。

其實，漢代初期在冊立閩越王時，只立無諸為王而不管搖，到了惠帝時期才重新算起幾十年前的舊功，這並不代表漢朝朝廷「論功行賞」，而是恰恰說明漢朝懼怕閩越勢力壯大，採取類似武帝時期《推恩令》（編按：漢朝漢武帝時期推行的重要法令，旨在減少諸侯的封地，以削弱諸侯王勢力範圍）一樣的措施，透過兩次分封，削弱閩越的力量。

此後，閩越的勢力又得到一次休養生息的機會，再後來閩越勢力逐漸強大，一舉合併了東甌國地。俗話說人心不足蛇吞象，此後閩越王郢繼續率兵進攻南越國，南越國岌岌可危，只好向漢朝政府求救。漢武帝得知此事後，立即派兵攻打閩越，郢的弟弟餘善審時度勢，認為閩越的國力無法與漢朝對抗，於是發動政變，除掉閩越王郢，向漢朝求和。

餘善本以為自己在這次戰爭中立了大功，漢武帝一定會大大封賞自己，可是，英明睿智的漢武帝認為餘善弒兄奪權，勢力過於強大，不利於中央政府控制，於是立無諸的孫子丑為王，並改稱為**越繇王**。但是，餘善的威望遠勝過丑，在閩越有更大的號召力，在下層百姓中也深受愛戴，越繇王丑對此無可奈何。

在這種形勢下，漢廷扶持的越繇王丑和閩越百姓支持的餘善形成對抗，形勢對力求避戰的漢廷不利。無奈之下，漢武帝接受大臣建議，索性下詔封餘善為**東越王**，與越繇王分庭抗禮，如此才勉強解決這場潛在的危機。

可是後來，東越的勢力越來越強大，越繇王逐步淪為東越王餘善的附庸。餘善或許是不滿當年漢武帝沒有對其進行嘉獎的緣故，勵精圖治、廢寢忘食的操勞國事，最終把閩越國治理成一個兵強馬壯、經濟富裕的國家。

由於南越國國勢日益強盛、閩越王餘善也逐漸不可一世，對中原的命令也是公然違抗，漸漸成了漢武帝的心頭之患。西元前一一二年，漢軍平定南越後，乘軍隊陳兵南方之際，漢朝「樓船將軍請誅閩越」，雙方發生激戰。由於閩越內部矛盾重重，越繇王與人合謀誘殺了東越王餘善，隨後投降於漢朝，閩越國就此消失在歷史的舞臺上。

在閩越國的歷史上，還有著一些國王，只是由於歷史的久遠、史料的稀缺，使得這段歷史模糊不清。或許在今後的日子中，歷史工作者們還會有新的發現，到那時，閩越國到底有多少國王、閩越國有怎樣的歷史，這些問題都會逐一揭曉。

閩越王無諸築臺與建都之謎

劉邦復封無諸為閩越王後，作為劉邦分封的第一批少數民族諸侯王，無諸選擇在南台江邊的惠澤山建一座高臺，作為冊封儀式的場所。此臺後來被人們稱為越王臺，後人為紀念無諸，又在臺旁修築了閩越王廟，百姓們稱此廟為「大廟」，惠澤山又稱為大廟山，成為閩越國最重要的遺跡之一。山上有一碑，上頭摹刻宋代著名書法家米芾的筆跡：「全閩第一江山。」充分體現這一古跡的歷史蘊涵。

受封之後，無諸開始按照西漢諸侯國制度營造都城，當時福州四面環水，陸地面積狹小，**無諸選擇今冶山（福州屏山公園）一帶建城**，於是該城便被稱為冶城，又因冶城在屏山北面，所以，屏山又稱越王山。一九九〇年以後，這一帶陸續出土刻有「萬歲未央」等字樣的瓦當、瓦筒等文物，也可證明此處是閩越王城舊址。

冶城依當時諸侯王例「大者不過三百雉」，即方圓不能超過九百丈的標準設計。按一丈略等於三公尺推算，這座城方圓不過兩千七百公尺，還不如一個村落大。冶城之南是水漫區，冶城又是一座土城，城

▲閩越王城出土的瓦當

裡主要居住的是王室貴族、官吏士兵等，百姓群眾四處散居。

在秦朝勢力進入閩越地區之前，無諸已經是一國之王，應該建立了自己的王所。但無論史籍還是考古發掘中，都沒有發現，此前閩越王的國都究竟都設在哪裡？

一九八八年，考古隊在城村遺址東門外北側，發掘出一個建築面積為兩千六百平方公尺的祭壇遺址。它以南北長約七十公尺、南寬三十二公尺、北寬二十二公尺的臺基為主體，高出臺外地面三至七

▲武夷山城村古城遺址

公尺，並有明顯的二層寬達數公尺的大臺地。臺成三階，正合「土基三尺、階三等曰壇」之說。據考證，這座祭壇的興衰與閩越的興衰同步，閩越君王在這座甌越宗壇上舉行祭祀大典，而祭祀大典一般都在國都附近舉行，這是否說明閩越的都城就在此地呢？

隋唐之際，訓詁學（編按：研究古書中詞義的學科，是中國傳統的語文學）家顏師古在《漢書》注中說明：「閩中郡即今之建安是也。」武夷山城村古城遺址中，大量文物帶有濃郁的秦風格，根據武夷山「秦始皇二年，武夷君大會鄉人於幔亭」等種種傳說來看，似乎為閩越前期都城在此增加了可信度。

至於無諸被正式冊封為閩越王後，在福州建都城冶城的具體位置，後世也有諸多爭議。《福建通志．城池志》載：「在冶山前麓。」即今屏山北面；《三山志》載：「在今府治北二百五十步。」即今鼓屏路湖東路口；《榕城考古錄》載：「冶城在福州城隍廟至諸古嶺一帶。」

自楚國滅亡越國、越國王族逃到閩越地區開始，到西元前一一〇年漢武帝滅掉閩越，閩越前後經歷了兩百餘年的歷史。其中，漢初閩越復國後的近百年間，閩越「越卒不下數十萬」，國力一度十分強盛。閩越的王城所在，大體上已確定位置，但是**閩越各個王族的陵墓埋藏在什麼地方，卻始終是個未解之謎**。

04 南越國讓漢朝呂氏不爽，亡於漢使太后搞不倫

一九八三年六月的一天，**廣州**的天氣異常悶熱。一陣大雨過後，氣溫變得稍微涼快一些，在**象崗山的一處建築工地上**，建築工人們趁著雨後抓緊幹活。突然，附近一位工人的鋤頭觸動了一塊石板，接著，一件件文物露出土面。

考古人員馬上介入，一個沉睡了兩千餘年的古墓——古南越國王墓慢慢顯現出來。墓主身披絲縷玉衣，腰懸十字劍，胸前的龍鈕金印刻著四個剛勁的小篆「文帝行璽」。金印表明了墓主的身分，他竟是南越國武帝趙佗的孫子趙眛。史書中的記載得到驗證，中國的秦漢史和南方地區的歷史進程由此被改寫。

敢與中原大國抗衡的南越小國

南越國又稱為南越或南粵，是存在於嶺南地區漢朝境內的割據政權，國都位於番禺（今廣州市）。西元前二〇三年，**南海郡尉趙佗起兵兼併桂林郡和象郡，建立南越國**，自稱「南越武王」。西元前一九六年和前一七九年，南越國曾先後兩次臣屬於西漢，成為西漢的「外

臣」。西元前一一二年，南越國末代君主趙建德與西漢發生戰爭，於西元前一一一年被漢武帝所滅。南越國共存在九十三年，歷經五代君主。

西漢初期，由於政權剛剛建立，國家經過多年兵荒馬亂，百姓生活勞頓困苦，沒有力量用軍事手段來對付南越國。劉邦聽取大臣的意見，派遣大夫陸賈出使南越。在陸賈的勸說下，南越王趙佗接受漢高祖賜予的南越王印綬，臣服漢朝。此後，南越國和漢朝互派使者，互相通市。

就在南越國和漢朝融洽相處之時，一個人物的出現打亂這和平的相處。這個人就是中國歷史上鼎鼎大名的女政治家——呂后。呂后掌政後，開始和南越交惡。她禁止向南越國出售鐵器，以防止南越國製造兵器。得知此事後，趙佗火冒三丈，立即宣布脫離漢朝，並出兵攻打漢朝的長沙國。趙佗本是武將出身，治兵頗有一套，所以南越國的軍士一出兵就勢如破竹，攻下漢朝的幾個城池。

呂后得知前線失利的消息後，十分氣惱，於是派遣經驗豐富、謀略過人的大將隆慮侯和

▲ 南越國宮署遺址

周灶前去攻打南越。可是事與願違，北方地區的士兵不適應南越一帶炎熱潮濕的氣候，紛紛得病，戰爭還沒有開始就敗下陣來。後來，和南越國打了幾場仗都沒有得到便宜，所以攻打南越國的事情也就被擱置了。

中原大國都奈何不了這小小的南越國，趙佗從此更是趾高氣昂、不可一世。一些見風使舵的小國家，如南方地區的閩越、西甌和雒越等都紛紛歸屬，南越的領地範圍擴張至頂峰時期。見到小國紛紛歸順，南越王趙佗更是開心不已，他還宣稱自己是皇帝，四處發號施令，與漢朝中央政權相對立。

▲ 趙佗雕像

面對不可一世的趙佗，漢文帝開始對南越採用懷柔政策，他派人修復趙佗先人在中原的墓地，並設置守墓人每年按時祭祀，給趙佗仍活著的家族兄弟賞賜官職和財物。漢文帝派遣曾多次出使南越的陸賈再次出使南越，說服趙佗歸漢。趙佗深知漢朝勢力強大，南越地區土薄民少，無法和中央政權抗衡，於是去帝號歸附漢朝，但對外仍稱

「南越王」。

趙佗去世後，王位傳給他的孫子趙眜。趙眜統治南越十二年，一直對漢朝俯首貼耳，南越國也得以和漢朝通商互市、友好相處。趙眜死後，他曾在漢朝入質的兒子趙嬰齊繼位。趙嬰齊在沒去長安之前，曾經在南越娶當地女子為妻，並生了長子趙建德，趙嬰齊去長安後，又娶了邯鄲樛家的女兒做妻子，生了兒子趙興。趙嬰齊繼承南越王位後，立妻子樛氏為王后、趙興為太子，漢武帝批准了他的請求，此舉捨長立幼，為將來南越國之亂種下禍根。

趙興繼承王位後，其母親樛氏當上太后，漢武帝派安國少季出使南越，前去告諭趙興和樛太后。此時的趙興還很年輕，樛太后是中原人，而丞相呂嘉曾經輔助過三位南越王，宗族在南越當官的有七十多人，南越國的實權掌握在他手中。

樛太后在沒有嫁給趙嬰齊時，曾與安國少季私通，安國少季來南越後，他們舊情復燃、重溫舊夢。而且，這對男女對於此事似乎毫不避諱，在人們中心留下極壞的印象，一時間，人們議論紛紛。起初，這二人還不以為意，可是後來面對輿論，他們就有些坐不住了。於是，趙興和樛太后安排了一個酒宴，宴請漢朝使者安國少季和呂嘉，想借漢使之力來殺死呂嘉等人。在宴席中，安國少季猶豫不決，最終沒敢動手，呂嘉見形勢不妙隨即起身出宮逃走。

漢武帝聽聞南越國政權危機四伏的消息，出奇兵十萬人，兵分五路進攻南越。南越這個小國早已不是趙佗在世時的模樣，所以很快就亡國了。

南越王的豪華古墓，有絲縷玉衣還有舶來品

南越王墓是迄今嶺南地區發現的規模最大、保存完好、隨葬品最豐富的一座漢墓，也是中國考古發現的最早彩繪石室墓，對了解和研究秦漢時期嶺南地區經濟、政治、文化的發展，以及漢、越民族的融合，具有非常重要的價值。

據史書記載，西元前一一一年漢朝軍隊平南越時，放火焚燒南越國都城趙佗城。此後，南越國首都遺址蕩然無存，南越國的歷史也就此在考古學上留白，史學家研究南越國，就只能依靠史料記載，根本無從考證真偽。

二十世紀七〇年代，有關南越國的考古遺址不斷被發現。一九八三年，震驚世界的南越國王墓出土。南越王墓位於廣州解放北路象崗山上，是南越國第二代王趙眜的陵墓，距今已有兩千多年的歷史。趙眜在位期間稱南越文帝，死後諡號「南越文王」。這一時期，南越國名為漢朝藩屬，實則保持獨立王國的地位。

趙眜墓位於象崗山腹心深處，墓室埋藏在崗頂

▲ 南越王墓墓門

之下二十公尺深的地方，用五百多塊紅砂岩大石築成，分前後兩部分，中設兩道石門，前部三室，後部四室。墓主趙眜遺骸置於墓室後部正中，以一棺一槨入殮。墓主身著玉衣，兩側共置有十把鐵劍，並有「文帝行璽」金印等印鑒九枚，和大批精美的玉雕飾品隨葬。此外，室內外還發現十五具殉人殘骸，當為趙眜的姬妾隸役等。墓中出土文物品類繁多，共有一千多件，其中以雕鏤精美的各種玉器，和具有漢、楚、越文化特色的青銅器最為珍貴。

南越王墓出土的實用屏風器形碩大、結構奇巧，是中國考古首次發現的最早、最大的漆木屏風。中間的屏門可以向外開啟，兩側可以展開呈九十度。屏風上部飾有青銅鎏金朱雀

▲漆木屏風

和雙面獸頂飾，上插羽毛；下部有鎏金人操蛇托座，獨具嶺南特色。屏風上繪有紅、黑兩色的卷雲紋圖案，絢麗多彩。在當時，製作如此精美的屏風非常不易，由此可見南越王生前生活之奢華。

南越王墓出土的絲縷玉衣，由兩千兩百九十一塊玉片用絲線穿繫和麻布黏貼編綴而成，**是中國迄今所見年代最早、形制完備的絲縷玉衣**，又是從未見於文獻和考古發現的新品種。它比世人熟知的河北中山靖王劉勝的金縷玉衣還要早十年左右，是南越國統治者崇玉觀念和厚葬習俗的反映。

南越王墓中出土的銀盒和金花泡，在造型、紋飾和製造工藝上，具有西亞金銀器的特點；五支原支象牙為非洲象牙；銅熏爐和乳香來自東南亞。這是嶺南地區發現的最早一批舶來品，是兩千多年前廣州作為中國古代「海上絲綢之路」起點的重要物證。

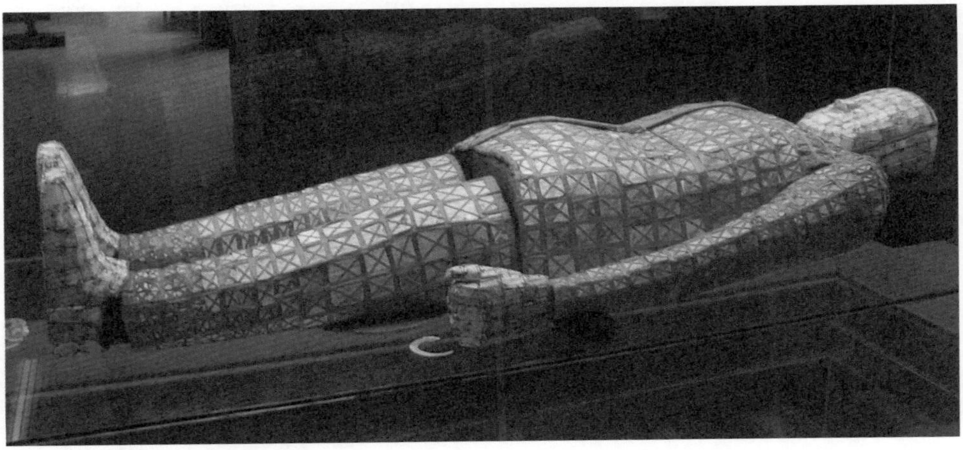

▲南越王墓出土的絲縷玉衣

南越王墓中出土的藍色透明平板玻璃，鑲嵌在長方形銅框牌飾中，這是迄今中國考古發現中最早的平板玻璃，對研究中國古代玻璃製造業的發展有重要意義。平板玻璃作為裝飾品使用，其珍貴程度可想而知。而同一時期，西羅馬帝國已掌握用吹製法，來製造各種實用玻璃器皿。

在出土的船紋提筒上有四組船紋，船上有揚起的風帆、戴羽冠的武士、裸體的俘虜、滿載的戰利品，以及古代越族部落象徵權力的銅鼓等，船的周圍以及船底還繪有海龜、海魚和海鳥，反映的是一支大型古越人船隊，在戰爭結束後凱旋歸來的場景。這是目前考古發現中規模最大、最為完備的海船圖形，對海上絲綢之路的研究，具有相當重要的意義。

國家圖書館出版品預行編目（CIP）資料

消失的古國：考古學家如何發掘歷史上存在、但地理上消失的 36 個國家／胡楊著 .
-- 初版. -- 臺北市：大是文化，2017.03
336 面；17×23 公分 . --（TELL；008）
ISBN 978-986-94139-0-9（平裝）

1. 人文地理　2.史料　3.西域

676.09　　105023597

TELL 008

消失的古國

考古學家如何發掘歷史上存在、但地理上消失的 36 個國家

作　　者／胡　楊
責任編輯／李家沂
校對編輯／王怡婷
美術編輯／邱筑萱
主　　編／李志煌
副總編輯／顏惠君
總 編 輯／吳依瑋
發 行 人／徐仲秋
會　　計／林妙燕
版權主任／林螢瑄
版權經理／郝麗珍
行銷企畫／汪家緯
業務助理／馬絮盈、林芝縈
業務專員／陳建昌
業務經理／林裕安
總 經 理／陳絜吾

出 版 者／大是文化有限公司
台北市 100 衡陽路 7 號 8 樓
編輯部電話：（02）23757911
購書相關諮詢請洽：（02）23757911 分機122
24小時讀者服務傳真：（02）23756999
讀者服務E-mail：haom@ms28.hinet.net
郵政劃撥帳號／19983366　戶名／大是文化有限公司

香港發行／里人文化事業有限公司 "Anyone Cultural Enterprise Ltd"
地址：香港新界荃灣橫龍街 78 號 正好工業大廈 22 樓 A 室
22/F Block A, Jing Ho Industrial Building, 78 Wang Lung Street,
Tsuen Wan, N.T., H. K.
電話：（852）24192288
傳真：（852）24191887
E-mail：anyone@Biznetvigator.com

封面設計／林雯瑛
內頁排版／吳思融
印　　刷／緯峰印刷股份有限公司

出版日期／2017 年 3 月初版
2017 年 3 月 17 日初版二刷

Printed in Taiwan
定　　價／399元（缺頁或裝訂錯誤的書，請寄回更換）
ISBN　978-986-94139-0-9